주주 자본주의를 위한 변론

The Case for Shareholder Capitalism: How the Pursuit of Profit Benefits All by R. David McLean owned by and translated with permission of Cato Institute ⓒ 2023. All rights reserved. This Korean edition was published by Korea Accounting Institute in 2024 by arrangement with Cato Institute through KCC(Korea Copyright Center Inc.), Seoul.

이 책은 (주)한국저작권센터(KCC)를 통한 저작권자와의 독점계약으로
사단법인 한국 회계기준원에서 출간되었습니다.
저작권법에 의해 한국 내에서 보호를 받는 저작물 이므로 무단전재와 복제를 금합니다.

어떻게 이익추구가 모두를 이롭게 하는가

주주 자본주의를 위한 변론

데이비드 맥클레인

이한상·조형진·문해원·오슬기 옮김

해제
김우진 서울대학교 경영대학 교수
김우찬 고려대학교 경영대학 교수
이우종 서울대학교 경영대학 교수

차례

서론 Introduction 7

1부 큰 구도 하의 주주 자본주의
Shareholder capitalism in the grand scheme of things

1. 이익이란 무엇인가? *25*
   What is a profit?

2. 주주가치와 이익 *35*
   Shareholder value and profit

3. 사회는 어떻게 희소자원을 사용해야 하는가? *45*
   How should society use its scarce resources?

4. 성장과 혁신: 이익의 역할 *55*
   Growth and innovation: The role of profit

5. 주주와 혁신을 위한 자금조달 *69*
   Shareholders and funding innovation

6. 창조적 파괴 *85*
   Creative destruction

7. 공산주의로부터의 교훈 *95*
   Lessons from communism

2부 흔한 오류들
Common fallacies

8. 이해관계자 오류 *117*
   The stakeholder fallacy

9. 주주 자본주의와 이해관계자 자본주의 *133*
   Shareholder capitalism versus stakeholder capitalism

10. 단기주의 오류 *145*
    The short-term fallacy

11 주주는 단기적 시각을 가지고 있는가? *159*
　　Do shareholders have a short-term focus?

12 투자는 좋고 주주 환원은 나쁘다는 오류 *171*
　　The investment-good/payout-bad fallacy

13 자기주식 매입은 주가를 부풀리는가? *187*
　　Do share repurchases inflate stock prices?

3부 기업의 사회적 책임에 대한 고찰
A closer look at corporate social responsibility

14 기업 지배구조 *199*
　　Corporate governance

15 꼬리표 달기로는 현실을 바꿀 수 없다 *211*
　　Labels do not change reality

16 기업의 사회적 책임인가, 아니면 정치적 행동주의인가? *227*
　　Corporate social responsibility or corporate political activism?

17 기업의 사회적 책임은 규제실패를 해결하는가? *241*
　　Does corporate social responsibility remedy regulatory failures?

18 지속가능성의 과거와 현재 *257*
　　Sustainability then and now

결론 *Conclusion*　*283*

해제 1　**주주 자본주의와 시장경제 원리**　*294*
　　　김우진(서울대학교 경영대학 교수)

해제 2　**주주의 마음을 읽지 못한 주주 자본주의 변론**　*310*
　　　김우찬(고려대학교 경영대학 교수)

해제 3　**주주 자본주의라는 이상**　*328*
　　　이우종(서울대학교 경영대학 교수)

찾아보기　*342*

Introduction

서론

그 누구도 개가 다른 개와 자신의 먹이를 공정하고 신중하게 교환하는 것을 본 적은 없다. 동물이 몸짓과 선천적인 울음소리로 다른 동물에게 '이것은 내 것이고, 저것은 네 것이다. 나는 이것을 저것과 바꾸고 싶다.'라고 하는 장면을 본 사람도 없다.[1]

— 애덤 스미스 *Adam Smith*

시작은 32만 년 전 동아프리카(East Africa)이다. 『사이언스(Science)』 저널에 발표된 일련의 연구를 통해 연구자들은 이 시기 초기 인류가 정교한 도구와 염료를 만들었다는 고고학적 증거를 제시했다.[2] 이 시기에는 도구의 정교함이 이전 시기보다 크게 향상되었다. 일부 도구는 날카로운 물체로 쉽게 변형될 수 있는 화산 유리인 검은 흑요석(Obsidian)으로 만들어졌다. 흑요석은 오늘날에도 수술용 메스를 만드는 데 사용된다. 그러나 정작 가장 중요한 흑요석의 원천은 50마일 이상 떨어져 있었다. 또한 연구자들은 '고대 크레용(Paleo-crayons)'이라 불리는 검은 안료를 발견했다. 그러나 이 안료를 만들기 위해서는 염수호가 있어야 하지만 안료를 만들 수 있는 가장 가까운 수원은 18마일이나 떨어져 있었다. 연구자들은 이 증거들을 바탕으로 장거리 교역망이 있었을 것이라고 결론지었다. 이는 20만 년 전 동아프리카에 교역망이 있었다는 이전

연구를 바탕으로 도출된 결론이었다.[3]

약 4만 년 전, 인류가 유럽에 도착했다. 첫 호모 사피엔스(Homo Sapiens)가 나타나기 전까지 현생 인류의 사촌뻘인 네안데르탈인(Neanderthals)은 약 20만 년 동안 유럽에서 편안하게 살았지만, 결국 그로부터 1만 년 뒤에 사라졌다. 네안데르탈인은 현생 인류보다 신체적으로 더 강했고, 당시 유럽의 혹독한 겨울에 더 잘 적응했다. 그러나 현생 인류는 살아남았고, 그들은 멸종했다. 무슨 일이 있었던 걸까?

한 연구는 현생 인류가 교역을 했기 때문에 교역을 하지 않은 네안데르탈인을 능가했다고 결론짓는다.[4] 왜 교역이 현생 인류의 생존을 도왔을까? 그 이유는 교역이 전문화를 가능하게 하기 때문이다. 연구자들은 일부 사람들이 사냥에 능했을 가능성이 있는 반면, 다른 이들은 옷과 도구 제작에 더 뛰어났을 것이라고 추론했다. 이에 따라 이들은 각각 전문화되어 사냥꾼이나 장인이 될 수 있다. 그 결과, 공동체는 더 많은 고기와 보다 품질 좋은 옷과 도구를 생산하여 모두가 더 풍요로워질 수 있었다. 이는 출산율을 높이고 전체 인구의 증가로 이어진다. 그 결과, 현생 인류는 생물학적 불리함에도 불구하고, 교역과 전문화를 통해 생존해 나갈 수 있었다.

약 1만 2천 년 전, 일부 사람들은 수렵이나 채집에 의존하던 것을 멈추고 농업에 집중하기 시작했다. 이 변화는 마을, 그리고 도시의 형성으로 이어졌다. 6,500년 전 메소포타미아, 현재의 이라크 지역에 세워진 우루크(Uruk)는 최초의 도시 중 하나였다.[5] 전성기에 우루크는 6만 명 이상의 주민들이 거주했을 것으로 추측된다.[6] 우루크에서 발견된 가장 오래된 기록은 5,500년 전에 작성된 것이다.[7] 이 고대 도시 주민들은 무엇에 대해 썼을까? 사랑? 전쟁? 평화? 아니다. 그들은 곡물이나 상품의 양을 추적하는 회계에 대해 기록했다. 즉, 도시는 상업의 중심지이고, 최초의 문자와 기록은 대규모 교역을 가능하게하기 위해 생겨났다.

기록은 성문화된 법전으로 발전했다. 함무라비 법전(Code of Hammurabi)은 가장 잘 보전된 고대 법전이다. 이것은 3,773년 전 옛 바빌로니아 제국을 통치한 함무라비 왕이 발표한 것인데, 파리의 루브르 박물관(Louvre Museum)에는 돌에 새겨진 7피트 높이의 그 시대 함무라비 법전 사본이 전시되어 있다. 함무라비 법전의 282개 규칙 중 많은 부분이 교역과 관련되어 있다. 함무라비의 왕국에는 상당히 전문화된 다양한 직업이 있었고, 이들을 관장하는 많은 규칙이 존재했다. 함무라비 왕은 제품과 품질에 대해 많은 관심이 있었는데, 229조는 이렇게 명시하고 있다.

"만약 건축가가 누군가를 위해 집을 지었는데, 건설이 제대로 이루어지지 않아 그 집이 무너져 집주인이 죽는다면, 그 건축가는 사형에 처해질 것이다."

이 조항이 가혹하다고 생각된다면, 이어서 230조를 보자.

"만약 집주인의 아들이 죽었다면, 그 건축가의 아들도 사형에 처해질 것이다."

약 250년 전, 어머니와 함께 살던 스코틀랜드의 철학자 애덤 스미스(Adam Smith)는 교역의 중요성에 대해 썼다. 스미스는 현대 경제학의 시작으로 여겨지는 『국부론(The Wealth of Nations)』을 출판했다.[8] 스미스 시대의 교역은 이전 시대에 흔했던 물물교환과는 달리 돈을 매개로 한 상품과 서비스의 교환을 포함했다. 스미스 시대의 사람들은 돈을 부로 여겼고 교역에서 구매자보다는 판매자가 더 많은 이익을 얻는다고 결론지었다. 따라서 교역을 통해 돈이 국가와 그 지역에서 빠져나가는 것을 막기 위한 제한까지 존재했다. 그러나 스미스는 판매자뿐만 아니라 구매자를 포함한 양측 모두가 교역으로 이익을 얻는다는 것을 인식했기 때문에 이러한 제한에 반대했다. 교역의 두 당사자는 각자가 더 가치 있게 여기는 것을 얻기 위해 덜 가치 있게 여기는 것을 포기한다. 결국 이렇게 상호이익이 존재해야만 교역이 이루어진다는 것이다.

스미스는 교역이 전문화를 가능하게 한다는 것을 이해하고 핀 제조를 예로 들어 전문화의 효과를 설명하였다. 스미스는 특별한 공정을 거친 필수 금속이 있다고 해도, 한 사람이 하루에 핀 하나를 만들기는 어려울 것이라고 추론했다. 스미스 시대에는 못 공장에 있는 10명이 하루에 48,000개의 못을 생산할 수 있었다. 이때 사람들은 저마다 하나의 작업에만 집중했는데, 예를 들면 한 사람은 철사를 뽑고, 한 사람은 철사를 곧게 펴고, 한 사람은 철사를 자르고, 한 사람은 끝을 만들고, 다른 사람은 머리 부분을 만드는 방식이었다.

『국부론(The Wealth of Nations)』은 교역, 전문화, 그리고 투자가 어떻게 생산적인 순환을 만들어내는지 설명한다. 핀 제조업자는 자신이 만든 핀을 팔아 대금을 지불하고, 필요한 것을 살 것이고, 이후에도 여전히 남는 잉여가 있을 수 있다. 잉여는 핀 제조에 재투자될 수 있으며, 아마도 더 정교한 도구와 장비를 위해 사용되어 핀을 더욱 효율적으로 만들고, 결국 더 큰 잉여를 창출하게 된다. 이는 경제가 어떻게 성장하는지에 대한 나쁘지 않은 설명이며, 우리가 관심을 가질 만한 주제이다.

스미스는 자유무역과 전문화를 촉진하는 재산권의 중요성에 대해 저술했다. 재산권은 개인이나 조직이 자원에 대한 소유권과 배타적 사용권을 가진다는 것을 의미한다. 소유자는 자원으로부터 소득을 얻을 권리와 그 자원을 판매할 권리를 가진다. 재산권은 절도 및 정부로부터의 수용을 방지한다. 정부는 재산권을 집행함으로써 자유무역을 촉진하는 데 중요한 역할을 할 수 있다. 재산권은 부를 축적하고 투자할 동기를 제공하며, 이는 더 많은 상품, 서비스, 그리고 상호이익이 되는 거래를 가능하게 한다. 만약 모든 것을 빼앗길 수 있다면 저축하고 투자할 이유가 있을까?

자유무역과 재산권은 자본주의의 주요 구성요소이다. '자본주의(Capitalism)'라는 단어는 원래 19세기 사회주의자들이 만들어낸 경멸적인 용어였다. 그러나 자본주의는 철학이 아니라, 사람들이 자유롭게 거래하고 재산권을 존중하는 사회를 설명한다. 달리 말하면, 자본주의 경제에서 우리는 수천 년 동안 해왔던 것처럼 서로 거래를 계속하고, 정부는 재산권을 집행하여 더 많은 거래를 장려한다.

바로 이것이 이 책의 주제이다. '주주 자본주의(Shareholder capitalism)'는 상호이익이 되는 거래와 재산권이 사업의 소유주에게도 적용된다는 생각에 기반한다. 기업은 상품이나 서비스를 만들고 거래하는 데 전문화된 개인이나 집단이다. 현대사회에서 기업의 소유주는 개인기업, 파트너십, 유한책임회사, 그리고 법인 등 다양한 법적구조를 사용하여 기업을 운영할 수 있다. 법인형태의 기업이 설립되면 사업 소유주들에게 법인을 통제할 수 있는 주식이 발행되고, 사업 소유주들은 '주주(Shareholders)'라고 불린다.

일부 기업은 단일 주주로 이루어진 소규모 사업일 수 있다. 반면에 주식이 거래소에서 거래되는 상장기업은 전 세계에 걸쳐 수백만 명의 주주를 가질 수 있다. 소유권을 수백만 주로 나누는 것은 기업이 자본을 모으는 것을 쉽게 만든다. 또한 소유와 통제 사이에 큰 분리를 만들게 되는데, 구체적으로 주주는 사업을 소유하지만, 집단적으로 운영을 통제할 수는 없다.

주주 자본주의는 주주를 대신하여 기업을 관리하는 사람의 책임에 관한 것이다. 모든 주주는 더 많은 부를 선호한다. 따라서 기업 경영자의 책무는 기업의 주주를 위해 부를 창출하는 것이다. 마치 고객이 구매로부터 혜택을 얻는 경우에만 기업으로부터 제품을 구매하는 것처럼, 기업 경영자도 주주에게 이익이 되지 않는 한 고객이나 다른 어떤 당사자와도 거래를 해서는 안 된다. 또한, 기업 경영자는 주주에게 이익이 되지 않는 목적으로 기업의 자산을 사용해서는 안 된다. 이것이 바로 주주 자본주의의 본질이다.

이렇게 생각해볼 수도 있다. 고객, 공급업체, 직원 모두 기업과 거래할지 여부를 자유롭게 선택한다. 고객은 기업으로부터 제품을 구매할지, 직원은 기업에 자신의 노동을 제공할지, 공급업체는 자신의 상품과 서비스를 기업에 판매할지를 결정한다. 당사자들 각각은 거래로부터 이득을 얻을 것으로 예상할 때만 거래를 선택하며, 그 누구도 강제로 거래하지 않는다. 이들 당사자가 기업과 거래하는 것은 사실 기업의 주주들과 거래하고 있는 것이다.

상장기업에서 주주들은 사업을 운영하지 않기 때문에 잠재적 거래가 그들에게 이익이 되는지 결정할 수 없다. 그들은 사업의 운영을 위해 전문 경영자를 고용한다.

따라서 기업 경영자의 책무는 기업의 거래가 주주들에게 이익이 되도록 보장하는 것이다. 그렇지 않다면, 기업의 거래는 상호이익이 되지 않으며, 그렇다면 도대체 누가 주주가 되고 싶어 하겠는가?

'기업'과 '주주'라는 용어는 혼동되지 않아야 한다. 기업은 법적실체이므로 오직 서류상으로 그리고 우리의 상상 속에만 존재한다. 기업은 본질적으로 사람들이 기업과 어떻게 거래하는지, 어떻게 과세되는지, 그리고 어떻게 운영되는지를 규제하는 일련의 규칙으로 이루어진다. 직원, 공급업체 및 고객은 우리가 기업이라고 부르는 일련의 규칙을 통해 주주들, 즉 사업 소유주들과 거래한다. 이는 개인기업, 파트너십, 유한책임회사의 경우에도 마찬가지이지만, 이런 사업의 소유주는 주주라고 부르지 않을 뿐이다. 따라서 기업이라는 것은 어떤 이름이나 규칙을 따르든지, 우리가 수천 년 동안 해왔던 것처럼 사람들이 다른 사람들과 늘 거래하는 것 이상의 것이 아니다.

논란과 질문들
Controversy and questions

주주 자본주의는 노벨상 수상자인 경제학자 밀턴 프리드먼(Milton Friedman)이 1970년 『뉴욕 타임즈 매거진(New York Times Magazine)』에 쓴 유명한 기사에서 비롯된 것으로 알려져 있다.[9] 그러나 프리드먼이 새로운 이론을 제안한 것은 아니었다. 그는 학술지가 아닌 잡지에 글을 쓴 것이었는데, 이는 기업이 주주를 위해 부를 창출하는 것 외에도 주주가치 극대화와 무관한 다양한 목표를 달성해야 하는 사회적 책임이 있다는 당시에 인기를 얻고 있던 주장에 대한 것이었다.[10]

프리드먼은 전문 경영자는 사업 소유주를 위해 일하는 직원이라고 주장했다. 직원은 다른 목적이 아닌 고용주의 이익을 위해 일해야 한다. 프리드먼은 사업과 자산이 주주에게 속한 것이지, 최고경영자나 모호하게 정의된 사회 또는 공공선의 개념에 속한 것이 아니라고 주장했다. 그러나 이는 새로운 생각은 아니었다. 200년 전, 애덤 스미스(Adam Smith)는 사업 소유주가 자신의 이익을 위해 사업, 즉 기업을 운영하며 그 과정에서 사회를 더 나아지게 만든다는 것을 인식했다.

프리드먼은 기업의 목적이 '이익을 증가시키는 것'이라고 썼다. 많은 사람들은 이것을 기업의 목적이 단기적 이익을 극대화하는 것이라 잘못 받아들였다. 그러나 이 목표는 기업가치 또는 주주의 부를 극대화하는 것으로, 기업가치가 커질수록 주주의 부도 더 커진다. 이 책의 후반부에서 볼 수 있듯이, 단기적 이익과 기업가치를 구분하는 것은 중요하다. 왜냐하면 기업가치를 극대화하려는 경영자와 단기적 이익을 극대화하려는 경영자는 서로 다르게 행동하기 때문이다.

주주 자본주의는 대학교의 재무관리 교육과정에서 중요한 주제로서, 재무관리 기초과목인 재무관리 원론(Finance 101)에서 기업가치와 주주의 부에 대해 가르친다. 재무관리 원론에 논란의 여지가 있다고 생각한 적이 없지만, 주주 자본주의는 점점 더 공격을 받고 있다. 프리드먼이 그의 유명한 기사를 썼던 1970년에도 공격받았고, 지난 10년 동안 이에 대한 적대감은 눈에 띄게 증가했다. 주주 자본주의를 비판하는 사람이 많을 뿐만 아니라 그들은 영향력도 크다. 여기에는 비즈니스, 정치, 언론, 그리고 학계의 사람들이 포함된다. 세계경제포럼(World Economic Forum, WEF)과 그 창립자인 클라우스 슈밥(Klaus Schwab)은 대표적인 비판자이다. 스위스 다보스에서 열리는 세계경제포럼 연례회의는 경영, 정치, 언론 분야의 글로벌 리더들이 한 자리에 모여, 주주 자본주의가 해로우며 바뀌어야 한다는 생각을 퍼뜨린다. 미국 대기업의 최고경영자들로 구성된 비즈니스 라운드테이블(Business Roundtable)은 최근 주주를 위한 부의 창출이 기업의 주요 목표가 되어서는 안 된다고 밝혔다. 세계 최대 자산운용사인 블랙록(BlackRock)과 최고경영자인 래리 핑크(Larry Fink)는 기업이 다양한 사회적 책임 목표를 추구하도록 압력을 가한다. 경영대학원에서는 점점 더 주주 자본주의를 비판하고 기업의 다양한 사회적 책임이라는 교리를 퍼뜨리는 수업을 제공하고 있다.

　나는 주주 자본주의 및 기업의 다양한 사회적 책임이라는 새로운 트렌드가 모두 왜곡되고 있기 때문에 이 책을 쓰기로 결심했다. 이 책은 사실을 바로잡으려는 나의 노력을 담고 있다.[11] 이 책은 세 부분으로 나뉜다. 첫 번째 부분은 주주 자본주의가 무엇이고, 무엇이 아닌지를 설명한다. 여기서는 주주 자본주의가 비주주(Non-shareholders)에게 미치는 임팩트(Impacts)에 집중하고자 한다. 기업이 주주가치를 극대화하기 위해 운영된다면, 직원, 고객, 및 공급업체와 같은 다른 이해관계자들에게는 어떤 결과가 나타날까? 두 번째 부분은 주주 자본주의에 대한 주요 비판을 다룬다. 어떤 비판이 존재하고 그것들은 과연 타당한가? 세 번째 부분은 환경·사회·지배구조(ESG), 이해관계자 자본주의 및 지속가능성과 같은 새로운 관용구를 포괄하는 개념인 기업의 '사회적 책임'을 다룬다. 기업이 사회적으로 책임이 있다는 것은 무엇을 의미하는가? 기업의 사회적 책임 추구가 주주와 나머지 사회에 미치는 영향은 무엇인가?

이 책에서 다룰 보다 구체적인 질문은 다음과 같다. 기업의 목표가 소유주를 위해 부를 창출하는 것이라면, 기업은 어떻게 운영되어야 하는가? 이익은 분명 중요하지만, 이익이란 무엇을 의미하는가? 주주가 이기고 다른 당사자들이 지는 것을 의미하는가? 그리고 단기적 이익만 중요한가, 아니면 장기적 이익도 중요한가? 주주가치를 극대화하는 것이 목표라면 기업은 고객, 공급업체 및 직원과 같은 다른 이해관계자들은 어떻게 대해야 하는가?

사회는 대체용도를 가진 희소한 자원을 가지고 있다. 즉, 우리가 한 가지 목적으로 자원을 사용하면 다른 목적으로는 사용할 수 없다. 우리는 이 희소한 자원을 어떻게 가장 잘 사용할 수 있을까? 예를 들어, 비행기를 더 많이 생산하고 자동차의 생산을 줄여야 할까? 아파트를 더 많이 지을지, 주택을 덜 지을지 결정해야 할까? 또 어떤 종류의 의약품을 개발해야 할까? 의약품은 모더나(Moderna)와 같은 신생기업에서 개발해야 할까, 아니면 화이자(Pfizer)와 같은 더 인정받는 기업에서 개발해야 할까? 그리고 누가 그러한 결정을 내려야 하며, 주주 자본주의 하에서 그러한 결정은 어떻게 이루어지는가?

경제는 노동력(사람), 자본(기계와 다른 장비), 그리고 기술을 포괄한다. 기술은 노동력과 자본이 상품과 서비스를 만들 수 있도록 상호작용하게 해준다. 기술혁신은 주어진 양의 노동과 자본으로, 이전보다 더 많은 상품과 서비스를 창출할 수 있도록 하여 경제를 성장시킨다. 특히 미국과 같은 선진경제는 지속적인 성장을 위해 혁신이 필요하다. 주주 자본주의는 어떻게 어우러질 수 있을까? 주주가치 극대화 목표는 혁신을 장려하는가 아니면 억제하는가?

주주 자본주의에 대한 일반적인 비판은 두 가지가 있다. 첫 번째는 고객, 직원, 공급업체, 그리고 사회 전반과 같은 다른 이해관계자들의 복지를 무시한다는 것이다. 두 번째는 기업 경영자가 단기적 이익에 집중하게 만들어 과소투자를 야기하고 기업의 장기적 생존능력을 해친다는 것이다. 이러한 비판은 타당할까? 만약 기업 경영자의 목표가 주주를 위해 부를 창출하는 것이라면, 경영자는 단기적 이익에만 집중하고, 투자를 축소하며, 다른 이해관계자들의 복지를 무시할 것인가?

주주 자본주의 비판자들은 주주 자본주의를 그들이 말하는 새로운 형태의 자본주의로 대체하고자 한다. 여기서는 사회적 책임의 추구가 목표이거나 최소한 목표 중 하나이다.[12] 대부분의 사람들은 '사회적으로 책임이 있다.'는 생각을 좋아한다. 문제는 사회적으로 책임 있는 것이 무엇인지에 관해 각각의 사람들은 매우 다른 견해를 가질 수 있다는 것이다. 이 질문에 대한 객관적인 답은 없으며, 그렇기에 사회적으로 책임 있다는 것이 무엇인지를 결정하는 중요한 질문으로 귀결된다.

정부는 기업이 운영되는 규칙을 정한다. 미국에서는 100만 개 이상의 연방규제가 있으며, 각각은 여러 규칙을 포함하고 있다.[13] 연방정부는 일반적으로 매년 수천 개의 새로운 규제를 발표한다. 주정부와 지방정부도 규제를 발표한다. 주주 자본주의에서 기업의 목표는 이러한 규제를 준수하면서 상호이익이 되는 거래에 참여하여 주주의 부를 창출하는 것이다. 그렇다면 기업의 사회적 책임은 어떤 역할을 하는가? 정부 규제는 결국 선출된 공직자로부터 나온다. 기업의 사회적 책임 칙령을 발표하는 이들의 권위는 어디에 기반하는가?

기업은 기업가치를 증가시킴과 동시에 사회적으로 책임

있다고 평가되거나 인기를 얻고 있는 ESG 활동의 원칙과 일치하도록 행동할 수 있다. 또는 기업가치는 증가시키지만 사회적으로 무책임하다고 평가되거나 ESG 원칙에 반하는 행동을 취할 수도 있다. 이러한 꼬리표 내지는 별명에 신경 쓸 필요가 있을까? 일반적인 기업은 정부의 규칙과 규제를 따르면서 고객, 직원, 공급업체를 포함한 이해관계자들과 상호이익이 되는 거래에 참여함으로써 가치를 높인다. 누군가가 기업의 일부 행동에 대해 책임 있는 행위라고 꼬리표를 달거나, 다른 행동은 무책임하다고 꼬리표를 다는 것이 왜 중요한가?

실제로, 기업의 사회적 책임은 진보주의자들이 선호하는 대의를 촉진하는 경향이 있다. 나는 이러한 대의가 좋거나 나쁘다고 주장하는 것이 아니라, 그것들이 매우 당파적이라고 말하는 것이다. 기업의 자산이 이념적 대의를 촉진하는 데 사용된다면, 이는 일종의 수탈로 볼 수 있다. 예를 들어, 최고경영자가 정당한 사업상의 이유 없이, 100만 달러를 기업으로부터 최고경영자가 소유한 다른 사업체로 이전한다면 이는 불법에 해당할 것이다. 그러나 같은 최고경영자가 100만 달러를 기업으로부터 자신이 선호하는 이념적 대의를 촉진하는 비영리단체로 이전하는 것은 기업의 사회적 책임이라는 명목으로 문제가 되지 않는다. 그러나 위 두 거래의 경제적 실질은 동일하다. 두 경우 모두 주주가치가 100만 달러만큼 감소한 것인데, 왜 하나는 불법이고 다른 하나는 괜찮다고 여겨지는가?

기업의 사회적 책임이 민주주의에 어떤 영향을 미치는지에 대한 몇 가지 중요한 질문이 있다. 예를 들어, 환경 문제를 생각해 보자. 기업은 경제학 용어로 부정적 외부효과(Externalities), 즉 오염과 같은 부정적인 부작용을 야기한다. 동시에 기업은 부, 상품, 서비스, 일자리와 같은 긍정적인 가치를 사회에 제공한다. 여기에는 절충이 존재한다. 우리가 부정적인 것을 제한하는 규제를 부과한다면, 또한 긍정적인 것들 또한 적게 얻을 것이다.[14] 사람들은 종종 어느 정도의 절충이 최선인지에 대해 서로 다른 의견을 가진다.[15] 일반적으로 사회적 책임 칙령(Edicts)은 기업에게 규제가 요구하는 것 이상의 환경적 외부효과를 줄일 것을 장려한다. 이러한 칙령이 성공하게 되면 이는 사실상의 규제가 되어, 정부 규제에 의해 형성된 절충을 칙령에 기반한 새로운 절충으로 대체할 수 있다. 이것이 우리가 우리 자신을 통치하고 싶은 방식인가?

자본주의에 대한 비판과 비시장 메커니즘으로 자본주의를 대체하거나 변화시키려는 노력이 새로운 것이 아님을 인식하는 것이 중요하다. 주로 학계, 정부, 언론, 그리고 다양한 비영리 단체에서 일하는 진보주의자로 구성된 지식인 계층은 2세기 이상 이를 주장해왔다.[16] 그 패턴은 항상 유사하여 예측 가능하다. 자본주의가 문제를 만들고, 지식인은 그 해결책을 가지고 있으며, 그 해결책이란 개인의 선택을 제한해야 한다는 것이다. 우리는 이 책에서 이에 대한 몇 가지 이전 사례들과 사회에 미치는 영향을 탐구할 것이다.

미주

1 Adam Smith, London: Printed for W. Strahan and T. Cadell(Carmel, Indiana: Liberty Fund, Inc.), "An Inquiry into the nature and causes of the wealth of nations", 1776년(1981)

2 연구결과는 다음 세 논문에 담겨 있다. Alan Deino et al., Science 360(6384), "Chronology of the Acheulean to middle stone age transition in Eastern Africa", 2018년 3월; Richard Potts et al., Science 360(6384), "Environmental dynamics during the onset of the middle stone age in Eastern Africa", 2018년 3월; Richard Potts et al., Science Advances 6(43), "Environmental dynamics during the onset of the middle stone age in Eastern Africa", 2020년 10월

세 논문은 다음 기사들에 요약되어 있다. Lauren Boissoneault, Smithsonian Magazine, "Colored pigments and complex tools suggest humans were trading 100,000 years earlier than previously believed", 2018년 3월 15일; Alina Polianskaya, inews, "Humans may have been trading with each other as far back as 300,000 years", 2018년 3월 15일

3 Nick Blegen, Journal of Human Evolution 103, "The earliest long-distance obsidian transport: evidence from the ~200 ka middle stone age Sibilo school road site, Baringo, Kenya", 2017년 2월

4 인간 집단 내부 및 집단 사이의 교역에 대한 고고학적 증거는 존재하지만, 네안데르탈인(Neanderthals)의 경우는 그렇지 않다. 네안데르탈인은 상호작용이 없는 작은 집단으로 살았다.: Richard D. Horan, Erwin Bulte, and Jason Shogren, Journal of Economic Behavior & Organization 58(1), "How trade saved humanity from biological exclusion: an economic theory of Neanderthal extinction", 2005년

5 Joshua J. Mark, World History Encyclopedia, "Uruk", 2011년 4월 28일 (https://www.worldhistory.org/uruk/)

6 New Scientist, "Where was the first city in the world?"

7 Denise Schmandt-Besserat, International Encyclopedia of Social and Behavioral Sciences, "The evolution of writing", 2014년; The Editors, Archaeology Magazine, "The world's oldest writing", (2015년 5월 &

6월); Alex Bridget, Discover Magazine, "What the earliest texts say about the invention of writing", 2019년 1월 2일

8   2011년 에이먼 버틀러(Eamonn Butler)가 저술하고 애덤 스미스 연구소(Adam Smith Institute)가 편찬한『축약된 국부론 그리고 대단히 축약된 도덕 감정론(The Condensed Wealth of Nations and the Incredibly Condensed Theory of Moral Sentiments)』은『국부론』의 훌륭한 요약본이다.

9   Milton Friedman, New York Times Magazine, "The social responsibility of business is to increase its profits", 1970년 9월 13일

10   이 주제에 대한 최근 학술 연구 논의는 Hao Liang and Phong Nguyen, Handbook of Financial Decision Making, edited by Gilles Hilary and R. David McLean(Edward Elgar Publishing, 2023), "Social responsibility in business and finance"를 참조하였다.

11   주주가치 극대화 원칙은 다음에서도 옹호된다. Richard M. Frankel, S.P. Kothari, and Luo Zuo, Oxford University Press, "The economics of accounting"; Diane Denis, Financial Review 51(4), "Corporate governance and the goal of the firm: in defense of shareholder wealth maximization", 2016년; "Grow the Pie"라는 책 또한 주주 자본주의와 그를 둘러싼 몇몇 논쟁들을 연구한다. Alex Edmans, Cambridge University Press, "Grow the pie", 2022년

12   기업의 사회적 책임 개념은 다음으로 거슬러 올라갈 수 있다. E. Merrick Dodd Jr., Harvard Law Review 45(7), "For whom are corporate managers trustees?", 1932년; Howard R. Bowen, University of Iowa Press, "Social responsibilities of the businessman", 1953년
이 주제에 대한 논의는 다음을 참조한다. Archie B. Carroll, The Oxford Handbook of Corporate Social Responsibility, edited by Andrew Crane et al. (Oxford University Press, 2008), "A history of corporate social responsibility: concepts and practices"

13   이 통계는 조지 메이슨 대학교(George Mason University) 머카투스 센터(Mercatus Center)의 QuantGov에서 가져왔다.(https://www.quantgov.org/federal-us-tracker)

14   John W. Dawson and John J. Seater, Journal of Economic Growth 18, "Federal regulation and aggregate economic growth", 2013년; Joseph Kalmenovitz, Review of Financial Studies 36(8), "Regulatory

intensity and firm-specific exposure", 2023년 8월

15 이론적으로, 사람들이 비용과 혜택에 대해 동의한다면 최적의 정책에 대해 합의할 수 있다. 실제로는 사람들이 다양한 정책의 비용과 혜택에 대해 의견이 다르곤 하다. 예를 들어, 나는 환경을 더 중요하게 여기고 당신은 경제 성장을 더 중요하게 여길 수 있다. 엄격한 환경 규제는 성장을 제한할 수 있기 때문에 우리는 각자 서로 다른 환경 규제를 선호할 것이다.

16 Jean-Jacques Rousseau and Maurice Cranston, Penguin Books, "A discourse on inequality", 1985년

1부

큰 구도 하의
주주 자본주의

Shareholder capitalism
in the grand scheme of things

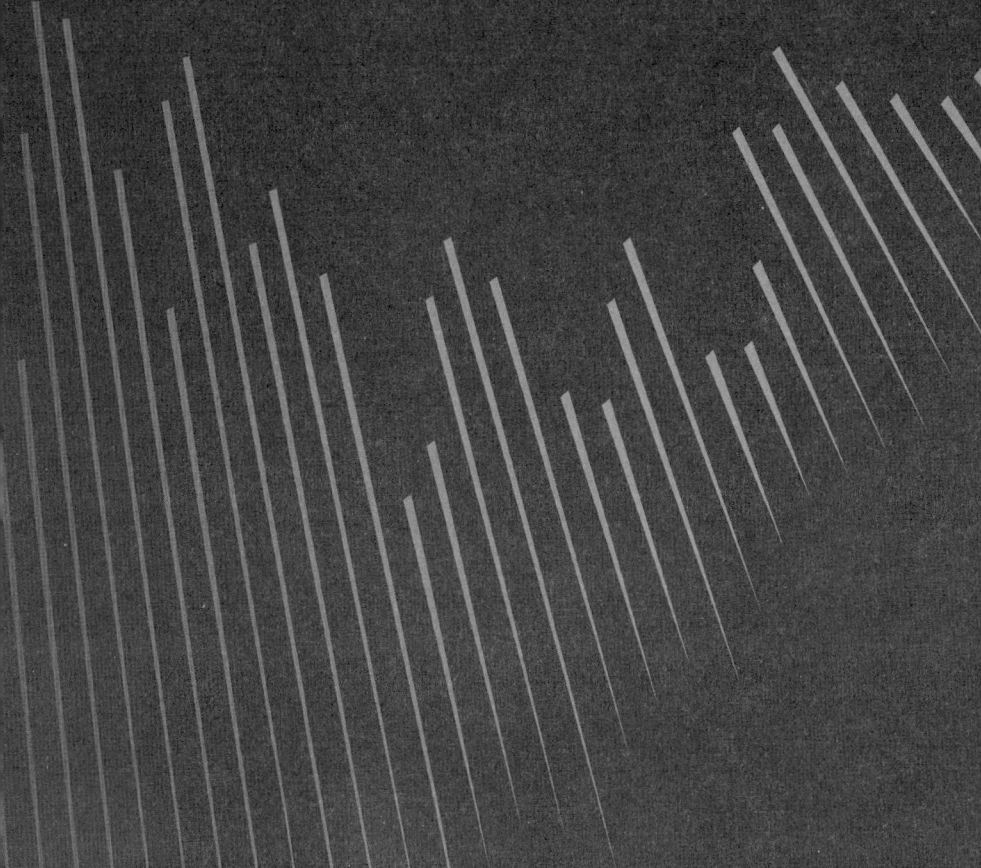

1
이익이란 무엇인가?
What is a profit?

이익은 아마도 경제학에서 가장 오해받는 주제일 것이다.[1]

— 토마스 소웰 *Thomas Sowell*

사람들은 흔히 주주 자본주의가 다른 모든 이들을 희생시켜 부자들을 더 부유하게 만드는 것이라고 생각한다. 이는 사실이 아니다. 소수의 사람만을 위해 다른 이들을 희생시키는 체제는 폐기되어야 마땅하며, 공산주의가 그 중 하나라 하겠다.

주주 자본주의의 핵심 아이디어는 기업의 목표가 소유주를 위해 부를 창출하는 것이라는 점이다. 만약 투자로 인해 더 가난해진다면 누가 기업에 투자하겠는가? 기업은 이익을 창출함으로써 소유주를 위한 부를 만들어낸다. 주주 자본주의를 비판하는 이들은 이익이 제로섬 게임의 결과라고 생각하는 것 같다. 다시 말해, 기업의 주주는 승리하고 고객, 공급업체, 직원과 같은 다른 이해관계자는 패배한다고 여긴다. 그렇다면 그럼에도 불구하고 다른 이해관계자가 계속 이 게임에 참여하는 이유는 무엇일까?

거래는 서로에게 이익이 되어야 한다. 그렇지 않다면 사람들은 거래를 중단할 것이다. 여러분 자신의 거래를 생각해보자. 대부분의 사람들처럼 여러분도 소득을 얻기 위해 기업이나 다른 기관과 거래를 하고, 그 소득을 사용해 음식, 의복, 주거, 스마트폰

등의 상품과 서비스를 얻기 위해 다른 기업과 거래를 할 것이다. 이러한 거래는 모두 여러분에게 이득이 되어야 한다. 그렇지 않다면 여러분은 거래를 계속하지 않을 것이다. 마찬가지로, 거래가 기업 소유주에게 더 이상 이득이 되지 않는다면, 기업은 여러분과 거래를 지속할 이유가 없다. 이익은 기업 소유주가 거래로부터 얻는 이득을 반영한다.

자본주의는 상호이익이 되는 교환(Mutually beneficial exchange)이라는 특징을 갖는다. 그렇기에 자본주의 체제에서는 누구도 다른 사람과 강제로 거래할 필요가 없다. 자본주의 체제에서 기업 소유주가 부자가 되고 싶다면, 다른 사람에게 이익이 되는 상품, 서비스, 일자리를 만들어야 한다. 따라서 기업이 상호이익이 되는 더 큰 거래에 참여하면 할수록 소유주는 더 많은 부를 얻을 수 있다. 그러나 대부분의 기업 소유주는 부자가 아니며, 대부분의 기업은 개업한 지 5년 이내에 폐업을 한다.[2] 이처럼 수익성 있는 기업을 만드는 것은 쉽지 않지만, 그것이 실현되면 주주와 다른 이해관계자 모두에게 이익이 된다.

이익은 나머지이다

Profit is a leftover

이익은 제로섬 게임의 결과가 아니다. 이익은 기업 소유주가 다른 주요 이해관계자가 이득을 얻고 난 후에 받을 자격을 갖게 되는 나머지(Leftover)이다. 즉, 주주는 가장 마지막에 남은 음식을 먹는 것과 같다. 기업의 목표가 이익을 내는 것이라고 말하는 것은 두 당사자가 거래에 동의할 때 각자 무언가를 얻는다는 것을 의미하며, 결국 이익은 기업 소유주의 이득을 나타낸다.

이익＝수익－비용－세금

이익은 수익에서 비용과 세금을 뺀 것으로 측정된다. 이익은 소비자가 상품이나 서비스에 대해 기꺼이 지불하고자 하는 금액에서 기업이 그 상품이나 서비스를 만들기 위해 소비한 금액을 뺀 것이다. 여기서 주주가 아닌 다른 이해관계자 모두 집단적으로 기업의 이익창출 여부를 스스로 결정한 것이며, 이들은 기업과 거래할지 말지를 자유롭게 선택할 수 있다. 만약 기업이 이해관계자들에게 이득을 줄 수 없다면, 이해관계자들은 그 기업과 거래하지 않을 것이고, 기업은 이익을 창출하지 못할 것이다. 이것은 간단한 이야기이다.

기업은 고객에게 제품이나 서비스를 판매함으로써 수익을 창출한다. 고객은 제품의 기대가치가 가격을 초과할 때 그 제품을 구매한다. 왜 사람들은 계속해서 스타벅스(Starbucks)에서 커피를 사는 걸까? 그 이유는 그들이 커피 한 잔에 부여하는 가치가 스타벅스가 청구하는 가격을 초과하기 때문일 것이다. 이는 일반적으로 모든 제품이나 서비스에서도 마찬가지이다. 고객은 제품이나 서비스가 그들의 이익에 부합한다면, 즉 제품이나 서비스로부터 얻을 것으로 기대되는 이익이나 가치가 지불하는 가격을 초과한다면 그것을 구매하기로 선택한다. 만약 고객이 선택에 실망한다면, 그 고객은 다시 그 기업과 거래하지 않을 것이고, 기업의 미래 수익은 발생하지 않으며, 더 이상 이익이나 주주의 부는 창출되지 않을 것이다.

기업은 상품과 서비스를 만들고 판매하기 위해 직원에게 의존한다. 누군가 특정 기업에서 일하기로 선택한 이유는 무엇일까? 고객과 마찬가지로, 직원도 그들의 이익에 부합해야 기업과 거래하는 것이다. 다시 말해, 직원은 기업이 그들에게 제공하는 급여가 실업 상태나 다른 고용주가 제공하는 급여보다 더 낫기 때문에 그 기업에서 일하기로 선택한다. 이처럼 기업이 이익을 창출하기 위해서는 직원에게도 그 거래가 이득이 되어야 한다.

기업은 제품과 서비스를 만들기 위해 공급업체에도 의존한다. 따라서 직원과 고객의 관계에서와 같이, 기업이 이익을 내려면 공급업체도 이득이 있어야 한다. 스타벅스는 일반적으로 커피를 재배하거나 컵을 만들지 않고, 직접 매장 건물을 건설하지 않으며 부동산을 임대하여 사용한다. 왜 이들 공급업체는 기꺼이 스타벅스 내지는 다른 기업과 거래를 할까? 공급업체는 판매가격이 그들의 비용을 초과할 때 제품이나 서비스를 판매하고, 이익을 낼 수 있다면 제품이나 서비스를 공급한다.

기업은 채권자로부터 자금을 빌려오기도 한다. 채권자가 기업에 대출을 제공한다는 것은 기업은 대출금을 받고, 이후 채권자에게 이자와 대출금을 상환하는 계약을 채권자와 기업이 자발적으로 체결하는 것을 의미한다. 채권자는 대출을 통해 이익을 얻는 것이며, 그렇지 않다면 대출에 동의하지 않을 것이다.

일련의 관계에서 일정한 패턴을 발견하였는가? 자본주의 경제에서 두 당사자 간의 거래는 양측이 동의할 때만 이루어진다. 프리드먼이 자신의 저서 제목과 저서에서 언급한 것과 같이 우리는 모두 '선택의 자유(Free to choose)'를 가지고 있다. 고객, 직원, 공급업체 등의 이해관계자들은 거래를 통해 이익을 얻기 때문에 기업과 거래하기로 선택한 것이다.

나는 수익성 있는 기업이 항상 모든 사람을 만족시킨다고 주장하는 것은 아니다. 예를 들어, 스타벅스에 갔다가 커피가 마음에 들지 않아 다시는 가지 않는 사람도 있다. 직원은 다른 직장으로 이직할 수 있고, 공급업체도 특정 고객과의 관계가 유리하지 않다고 판단할 수 있다. 이것이 바로 시장경제의 좋은 점이다. 우리에게는 상품, 서비스, 일자리의 다양성이 있으며, 서로 다른 선호도를 가진 각각의 사람들은 자신과 가장 잘 맞는 것을 찾을 수 있다. 하지만 기업이 지속적으로 이익을 내기 위해서는 기꺼이 거래하려는 이해관계자들을 충분히 확보해야 한다.

따라서 기업의 목표가 이익을 창출하는 것이라면, 이는 암묵적으로 기업이 이해관계자들을 만족시켜야 한다는 것을 의미한다. 그렇지 않으면 이해관계자들은 계속해서 거래하지 않을 것이고, 기업의 이익은 없을 것이며 결국 기업가치도 존재하지 않게 된다. 이익을 창출하기 위해서는 기업이 이해관계자들의 이익을 위해 봉사해야 한다는 것은 부정할 수 없다.

기업 소유주가 얻을 수 있는 이익은 세금을 낸 후에 남은 것이다. 기업은 각 직원을 대신하여 근로소득세(Payroll taxes)를, 총이익에 대해 법인세(Income taxes)를 낸다. 또한, 기업은 연방정부, 주정부, 지방정부에 세금을 내야 할 수도 있다.

기업은 공정한 몫의 세금을 내고 있는가? 이 질문에 대한 답은 또 다른 질문을 야기한다. 누가 공정함을 결정할 수 있는가? '공정'은 주관적인 용어이다. 일부는 기업이 충분한 세금을 내지 않는다고 생각하고, 다른 일부는 기업이 세금을 너무 많이 낸다고 생각할 수 있다. 어쩌면 우리는 기업이 납부할 세금에 관해 광

범위한 합의에 도달하지 못할지도 모른다. 그렇다고 해도, 기업이 납부할 세금은 우리가 선출한 이들이 만든 세법에 의해 결정되며, 이는 우리가 얻을 수 있는 가장 공정한 방식이다.

이익 대 사기
Profit versus fraud

자본주의에서 이익에 대해 이야기할 때, 이익이란 상호이익이 되는 거래를 통해 창출된 부를 의미한다. 각 당사자는 자신이 얻는 것과 포기하는 것을 이해하고 있고, 양측 모두 거래를 통해 이득을 얻는다. 만약 사기나 기만이 존재하게 되면, 기만당한 측은 자유롭게 선택을 하지 못하고 상호이익이 되지 않는 거래에 참여하게 된다. 이는 사기, 다시 말해 도둑질을 의미하는 것이고, 어떤 수단으로든 단순히 더 많은 돈을 얻는다고 해서 이익창출을 의미하는 것은 아니다.

버니 매도프(Bernie Madoff)[3]는 많은 돈을 벌었지만, 그의 행동은 자본주의와 일치하지 않았다. 매도프는 사람들을 속였다. 그는 고객들에게 그의 투자펀드의 성과에 대해 거짓말을 했고, 투자금을 어떻게 투자하고 있는지에 대해서도 거짓말을 했다. 사람들이 매도프에게 투자한 것은, 그들의 부가 매도프에게 이전된 것이다. 이것은 상호이익이 되는 거래가 아니라 도둑질이라 할 수 있다. 마찬가지로 은행에서 돈을 훔치는 것은 강도가 돈을 얻은 것일 뿐 자본주의가 아니다. 강도는 이익을 얻지만 은행은 손해를 보기 때문에 상호이익이 존재하지 않기 때문이다.

법과 규제

Laws and regulations

주주 자본주의는 법과 규제를 준수하면서 이익을 추구하는 것을 신봉한다. 예를 들어, 헤로인을 거래하는 것은 수익성이 있지만 불법이므로 주주 자본주의에서 장려되지 않는다. 규제는 종종 기업이 운영 중에 만들어내는 오염과 같은 부정적인 부작용 또는 '외부효과'를 다루기 위해 마련된다. 가정, 교회, 학교, 그리고 인간 활동이 포함된 다른 모든 것들도 마찬가지로 부정적인 외부효과를 만들어낸다.

    기업에게 너무 적은 규제가 적용되는가, 그렇지 않으면 너무 많은 규제가 적용되는가? 이는 누구에게 질문하느냐에 따라 그 답이 다를 것이다. 불행히도 이 세상은 어떤 외부효과가 얼마만큼 허용 가능한지에 대한 해답을 정해주지 않는다. 우리는 필요에 따라 그것을 결정해야 한다. 미국 정부는 부정적인 외부효과를 제한하기 위해 100만 개 이상의 규제를 만들었고, 각 규제는 여러 규칙을 포함한다.[4] 이러한 규제는 대부분 기업에게 비용을 발생시키므로, 부정적인 외부효과를 줄임과 동시에 기업이 창출하는 긍정적인 것도 감소시킨다. 그 결과 우리는 더 적은 상품, 서비스, 일자리, 부를 얻게 되고, 결국 경제는 축소될 수 있다.

    한 사과 과수원과 '5,000개의 규칙'에 대한 기사를 통해, 2017년 『뉴욕 타임즈』는 기업이 직면하는 장애물과 같은 규제에 대해 설명하였다.[5] 여기서 5,000이라는 숫자는 단지 추정치일 뿐, 실제 연방규제로부터 기업이 직면하는 규칙의 수와 이들 규칙을 정확히 아는 것은 사실상 불가능하다. 기업이 따라야 하는 규칙의 추정치를 얻기 위해서는 100만 개 이상의 연방규제 내에서 키워드를 검색할 수 있는 컴퓨터 알고리즘이 필요하다. 위 기사는 사과 과수원이 따라야 하는 규칙이 12,000개이며, 그중 9,500개가 지난 10년 동안 추가되었다고 추정하였다. 이러한 규칙 중 많은 수가 과수원 외의 다른 기업에도 적용되고, 과수원에만 적용되는 규칙은 5,000개에 달하는 것으로 나타났다. 규칙이 너무 많은 것인가 아니면 적은 것인가? 판단은 독자에게 맡기겠다. 주주 자본주의는 규칙과 규제가 어떠해야 하는지는 말하지 않고, 단지 기업이 그것을 준수해야 한다고 말할 뿐이다.

손실과 선택의 자유
Losses and the freedom to choose

기업은 이익을 추구하지만 대부분은 실패한다. 수익성 있는 기업은 일반적이지 않은 예외적인 경우로 대형 상장기업은 성공적이고 이례적인 경우에 해당한다. 그런 기업 하나당, 실패한 수백만 개의 기업들과 투자금을 잃은 투자자와 사업가가 존재한다. 기업의 절반 이상이 5년을 견디지 못한다. 10년이 지나면 오직 약 3분의 1만 생존하고, 20년 생존율은 20퍼센트밖에 되지 않는다.[6]

주주 자본주의는 이익과 손실 모두를 주주에게 배분한다. 만약 기업이 이익을 창출하는 상호이익이 되는 거래에 참여할 수 있다면, 주주는 이익을 누려야 한다. 한편, 기업이 이익을 창출하지 못하고 손실을 낸다면, 주주는 손실을 감수해야 한다.

기업이 손실을 보고 폐업하는 이유는 기업의 이해관계자에게 선택의 자유가 있기 때문이다. 손실이 나면 고객은 그 기업의 제품을 구매할 필요가 없고, 직원은 더 이상 그 기업을 위해 일할 필요가 없으며, 공급업체는 해당 기업에 재화나 용역을 공급할 필요가 없다. 즉, 손실은 기업이 각 당사자와 상호이익이 되는 거래에 참여할 수 없다는 것을 의미한다.

따라서 기업을 상대하는 것은 정부를 상대하는 것과는 매우 다르다. 나는 아이들을 공립학교에 보내지만, 내 이웃 중 일부는 아이들을 사립학교에 보낸다. 그럼에도 불구하고 그들은 여전히 나와 같은 비율의 지방세를 내야 한다. 지방정부는 내 이웃이 만족하는 교육 서비스를 제공하지 않았지만, 그들은 여전히 서비스에 대해 돈을 지불해야 한다. 만약 그들이 세금 내는 것을 거부한다면, 정부는 그들의 집을 압류할지도 모른다.

반면에, 우리 집 근처에는 여러 매장을 포함하는 쇼핑몰이 있다. 나와 우리 이웃은 여러 매장 중 어느 곳에서 쇼핑을 해야 하거나, 돈을 지불해야 할 의무가 없다. 매장이 제공하는 상품과 서비스를 선호하지 않는다면, 그들은 다른 곳에서 쇼핑할 수 있고 매장은 이들의 선택에 대해 아무것도 할 수 없다. 이렇듯 고객의 선택은 자주 바뀌기 때문에 매장이 계속적으로 이익을 내는 것은 쉽지 않다.

미주

1. Thomas Sowell, Basic Books, "Basic economics: A citizen's guide to the economy", 2000년
2. Bureau of Labor Statistics, Business Employment Dynamics, "Survival of private sector establishments by opening year", 2023년(https://www.bls.gov/bdm/us_age_naics_00_table7.txt)
3. 버니 매도프(Bernie Madoff, 1938~2021)는 월스트리트 역사상 최대 규모의 폰지 사기(약 650억 달러)를 저지른 인물이다. 1960년 설립한 Bernard L. Madoff Investment Securities LLC를 통해 투자자들에게 꾸준한 고수익을 약속하며 자금을 유치했으며, NASDAQ 이사회 의장을 지내는 등 금융계에서 신뢰받는 인물이었다. 2008년 금융위기로 인한 대규모 환매 요청으로 사기가 발각되었으며, 2009년 150년형을 선고받고 2021년 4월 연방교도소에서 사망했다.
4. George Mason University Mercatus Center, QuantGov, "United States Federal regulation tracker", 2023년(https://www.quantgov.org/federal-us-tracker)
5. Steven Eder, New York Times, "When picking apples on a farm with 5,000 rules, watch out for the ladders", 2017년 12월 27일
6. Bureau of Labor Statistics, Business Employment Dynamics, "Survival of private sector establishments by opening year", 2023년(https://www.bls.gov/bdm/us_age_naics_00_table7.txt)

2
주주가치와 이익
Shareholder value and profit

재무관리 원론에서는 주주가치가 모든 미래 현금흐름의 현재가치라 말하는데, 이는 단지 이론이 아니라 실제로도 그러하다. 세계에서 가장 가치 있는 기업 중 많은 수가 현재의 이익이 아니라 성장기회 때문에 높은 가격으로 평가되고 있다.[1]

— 알렉스 에드먼스 *Alex Edmans*

기업의 목표가 이익을 내고 소유주를 위한 부를 창출하는 것이라는 생각은 혼란을 야기하게 만든다. 일부는 이를 기업의 목표가 단기이익만을 극대화하는 것이라고 해석했다. 그러나 이는 기업이 의도한 바가 아니며, 이렇게 해석하는 것이 이상한 것이다. 만약 여러분에게 인생의 목표가 행복을 추구하는 것이라고 말한다면, 여러분은 이를 오늘의 행동이 미래에 미치는 임팩트에 대해 생각하지 않고 오직 오늘만을 위해 산다는 것으로 해석하겠는가?

기업의 목표가 이익을 창출하는 것이라고 말할 때, 이는 단지 단기이익만을 의미하는 것이 아니다. 기업 수명 전체에 걸친 모든 이익(All profits over the life of the business)을 의미한다. 만약 여러분이 기업을 소유하고 있다면, 여러분은 기업의 모든 미래이익에 대한 청구권을 가지고 있다. 따라서 주주가치는 기업의 수명 동안의 모든 미래이익의 함수이다. 만약 소유주가 오늘 기업을 매각하고 싶다면, 이러한 경우에 주주가치는 공정한 판매가격이 된다.

기업을 평가하는 직관적인 방법은 이익에서 창출되는 현금흐름을 기업가치라고 생각하는 것이다. 기업은 올해, 내년, 그리고 그 이후의 기간 동안 어느 정도의 이익 또는 손실을 낼 것이다. 기업가치는 모든 예상 현금흐름의 현재가치(Present value of all its expected cash flow)이고, 주주가치는 단순히 기업가치에서 부채의 가치를 뺀 것이다. 이익과 현금흐름은 시기와 회계처리 방법에 있어서 차이가 있다. 그러나 장기적으로 볼 때, 현금흐름은 이익으로부터 창출된다.

현재가치(Present value)라는 말은 미래의 1달러가 오늘의 1달러보다 가치가 낮다는 것을 의미한다. 오늘의 1달러를 투자하는 것이 미래의 1달러보다 더 가치 있기 때문이다. 현재가치와 현금흐름을 계산하는 세부사항을 다루는 것은 우리의 당면 과제가 아니다.[2] 단지 기업의 가치가 예상되는 모든 미래이익을 반영한다는 것을 알면 된다.

주주가치를 극대화하려면 기업 경영진은 장기적인 게임을 해야 한다. 물론 주주 중에는 단기이익에 관심을 두기도 하지만, 일반적으로 단기이익은 기업가치의 작은 부분에 불과하다. 실제로는 장기이익이 더 중요하며 기업가치의 더 큰 부분을 차지한다. 이는 결코 새로운 사실이 아니며, 학생들은 이를 재무관리 원론에서 배운다.

주주가치 극대화의 목표는 또한 기업이 이해관계자를 어떻게 대해야 할지 알려준다. 직관적으로, 다른 모든 조건이 동일하다면, 어떤 기업이 더 가치 있다고 생각하는가? 고객, 공급업체,

직원과 좋은 관계를 유지하는 기업인가, 아니면 이해관계자를 무시하고 하루하루 생존하는 기업인가?

단기이익 대 장기이익
Short-term profits versus long-term profits

마이크로소프트(Microsoft)의 사례를 통해 주주가치에 대한 장기이익의 중요성을 알아보자. 2023년 8월 11일 기준으로 마이크로소프트의 주가(321.01달러)에 발행주식 수(74.4억 주)를 곱하면 시가총액 2.39조 달러가 된다. 이것은 마이크로소프트의 주주가치에 대한 주식시장의 추정치이다. 마이크로소프트의 가장 최근의 연간 당기순이익은 727억 달러로, 이는 시가총액에 훨씬 미치지 못한다.

그럼에도 불구하고 투자자는 왜 '단지' 727억 달러를 버는 기업에 2.39조 달러를 지불하려고 할까? 다르게 말하면, 왜 마이크로소프트의 주가는 당기순이익의 31배나 될까? 그 이유는 마이크로소프트의 주주가 모든 미래이익을 소유하기 때문이다. 투자자는 마이크로소프트를 평가할 때, 예상되는 모든 미래 현금흐름을 포함한다. 투자자는 마이크로소프트가 앞으로 오랫동안 지속적으로 이익을 낼 것이고, 이익이 성장할 것이라고 기대한다. 마이크로소프트의 미래이익(Future profits)에 대한 투자자의 기대가 엄청난 가치를 만들어내는 것이다.

세계에서 가장 가치 있는 기업들도 마찬가지이다. 애플(Apple)의 주가수익비율(Price-to-earnings ratio)은 24이다. 다시 말해, 애플의 시가총액은 가장 최근 연간 이익의 24배이다. 구글(Google)의

표 2.1 2022년 적자기업의 기업공개 사례

기업명	시가총액($)	당기순이익($)
크레도 테크놀로지(Credo Technology)	21.4억	−2,218만
아밀릭스 제약(Amylyx Pharmaceuticals)	14.5억	−1억 9,838만
프라임 메디신(Prime Medicine)	11.4억	−1억 2,182만
벨라이트 바이오(Belite Bio)	6억 3,927만	−1,265만
아크리본 테라퓨틱스(Acrivon Therapeutics)	2억 7,166만	−3,117만

출처: https://stockanalysis.com/ipos/2022/(시가총액과 당기순이익 정보는 stocksanalysis.com에서 수집하였고, 시가총액은 2023년 8월 11일 기준으로 보고하였다.)

주가수익비율은 19이고, 테슬라(Tesla)는 57이며, 더 작은 신생기업은 더 높은 주가수익비율을 나타낼 수 있다.

많은 신생기업은 적자를 내고 있음에도 불구하고 여전히 수백만 또는 수십억 달러의 가치를 갖는다. 이러한 경우는 기업공개(Initial Public Offerings, IPOs), 즉 기업이 처음으로 주식을 증권거래소에 상장할 때 볼 수 있다. 표 2.1은 최근 적자를 기록한 기업에 대한 기업공개 사례이다. 기업들의 가치는 전적으로 투자자의 미래이익에 대한 기대에 기반한다.

투자는 기업가치를 증가시킬 수 있다
Investment can increase firm value

만약 기업 소유주가 미래이익에 관심이 없다면, 그들은 애초에 기업을 설립하지도 않았을 것이다. 기업가가 처음 기업을 설립할 때에는 투자가 필요한데, 투자를 하면 기업가가 보유하는 현금은 그만큼 줄어든다. 투자는 현재 무언가를 포기하고 미래에 더 큰 것을 얻기를 희망하는 것을 의미한다. 기업의 미래이익이 초기 투자를 상쇄할 것으로 예상된다면 기업가의 투자는 합리적이다.

이는 소규모 기업뿐만 아니라 대기업에도 마찬가지로 적용된다. 2021년 화이자는 140억 달러 이상을 연구·개발(R&D) 투자에 지출했다. 만약 화이자가 투자를 하지 않았다면, 2021년도의 이익은 140억 달러 이상 높아졌을 것이다. 또한, 140억 달러를 배당금으로 주주들에게 지급할 수도 있었다. 하지만 140억 달러의 투자가 더 큰 미래이익을 창출한다면, 화이자는 더 가치 있는 기업이 될 수 있고 주주 역시 더 나은 결과를 얻을 수 있다. 오늘의 적은 이익은 미래의 더 많은 이익을 의미할 수 있으며, 이렇듯 기업은 항상 이런 방식으로 가치를 창출한다.

투자에는 공장건설, 장비구매, 연구·개발에 대한 투자, 마케팅, 직원 유지와 그들의 동기부여를 위한 임금 및 복리후생 증대 등이 포함된다. 이러한 각각의 투자는 단기이익과 단기 현금흐름을 감소시킨다. 그러나 이러한 투자들은 단기 비용을 상쇄하고도 남을 만큼 미래의 이익과 현금흐름을 증가시켜 주주가치를 높일 수 있다. 기업은 주주에게 부를 창출해주기 위해서 장기적 이익이 단기 비용을 상회하는 투자기회를 찾아야 한다.

다시 말하지만, 기업을 연속되는 현금흐름으로 이해하면 쉽다. 즉, 현금흐름의 현재가치가 곧 기업가치이다. 기업 경영자의 목표는 주주가치를 극대화하는 것이며, 이는 연속되는 현금흐름의 현재가치를 가능한 한 높이는 것을 의미한다. 이를 염두에 두어야 우리는 투자가 기업가치를 증가시키는지 감소시키는지 분석할 수 있다.

순현재가치 법칙
The net present value rule

재무관리 원론에서는 경영자가 투자를 평가하는 데 도움이 되는 도구로 순현재가치(Net present value, NPV)라는 개념을 가르친다. 양(+)의 순현재가치를 갖는 투자는 연속되는 현금흐름의 현재가치를 더 크게 만들기 때문에 기업가치를 증가시킨다. 음(-)의 순현재가치를 갖는 투자는 연속되는 현금흐름의 현재가치를 더 적게 만들기 때문에 기업가치를 감소시킨다. 순현재가치의 법칙은 모든 양(+)의 순현재가치 투자안을 수용하고 모든 음(-)의 순현재가치 투자안은 거부하는 것이다.

다음 예시는 순현재가치의 법칙이 어떻게 작동하는지 보여준다. 한 기업이 연구·개발 프로젝트에 투자할 수 있는데 투자 가능 금액이 100만 달러이고 즉시 발생한다고 가정하자. 연구·개발의 결과로 새로운 제품을 생산할 것으로 예상되며, 그 제품의 이익은 향후 10년 동안 실현될 것이다. 그 이익으로부터 예상되는 미래 현금흐름의 현재가치는 500만 달러이다.

- 프로젝트의 순현재가치는 500만 달러－100만 달러＝400만 달러이다.
- 순현재가치가 양수이므로 기업은 프로젝트를 수행해야 한다.
- 순현재가치가 400만 달러이므로 기업이 프로젝트를 수행하면, 기업의 가치는 400만 달러 더 증가한다.

달리 말하면, 기업의 연속되는 현금흐름의 현재가치와 주주가치가 모두 400만 달러 증가할 것이다. 따라서 연구·개발 비용인 100만 달러로 인해 기업의 단기 수익이 낮아졌음에도 불구하고, 기업의 가치는 400만 달러 증가했다. 단기이익을 낮추면서도 기업가치를 높일 수 있으며, 이는 사실상 모든 투자에 적용된다.

주주가치 극대화를 목표로 하는 경영자는 모든 양(+)의 순현재가치 프로젝트를 수용하고 모든 음(-)의 순현재가치 프로젝트를 거부할 것이다.

여기서, 음(-)의 순현재가치 프로젝트를 거부한다는 의미는 무엇일까? 순현재가치 법칙은 암묵적으로 주주가 기업 외부의 다른 투자안에도 투자가 가능함을 의미한다. 프로젝트의 현재가치는 주주가 유사한 위험수준을 가진 다른 기업에 투자할 경우 얻을 것으로 예상되는 수익률을 사용하여 추정된다.[3] 음(-)의 순현재가치는 주주가 자금을 기업 외부에 투자한다면 더 높은 수익을 얻을 수 있다는 것을 의미하며, 주주가 이 투자안에 사용 가능한 자원을 다른 기업에 투자함으로써 더 잘 이용할 수 있다는 것이다.

단순 휴리스틱
Simple heuristics

순현재가치 법칙은 측정도구이다. 이는 기업의 경영자가 주주가치 극대화라는 목표를 향해 잘 나아가고 있는지 판단하는 데 도움을 준다. 이렇게 경영자는 기업의 순현재가치를 계산하거나 현재가치가 무엇인지 알지 못하더라도 주주가치 극대화 목표를 추구할 수 있다. 그러나 많은 이들은 경영대학에서 이러한 계산법을 가르치기 훨씬 전부터 수세기 동안 주주가치 극대화를 실행해

왔다. 애덤 스미스는 이미 200년 전에 이 일반적인 개념을 서술한 바 있다.

　예를 들어, 레스토랑 주인은 비용이 많이 드는 리모델링을 하기로 결정할 수 있다. 주인은 리모델링 후에 더 많은 고객이 레스토랑을 찾을 것이고, 더 높은 판매가격을 책정할 수 있을 것이라고 믿는다. 비록 주인이 공식적으로 순현재가치 계산을 하지 않았다 하더라도 이 투자가 사업을 더 가치 있게 만들 것이라고 판단한 것이다. 또 다른 예로, 직원이 레스토랑 주인에게 임금인상을 요구할 수 있다. 주인은 직원을 만족시키고 계속 고용하는 것이 가치 있다고 믿기 때문에 임금인상에 동의한다. 두 경우 모두, 주인은 추가 비용이 사업에 이익이 된다고 생각하기 때문에 동의한 것이다. 이처럼 주인은 어떤 수학적 계산 없이도 주주 자본주의를 실천하고 있는 것이다.

상장기업의 주주가치
Shareholder value in public corporations

상장기업의 경우, 주주가치는 주가에 반영된다. 만약 경영자가 주가가 부정확하다고 믿는다면 어떨까? 이로 인해 경영자는 목표를 바꿀 것인가? 간단히 말해, 그렇지 않다. 주주 자본주의 하에서는 상장기업의 경영자와 비상장기업의 경영자는 모두 동일한 의무를 가진다.

　상장기업의 경영자는 기업의 연간 및 분기별 보고서와 기타 법적문서, 언론의 보도자료, 분석가 및 투자자와의 회의에서 그들의 예측을 투자자에게 전달할 수 있다. 미국 증권거래위원회(U.S.

Securities and Exchange Commission)는 상장기업의 경영자가 기업가치와 관련된 모든 정보를 공개하도록 요구한다.[4] 투자자는 그 정보를 사용하여 기업을 평가하고, 이는 주가 결정에 도움을 준다.

주주가치는 미래에 대한 예측에 기반한다. 경영자는 향후 몇 년 동안 이익이 더 빠른 속도로 성장할 것이라고 믿는 반면, 투자자는 이익이 더 느린 속도로 성장할 것이라고 생각할 수 있다. 이 경우, 투자자가 산출한 가치가 주가에 반영될 것이며, 이는 경영자가 추정한 가치보다 낮을 것이다. 그렇다면 주가가 잘못된 것일까? 그럴 수도 있고, 또는 경영자가 너무 낙관적인 것일 수도 있다. 어떤 경우든, 주가는 투자자가 기업가치라고 믿는 바를 반영할 것이며, 이는 경영자가 생각하는 기업가치보다 더 높을 수도, 낮을 수도 있다.

다시 말하지만, 기업가치는 모든 예상 현금흐름의 현재가치이다. 경영자의 임무는 그 가치를 가능한 한 크게 만드는 것이다. 이 법칙은 상장기업, 비상장기업, 유한책임회사, 파트너십, 그리고 이러한 법적구조로 조직되지 않은 사업체들을 포함한 모든 유형의 사업에 적용된다.

미주

1. Alex Edmans, VoxEU column, "Why Shareholder Capitalism Benefits Wider Society", 2021년 5월 26일
2. 1년 동안 1달러를 투자하고 7퍼센트의 수익률을 예상한다면, 미래가치는 $1 \times 1.07 = \$1.07$이다. 예상 수익률인 7퍼센트가 할인율(discount rate)이며, 1.07은 현재가치를 구하는 데 사용할 수 있는 할인요소(discount factor)이다. 7퍼센트의 예상수익률을 사용할 때 1.07달러의 현재가치는 $\$1.07/1.07 = \$1$이다. 7퍼센트의 예상수익률을 사용할 때 10달러의 현재가치는 $\$10/1.07 = \$9.35$이다. 9.35달러를 1년 동안 투자하여 7퍼센트를 얻으면 10달러가 된다($\$9.35 \times 1.07 = \$10$). 이를 여러 해에 걸쳐 적용할 수도 있다. 7퍼센트로 2년 동안 투자된 1달러의 미래가치는 $\$1 \times 1.07 \times 1.07 = \$1 \times 1.07^2 = \$1.145$이다. 이 기간의 할인요소는 1.07^2이다. 2년 후 받게 될 1.145달러의 현재가치는 $\$1.145/1.07^2 = \$1$이다.
3. 실제로는 자본자산가격결정모형(Capital Asset Pricing Model), 즉 CAPM이 기업의 위험성과 할인율을 추정하는 데 자주 사용된다.
4. 전국기업이사협회(National Association of Corporate Directors)에서 메리 조 화이트(Mary Jo White, 미국 증권거래위원회 위원장)의 연설, "The Path Forward on Disclosure", 2013년 10월 15일

3
사회는 어떻게 희소자원을 사용해야 하는가?
How should society use its scarce resources?

> 오직 자신의 이득만을 의도하여 기업의 생산물이 가장 큰 가치를 가지도록 이끈다 하여도, 다른 많은 경우와 마찬가지로 보이지 않는 손에 의해 자신의 의도가 아니었던 목적도 증진된다.[1]
>
> — 애덤 스미스 *Adam Smith*

모든 경제의 핵심적 문제는 대안적 용도를 가진 희소자원을 가지고 있다는 것이다. 토지, 원자재, 기계 또는 노동은 한 가지 목적으로 사용되면 다른 목적으로는 사용될 수 없다. 우리는 자원을 가장 효율적으로 사용하는 방법을 결정해야 한다. 어떤 상품과 서비스를 생산할지 어떻게 결정해야 할까? 마찬가지로 중요한 것은 무엇을 생산하지 않을지를 어떻게 결정하냐는 것이다. 모든 것에서 주주 자본주의(Shareholder capitalism)는 어떤 역할을 할까? 주주의 부의 창출이라는 이기심의 발로는 결국 사회에 가장 가치 있는 것을 생산하기 위해 자원을 사용하도록 만든다.

이윤은 희소자원의 유익한 사용을 나타낸다
Profits reflect a beneficial use of scarce resources

주주 자본주의에서 목표는 주주가치를 극대화하는 것이다. 주주가치는 모든 미래이익을 반영한다. 기업은 생산하는 것의 가치가 사용하는 것의 가치를 초과할 때 이익을 낸다. 자동차 제조업체를 예로 들어보자. 이 기업은 총 5만 달러의 비용으로 자동차를 생산하고, 자동차를 6만 달러에 판매하고자 한다.

- 이 기업은 1만 달러의 이익을 창출한다(6만 달러-5만 달러=1만 달러).
- 이 기업이 5만 달러에 자동차를 생산할 수 있는 이유는 직원이나 공급업체 같은 다양한 이해관계자들이 자동차의 총비용이 5만 달러가 될 수 있도록, 부품이나 노동력을 판매하고자하기 때문이다.
- 이 기업이 6만 달러에 자동차를 팔 수 있는 이유는 고객이 이 자동차에 최소 6만 달러의 가치를 부여하기 때문이다.
- 1만 달러의 이익은 자동차 제조업체가 사회에서 상대적으로 낮은 가치를 두는 자원을 사용해 상대적으로 높은 가치를 두는 것을 만들어낸다는 사실을 반영한다.

따라서 이윤을 추구하는 기업은 창출되는 가치가 사용되는 가치를 초과할 때만 자원을 사용하며, 이는 사회를 더 나은 상태로 만든다. 그러나 실제로 이익은 창출된 가치를 충분히 나타내지 못할 가능성이 높다. 소비자가 제품에 지불하는 가격은 보통 그들이 그 제품에 부여하는 가치보다 낮기 때문이다. 누군가가 자동차에 6만 달러를 지불할 의사가 있다면, 그 자동차는 그 사람에게 최소 6만 달러의 가치가 있으며, 아마도 그 이상일 것이다. 따라서 기업이 사회에 기여하는지, 그리고 어느 정도 기여하는지를 알 수 있는 가장 좋은 방법은 기업의 이익을 살펴보는 것이다.

손실은 희소자원의 잘못된 사용을 나타낸다.
Losses reflect a poor use of scarce resources

일부 사람들은 기업이 큰 이익을 냈다는 것을 알게 되면 화를 내곤 하는데, 이는 잘못된 생각이다. 기업이 큰 이익을 보고하는 것은 오히려 기뻐해야 하고, 손실을 낼 때 화를 내야 한다. 기업이 손실을 목표로 한다면 세상이 어떻게 될지 생각해보자. 기업의 산출물 가치가 사용한 것의 가치보다 낮으면 손실이 발생한다. 이 경우, 기업이 사용하는 자원은 그 자원으로 생산한 제품보다 사회에 더 가치 있다.

앞의 예에서 자동차 제조업체가 5만 달러를 들여 만든 자동차를 4만 달러에 팔 수 있다면, 이는 자동차를 만드는 데 사용되는 자원이 다른 곳에 사용되는 것이 더 바람직하다는 것을 의미한다. 이러한 경우, 자동차 제조업체가 이 자동차를 만드는 것은 사회에 기여하지 못하며, 이러한 기업은 영업을 중단하는 편이 낫다.

모든 기업이 이익이 아닌 손실을 위해 노력한다고 상상해보자. 앞서 소개했던 일부 지식인들의 주장이 성공하여, 마침내 자본주의가 악이며 이익이 악의 근원이라고 모든 사람들을 확신시켰다고 가정하자. 그렇게 되면 이들은 악의 반대는 선이므로 손실이 좋은 것임에 틀림없다고 주장할 것이고, 이를 입법화 하려는 정치인에게 투표할 것이다. 이들의 논리에 따르면, 모든 기업은 손실을 내야하고, 손실을 내기 위해 기업은 사회가 상대적으로 높은 가치를 두는 자원으로 상대적으로 낮은 가치를 두는 상품과 서비스를 생산해야 한다. 이런 상황이 계속 지속된다면 과연 세상은 어떻게 될까?

앞에서 설명했듯이, 기업은 일시적으로 손실을 낼 수 있지만 여전히 가치를 창출하고 사회에 이익을 창출하기도 한다. 예를 들어, 많은 신생기업은 충분히 성숙하지 않아 아직 수익을 창출하지 못하는 제품을 개발하기 위해 많은 투자를 하면서 사업을 시작한다. 따라서 일시적인 손실이 미래에 더 큰 이익으로 상쇄될 것으로 예상된다면 이는 자원의 좋은 사용을 반영하는 것일 수 있다. 하지만 성숙한 기업이나 그들이 생산한 제품이 지속적으로 손실을 낸다면, 그것은 사용 중인 자원이 다른 곳에서 더 잘 사용될 수 있다는 신호일 가능성이 높다.

기업이 가격을 정할 수 있는가?
Can a business set prices?

기업 또는 판매자는 자신들이 원하는 가격을 요구할 수 있지만, 그 가격을 수용할 수 있는 구매자가 없을 수도 있다. 직원은 고용주에게 연봉 100만 달러를 요구할 수 있지만, 그런 일은 실현되지 않을 것이다. 이렇듯, 거래는 구매자와 판매자 모두에게 이익이 되는 가격이 있을 때만 이루어진다.

앞서 자동차의 예에서, 자동차 제조업체는 6만 달러를 청구했다. 자동차 제조업체는 7만 달러를 청구할 수도 있으며, 구매자 역시 반드시 그 차를 살 필요가 없다. 그들은 다른 새 차를 사거나, 중고차를 사거나, 아예 차를 사지 않을 수도 있다. 자동차 제조업체는 이익을 극대화하는 가격을 선택하며, 그 가격은 소비자가 지불할 의사가 있는 가격이어야 한다.

또한, 우리는 왜 공급업체가 자동차 제조업체에 부품의 가격을 두 배로 청구하지 않는지 의아해할 수 있다. 물론 공급업체는 가격을 두 배로 청구할 자유가 있지만, 동시에 자동차 제조업체 또한 다른 공급업체를 선택할 자유가 있다.

소비자가 자동차에 대해 지불할 의사가 있는 가격이 자동차 제조업체가 이익을 낼 수 있는 가격보다 낮을 수 있으며, 이 경우 자동차 제조업체는 자동차 생산을 중단할 것이다. 이는 드문 일이 아니며, 많은 기업은 이러한 이유로 사업을 접게 된다.

자원 배분과 기회비용
Resource allocation and opportunity cost

모든 투자에는 비슷한 위험을 가진 다른 투자로부터 얻을 수 있을 것으로 예상되는 수익을 의미하는 기회비용이 존재한다. 만약 자동차 제조업체가 새로 공장을 건설한다면, 이에 대한 지출은 주주가 부담하게 된다. 그러나 주주는 이 자본을 다른 자동차 제조업체나 다른 기업에 투자할 수 있다. 만약 다른 투자안이 더 나은 투자수익을 제공한다면, 공장은 건설되지 말아야 하고 주주는 그 자동차 제조업체가 아닌 다른 투자안에 투자해야 한다.

경영자가 기회비용을 고려하여 운영할 때 사회도 혜택을 얻는다. 자동차 제조업체는 공장을 짓는 과정에서 땅, 건축 자재, 기계, 노동력과 같은 자원을 소비한다. 이러한 자원은 다른 곳에 사용될 때 더 많은 이익을 사회에 제공할 수도 있다. 비슷한 위험을 가진 다른 기업이 같은 자원을 사용하여 더 많은 이익을 낼 수 있다면, 그 기업이 자원을 사용할 때 사회 전체가 더 많은 이익을 얻는다.

자원 배분과 순현재가치 법칙
Resource allocation and the NPV rule

이전 장에서 순현재가치 법칙을 소개한 바 있다. 우리는 재무관리 원론에서 순현재가치 법칙을 가르친다. 이는 경영자에게 해당 투자가 주주에게 가치를 창출할 것인지 판단하는 데 도움을 주는 도구이다. 순현재가치 법칙은 모든 투자에 기회비용이 있다는 사실을 고려한다.

양(+)의 순현재가치 투자는 기업가치를 높이고 주주의 부를 창출하는 반면, 음(-)의 순현재가치 투자는 기업가치를 낮추고 주주의 부를 파괴한다는 점을 잊지 말자. 주주 자본주의에서는 모든 양(+)의 순현재가치 투자를 수행하고 모든 음(-)의 순현재가치 투자를 피하는 것이 규칙이다.

투자의 순현재가치는 세 가지 요인에 의해 결정된다.
1. 투자비용
2. 투자가 창출할 것으로 예상되는 이익
3. 비슷한 위험을 가진 대안적 투자로부터 예상되는 수익률

순현재가치는 본질적으로 '투자에서 예상되는 이익이 비슷한 위험수준의 다른 기업에 투자하는 것보다 더 많은가, 더 적은가?'라는 질문에 답한다. 이익이 더 많이 발생한다면 이는 양(+)의 순현재가치를 의미하므로 주주의 부를 창출하는 반면, 이익이 더 적게 발생한다면 음(-)의 순현재가치로 주주의 부를 파괴한다.

　기업이 음(-)의 순현재가치 투자안을 선택하지 않는다는 것은 다른 기업이 이 자원을 더 잘 사용할 수 있기 때문에 그 투자안을 선택하지 않는다는 것을 의미한다. 즉, 경영자는 외부에 주주가 선택할 수 있는 더 나은 투자기회가 있음을 인지하게 된다. 음(-)의 순현재가치 투자를 수행한다는 것은 사회의 희소자원을 잘못 사용한다는 것이다. 따라서 음(-)의 순현재가치 투자는 주주를 가난하게 만들 뿐만 아니라, 더 가치 있는 용도로 쓰일 수 있었던 자원을 소비함으로써 사회를 가난하게 만든다.

　이 책의 2부에서 살펴보겠지만, 주주 자본주의에 대한 일부 비평가들은 기업이 항상 더 많이 투자하는 것이 올바르다고 여긴다. 이러한 관점은 언제나 존재하는 기회비용이 있다는 사실을 간과한 것이다. 기업은 투자할 때마다, 대체적이고 잠재적으로 더 나은 용도가 있을 수 있는 자원을 사용한다. 만약 기업이 양(+)의 순현재가치 투자를 구성하는 제품이나 서비스를 만드는 데 자원을 사용하는 것이 아니라면, 기업은 그 자원을 사용해서는 안 된다. 사용되지 않은 그 자원은 다른 누군가가 더 가치 있는 목적으로 사용해야 한다.

주주는 자신의 손실을 감수한다
Shareholders eat their losses

선의를 가진 경영자조차도 좋지 않은 결과를 초래하는 투자를 선택하는 경우가 있다. 투자와 순현재가치 분석은 미래에 대한 예측에 기반하기 때문에, 그 예측은 틀릴 수도 있다. 예를 들어, 제품에 대한 수요가 예상보다 낮을 수도 있고, 투자비용이 예상보다 높을 수 있듯, 예측과 다른 일들은 항상 일어난다.

주주 자본주의는 좋지 않은 투자를 자정해 나간다. 일부 투자자는 모험적 투자안을 선택하여 그 결과가 좋지 않을 때 투자금을 잃게 된다. 이렇듯 투자가 선의로 이루어졌다 하더라도, 결국 사회의 자원을 잘 사용하지 못하면 주주는 가난해 진다. 주주 자본주의는 자원이 어떻게 사용되고 있는지 주의 깊게 평가하고 가치를 창출하지 않는 수익성 없는 모험적 투자는 빠르게 중단시키는 유인을 가지고 있다.

따라서 주주가치를 극대화하는 목표는 주주의 이익추구와 이외의 사회 나머지 부분의 이익추구를 일관된 방향으로 만든다. 사회에는 다양한 문제가 존재한다. 어떻게 희소자원을 배분해야 하는가? 답은 생산된 제품이 기회비용을 고려해도 사용되는 자원보다 더 가치 있을 때만 자원을 사용하는 것이다. 이는 경영자가 주주가치 극대화라는 목표를 추구할 때 실현된다. 계획하거나 조정하는 사람이 없어도 각 자원은 가장 올바른 용도로 사용되는 것이다. 현대 경제학의 아버지인 애덤 스미스는 이장의 서두에서 인용한 '보이지 않는 손'에 대한 유명한 격언을 썼던 2세기 전에 이미 이러한 효과를 깨닫고 있었다.

미주

1. Adam Smith, London: Printed for W. Strahan and T. Cadell(Carmel, Indiana: Liberty Fund, Inc.), "An Inquiry into the nature and causes of the wealth of nations", 1776년(1981)

4
성장과 혁신: 이익의 역할
Growth and innovation: The role of profit

> 사람들이 자원을 확보하여 더 가치 있게 활용할 때 비로소 경제성장이 이루어진다.[1]
>
> — 폴 로머 *Paul Romer*

한 국가의 경제성장률은 미래의 번영을 결정하며, 경제성장률의 향상은 생활수준을 높인다. 국가 경제의 규모는 국내총생산(GDP)으로 측정할 수 있는데, 국내총생산은 경제에서 생산되는 모든 것의 가치에서 생산비용을 뺀 것이다. 이를 바탕으로 국내총생산을 인구로 나눈 1인당 국내총생산의 성장수준에 따라 국가의 경제성장을 계량화할 수 있다. 미래 세대들이 최대한 높은 생활수준을 누릴 수 있도록 우리는 경제성장률에 관심을 가질 필요가 있다.

어떤 유권자는 다양한 사회 및 환경정책이 효과를 발휘할 수 있도록 더 낮은 성장에서 균형점을 찾는 것을 선호할 수 있다. 그러나 그들이 선택한 정책의 범위 내에서도 높은 경제성장이 더 좋은 것이다. 예를 들어, 스웨덴이 모든 사회 및 환경정책을 그대로 유지하면서 연간 2퍼센트가 아닌 3퍼센트로 성장할 수 있다면, 스웨덴 사람들은 더 나은 삶을 살게 될 것이다.

노벨상을 수상한 경제학자인 폴 로머는 사람들이 장기성장

표 4.1 서로 다른 성장률에서의 1인당 국내총생산 비교

년도	3% 성장률에 따른 1인당 국내총생산($)	2% 성장률에 따른 1인당 국내총생산($)	1인당 국내총생산 차이($)	1인당 국내총생산 성장률의 차이(%)
0	10,000	10,000	0	
1	10,300	10,200	100	1
2	10,609	10,404	205	2.05
5	11,593	11,041	552	5.52
10	13,439	12,190	1,249	12.49
20	18,061	14,859	3,202	32.02
30	24,273	18,114	6,159	61.59
50	43,839	26,916	16,923	169.23
100	192,186	72,446	119,740	1,197.40

률의 중요성을 과소평가하는 경향이 있다고 주장하였다.[2] 우리는 단순한 덧셈에는 능숙하지만, 그보다 복잡한 복리가 적용될 때에는 성장속도를 과소평가하곤 한다.

　복리의 중요성을 이해하기 위해, 1인당 국내총생산이 10,000달러이고 연간성장률이 각각 2퍼센트 또는 3퍼센트인 두 가지 상황을 예를 들어보자. 연간성장률의 1퍼센트 차이는 적어 보이지만, 오랜 기간 동안 충분히 지속된다면 생활수준에 엄청난 영향을 미칠 수 있다. 이를 표 4.1에서 확인해 보자.

　표 4.1은 100년 동안 성장률에 따른 1인당 국내총생산이 어떻게 변화하는지를 보여준다. 두 경우 모두 1인당 국내총생산은 10,000달러에서 시작한다. 20년 후, 연간 2퍼센트씩 성장한 경제는 1인당 국내총생산은 14,859달러가 되어 149퍼센트 증가하게 된다. 반면에 연간 3퍼센트씩 성장한 경제는 1인당 국내총생산이 18,061달러가 되어 181퍼센트 증가하게 된다. 따라서 누적된 성

장의 차이는 181퍼센트-149퍼센트=32퍼센트이다. 이는 20년이 지나면 연간 3퍼센트씩 성장한 경제의 시민들이 연간 2퍼센트씩 성장한 경제의 시민들보다 32퍼센트만큼 더 많은 재화와 서비스를 소비할 수 있음을 나타낸다.

1퍼센트의 연간성장률 차이가 어떻게 20년 동안 32퍼센트의 총 성장 차이로 이어질까? 그 이유는 매년의 성장률의 차이가 복리로 작용하기 때문이다.

- 첫 해가 끝날 때, 2퍼센트 성장경제는 1인당 국내총생산이 10,200달러였고, 3퍼센트 성장경제는 1인당 국내총생산이 10,300달러로, 100달러 차이가 났다.
- 그다음 해, 10,200달러에 2퍼센트 성장률을, 10,300달러에 3퍼센트 성장률을 각각 적용한다.
- 두 번째 해가 끝날 때, 1인당 국내총생산은 2퍼센트 성장경제에서 10,404달러가 되고, 3퍼센트 성장경제에서 10,609달러가 되어 205달러 차이가 난다.
- 그다음 해에는 10,404달러에 2퍼센트 성장률을, 10,609달러에 3퍼센트 성장률을 각각 적용한다.
- 매년 차이는 더 커진다.
- 30년 후에는 그 차이가 6,159달러가 된다. 50년 후에는 16,923달러가 되고, 100년 후에는 차이가 무려 119,740달러에 이르게 된다.

혁신과 성장

Innovation and growth

왜 어떤 국가는 다른 국가들에 비해 더 높은 경제성장률을 보이는가? 노벨 경제학상 수상자인 로버트 솔로우(Robert Solow)의 연구는 이에 대해 많은 가르침을 준다. 솔로우에 따르면, 미국과 같이 발달된 경제에서는 기술혁신이 장기성장률을 주도한다.[3] 만약 한 선진경제가 3퍼센트의 장기성장률을, 다른 선진경제가 2퍼센트의 장기성장률을 가지고 있다면, 이는 3퍼센트 성장을 하는 경제에 더 많은 혁신이 있기 때문이다.

그렇다면, 기술혁신은 어떻게 성장에 기여하는가? 경제는 간단히 노동력(사람), 자본(기계 및 기타 장비), 그리고 기술의 구성으로 설명할 수 있다. 기술은 노동과 자본이 얼마나 잘 상호작용하여 재화와 서비스를 창출하는지를 반영한다. 기술혁신은 주어진 양의 노동과 자본으로, 경제가 이전보다 더 가치 있는 재화와 서비스를 창출할 수 있음을 의미한다. 다시 말해, 혁신은 경제가 주어진 양의 자원으로 더 많은 산출물을 창출할 수 있게 한다.

비교적 덜 발달된 경제에서는 단순히 자본이나 현대적 기계를 도입하는 것만으로도 경제를 성장시킬 수 있다. 소와 쟁기를 사용하던 농업환경에 트랙터를 도입하면, 생산성이 증가하고 더 빠른 성장이 뒤따를 것이다. 이것이 중국이 현대화를 시작했을 때 빠르게 성장할 수 있었던 이유이다. 하지만 미국과 같이 기술이 발달한 곳에서 성장하기 위해서는 기술혁신이 필요하다. 모든 농부가 이미 트랙터를 가지고 있으면, 더 많은 트랙터를 추가하는 것만으로는 농업 생산량이 증가하지 않을 것이다. 이 경우에는 효과적인 비료나 효율이 높은 새로운 트랙터와 같은 혁신이 필요하다.

혁신은 공유되고 널리 퍼질 수 있기 때문에 단 하나의 혁신이라 할일지라도 경제에 강력한 영향을 미칠 수 있다. 만약 어떤 석기시대 사람이 특정 종류의 돌이 창을 만드는 데 더 좋다는 것을 발견했다면, 다른 석기시대 사람들도 그를 모방하여 같은 재료로 창을 만들 수 있었을 것이다. 이 책의 서문에서 32만 년 전 동아프리카의 교역에 대해 설명한 바 있다. 여기에서 교역되던 재료 중 하나는 창과 다른 도구로 만들기에 용이한 화산석 중 하나인 검은 흑요석이었다. 이는 여러 인류 집단이 검은 흑요석으로 창을 만들고 있었음을 시사함과 동시에 공유되고 널리 퍼진 혁신의 가장 초기 사례일 수 있다.

농업은 더 현대적인 예를 제공한다. 한 농부가 어떤 비료가 작물 수확량을 증가시킨다는 것을 발견하면, 다른 농부들도 같은 종류의 비료를 사용하여 작물 수확량을 증가시킬 수 있다. 이러한 농업혁신은 인류에게 엄청난 영향을 미쳤다. 100년 전에는 미국 인구의 30퍼센트가 농장에서 거주하며 농업에 종사했다.[4] 오늘날에는 인구의 약 1퍼센트만이 농업에 종사하지만, 충분한 양 이상의 식량을 생산한다.[5] 농업생산성의 증가는 인구의 30퍼센트가 여전히 농장에서 일하고 있다면 존재하지 않았을 비행기나 컴퓨터와 같은 것들을 만들 수 있게 해주었다.

마이크로소프트 윈도우는 일반적인 몇몇 업무를 컴퓨터로 할 수 있게 해주어 1980년대 기업에서 컴퓨터를 널리 사용하도록 만들었다. 한 기업이 컴퓨터를 사용하여 더 효율적으로 일을 할 때 누구도 다른 기업으로 하여금 이를 따라하는 것을 결코 막지 않는다. 오히려 일부 기업이 컴퓨터를 사용하면 다른 기업도 경쟁력을 유지하기 위해 이를 모방할 것이 권장되었다. 오늘날에는 거의 모든 기업이 컴퓨터를 사용하고 있으며, 이로 인해 경제는 더 효율적이게 되었다.

사람들은 흔히 우리가 혁신을 이루어낼 수 있는 능력의 한계점에 도달해간다고 주장하며, 많은 이들이 그렇게 믿는 것 같다. 폴 로머는 물리학의 기초를 이용하여 이 주장에 반대한 바 있다. 우주의 모든 것은 원자로 이루어져 있는데, 주기율표는 약 100개의 서로 다른 종류의 원자, 즉 원소로 구성된다. 각 원소는 다양하게 조합될 수 있는데, 얼마만큼의 조합이 가능할까? 로머는 단 4개의 원소를 조합하는 것만으로도 $100 \times 99 \times 97 \times 98$, 즉 9,400만 개의 조합이 가능하다고 지적한다. 5개의 원소를 조합한다면 90억 개의 가능성이 있다. 10개의 원소를 조합하면, 130억 년 전 우주를 창조한 빅뱅 이후 지나간 시간을 초(Seconds)로 잰 것보다 더 많은 가능성이 있다.[6]

주주 자본주의는 혁신을 촉진한다
Shareholder capitalism promotes innovation

우리는 장기적 성장이 중요하다는 것을 알고, 장기적 성장에는 혁신이 필요하다는 것 또한 알고 있다. 혁신을 장려하기 위해 우리가 할 수 있는 일은 무엇일까? 로머의 연구에 따르면, 이익은 혁신적인 경제를 만드는 데 중요한 역할을 한다. 기업이 새로운 상품이나 서비스를 만들면, 경쟁자들이 등장할 때까지 일정기간 동안 그 상품이나 서비스에 대한 독점권을 가지고 더 높은 이익률을 얻을 수 있다. 또한, 기업이 제품제조원가를 낮추는 새로운 방법을 발견하면, 더 높은 이익률을 얻을 수 있다. 이렇듯 이익은 혁신을 장려한다.

혁신 없이 경쟁만이 이루어지는 경제에서는 결국 경제적 이익이 0이 될 것이다. 경제적 이익이란, 일반적인 이익(수익 - 비용)에서 비슷한 위험의 다른 기업에 투자했을 때 예상되는 이익을 조정한 것이다.

예를 들어, 한 기업가가 100만 달러를 투자하여 기업을 운영하기 시작했다고 가정하자. 이 기업은 매년 10만 달러의 이익을 내며, 자본이익률은 10퍼센트이다.

10만 달러/100만 달러=10퍼센트

만약 이 기업과 비슷한 기업도 10퍼센트의 이익률을 낸다면, 경제적 이익은 0이다. 그 이유는 다른 곳에서도 같은 이익을 얻을 수 있기 때문으로, 여기에는 특별한 점이 없다.

순현재가치가 0인 투자는 예상 경제적 이익의 합계가 0인 투자이다. 성숙한 산업에서는 기업이 벌어들이는 경제적 이익이 0이고 투자의 순현재가치가 0일 가능성이 높다. 경제적 이익과 순현재가치가 0인 투자는 좋지도 나쁘지도 않다. 이 기업이 창출하는 가치는 다른 기업들이 창출하는 가치와 같다는 것을 의미하며, 결국 주주에게는 이 기업에 투자하든 다른 기업에 투자하든 차이가 없다는 것이다.

혁신은 적어도 두 가지 경로를 통해 양(+)의 순현재가치를 갖는 투자를 만들 수 있다. 첫째, 새로운 제품과 서비스를 도입하고,

둘째 더 저렴하게 기존 제품과 서비스를 만들어 제공하는 방법을 찾는 것이다. 그러나 이러한 상황은 영구적이지 않을 것이다. 높은 이익은 경쟁자를 끌어들일 것이고, 그들은 혁신을 이루어낸 이들을 모방하거나 자신들만의 새로운 제품을 만들어내고, 이는 결과적으로 과거에 혁신을 이루어낸 이들의 가격과 이익을 낮출 것이다. 이렇듯 경제적 이익은 일반적으로 0으로 수렴하기 마련이다.

혁신을 이루기 위해서는 많은 비용이 필요하다. 어떤 프로젝트가 성공적인 혁신으로 이어질지는 예측하기 어려울 뿐만 아니라 대부분의 시도는 실패로 끝난다. 따라서 성공적 혁신의 결과물인 이익은 혁신에 따른 위험과 비용을 보상할 만큼 충분히 커야 한다. 정부는 이 문제를 해결하기 위해 일정기간 동안 경쟁자들이 혁신을 복제하는 것을 막을 수 있도록 특허권을 부여한다. 특허가 유효한 기간 동안, 혁신을 이루어낸 자는 그에 대한 독점권을 가지고 더 높은 이익률을 누릴 수 있다. 이를 통해 혁신적인 기업과 프로젝트에 대한 더 많은 투자가 이루어지도록 장려할 수 있다.

경쟁적인 환경에서 기업이 생존하기 위해서는 혁신이 필요하다. 경쟁자들은 기존 제품을 대체하는 새로운 제품을 언젠가는 만들어낼 것이다. 경쟁자들은 제품과 서비스를 만들고 제공하는 더 효율적인 방법을 찾아내서 비용과 가격을 낮출 것이다. 기업은 이에 대응하지 않으면 도태될 것이다. 따라서 혁신은 당근과 채찍을 모두 제공한다. 혁신은 더 높은 이익으로 이어질 수 있지만, 혁신하지 않는다면 결국 그 기업은 사라질 것이다.

사람들은 혁신적인 기업을 생각할 때 테슬라(Tesla)와 같은 기업을 떠올리겠지만, 포드 자동차(Ford Motor Company) 역시 혁신적인 기업이다. 포드는 1903년에 설립되었고 1세기가 넘은 현재까지도 여전히 자동차를 만들고 있다. 오늘날 포드가 만드는 자동차와 제조공정은 1903년의 초창기의 그것들과는 전혀 다르다. 포드는 지속적으로 혁신해 왔기 때문에 오늘날까지 생존할 수 있었다.

과학과 혁신

Science and innovation

과학지식은 혁신과 동일하지 않다. 과학지식은 중요하고 유용할 수 있지만, 그 자체로 일상생활에서 사용할 수 있는 혁신을 만들어내지는 못한다. 그렇기에 기업이 필요한 것이다. 이익은 기업으로 하여금 과학지식을 사용하여 사회에 이득이 되는 혁신을 만들 동기를 부여한다. 소련에는 인상적인 과학 연구를 수행하는 대학과 정부기관이 있었지만, 이윤을 추구하는 기업은 없었다. 소련이 개발했던 제품 중 우리가 오늘날 사용하고 있는 것이 있는가? 잘 떠오르지 않을 것이다. 따라서 기업은 과학이 사람을 도울 수 있도록 하는 중요한 통로 역할을 한다.

왜 기업은 기초과학 연구에 참여하지 않을까? 그 이유는 기초과학에서의 발견으로부터 이익을 창출하는 것은 어렵기 때문이다. 과학 연구를 위한 자금을 지원받는 비영리단체와 정부기관은 이익창출의 동기가 없기 때문에 일상생활에 유용한 혁신을 만들어내지 못한다. 따라서 비영리단체와 기업은 서로 다른 역할을 한다. 비영리단체는 일반적인 과학지식을 만들고, 기업은 그 지식을 사용하여 사람들이 사용할 수 있는 혁신을 만든다. 로머는 이 과정의 좋은 예를 제시하였다. 애초에 전자기학(Electromagnetism)에 대한 지식은 학술기관에서 수행된 연구에서 비롯되었지만, 자기 테이프와 가정용 비디오카세트 레코더는 민간기업이 이익을 얻고자 만든 결과물이었다.[7]

대학과 정부기관에서 발견했으나 일반 대중에게는 쓸모가 없었던 아이디어가 기업을 거쳐 사회 전체에 이익이 되는 결과물로 이어진 또 다른 예는 인터넷이다. 인터넷은 ARPANET(Advanced Research Projects Agency Network)라고 알려진 정부 프로젝트에서 발전한 것이다. ARPANET은 20년 동안 방치되어 있었고 일반 대중은 이를 사용할 수 없었다. 인터넷이 오늘날과 같은 모습을 갖게 된 것은 기업들이 이를 통해 이익을 얻는 방법을 발견했기 때문이다. 아마존과 구글 같은 기업이 ARPANET가 일반 대중에게 유용하게 사용될 수 있는 방법을 찾아내기 전까지 인터넷은 사회에 기여하지 못했다. ARPANET을 탄생시킨 기초연구는 흥미롭지만 사람들이 일반적으로 사용할 수 있는 결과물을 만들어내지는 못하였다. 이를 위해서는 기업이 필요하다.

화이자와 모더나가 개발한 메신저-리보핵산(mRNA) COVID-19(이하, 코로나19) 백신도 기업이 과학을 바탕으로 사회가 가치를 두는 제품을 만들어낸 예이다. 국립보건원(National Institutes of Health), 다트머스 의과대학(Dartmouth Medical School) 및 스크립스 연구소(Scripps Institute)가 백신의 기반이 되는 과학지식을 발견하였고, 화이자와 모더나는 과학지식을 바탕으로 사람들이 사용할 수 있는 의약품을 개발한 것이다.[8]

화이자와 모더나가 비영리단체에서 나온 과학지식을 기반으로 만든 백신으로 큰 이익을 얻은 것이 불공평하다고 불평하는 사람들도 있을 것이다.[9] 그러나 만약 과학지식을 백신으로 바꾸는 것이 쉬웠다면, 국립보건원, 다트머스 의과대학, 스크립스 연구소가 직접 백신을 만들거나 다른 제약회사들도 자체 메신저-리보핵산 코로나19 백신을 만들었을 것이다. 많은 기업들은 항상 과학지식을 이용해 의약품을 만들고자 시도하지만, 대개는 값비싼 실패로 끝난다. 의약품 개발은 단순히 과학지식을 습득하여 의약품으로 전환하는 간단한 과정이 아니다. 이는 대개 실패하는 수많은 위험한 투자를 거듭한 결과, 소수의 성공한 이들에게 이를 만회할 만큼 큰 보상을 가져다준다.

혁신을 만들어낸 기업은 큰 이익을 얻긴 하지만, 이러한 혁신으로부터 생겨나는 가치는 혁신을 만든 기업에게만 돌아가지 않는다. 그 가치의 대부분은 다른 이해관계자들과 사회 구성원들이 향유하게 된다. 노벨 경제학상을 수상한 경제학자 윌리엄 노드하우스(William Nordhaus)는 혁신으로 인한 사회적 잉여의 단 2.2퍼센트만이 기업들의 이익에 반영된다고 추정했다. 나머지 97.8퍼센트는 소비자들과 사회의 나머지 구성원들에게 돌아가는 것이다.[10] 노드하우스의 설명에 따르면,

> 대부분의 혁신은 사적 가치뿐만 아니라 사회적 가치도 만들어낸다. 필경사 대신 복사기를 이용하거나, 손으로 계산하는 대신 컴퓨터를 사용하면, 동일한 상품과 서비스를 생산해내기 위한 사회적 비용이 감소한다. 발명과 혁신으로 생겨나는 사회적 가치는 혁신을 이루어낸 사람들만의 전유물이 아니다.[11]

화이자와 모더나는 코로나19 백신으로 수십억 달러를 벌었지만, 백신의 사회적 가치는 얼마일까? 백신은 수백만 명의 노인과 다른 고위험군에 속한 사람들을 심각한 질병과 죽음으로부터 구해냈다. 그러므로 백신이 창출한 사회적 가치는 두 기업에 귀속된 당기순이익보다 훨씬 클 것이다

미주

1　Paul M. Romer, Econlib, Library of Economics and Liberty website, "Economic growth"

2　Paul Romer, PaulRomer.net, "The deep structure of economic growth", 2019년 2월 5일

3　Robert M. Solow, Review of Economics and Statistics, "Technical change and the aggregate production function", 1957년

4　Judith Z. Kalbacher and D. DeAre, Current Population Reports, Series P-20, Population Characteristics 59, "Farm population of the United States, 1985", 1986년

5　Economic Research Service, U.S. Department of Agriculture, USDA website, "Ag and food sectors and the economy"

6　미주 2)와 동일

7　Paul M. Romer, Journal of Political Economy 98(5), "Endogenous technological change", 1990년.

8　Zain Rizvi, Public Citizen, "The NIH vaccine", 2020년 6월 25일

9　그 예시는 다음과 같다. John Abramson, New York: Mariner Books, "Sickening: how big pharma broke American health care and how we can replace it", 2023년

10　William D. Nordhaus, National Bureau of Economic Research Working Paper(10433), "Schumpeterian profits in the American economy: theory and measurement", 2004년 4월

11　Nordhaus, "Schumpeterian profits in the American economy"

5
주주와 혁신을 위한 자금조달
Shareholders and funding innovation

우리는 앞에서 주주 자본주의에 대한 몇 가지 사실을 확인했다. 기업의 목표는 주주를 위한 가치창출이다. 기업 경영자는 산출물의 가치가 비용보다 큰, 즉 양(+)의 순현재가치를 갖는 모든 프로젝트에 투자하여 가치를 창출한다. 이러한 프로젝트는 상대적으로 가치가 낮은 자원을 사용하여 더 높은 가치의 상품과 서비스를 만든다. 이러한 투자는 경제성장을 촉진하고 우리의 생활수준을 높인다. 발전된 경제에서 혁신은 양(+)의 순현재가치를 갖는 투자를 만들어낸다. 혁신에는 새롭거나 개선된 상품과 서비스를 만들고, 기존 제품을 더 효율적으로 만드는 방법을 찾는 것이 포함된다. 발전된 경제는 혁신 없이는 성장할 수 없다. 이 장은 매우 혁신적인 투자가 어떻게 자금을 조달하는지에 초점을 맞춘다.

기업의 투자를 위한 잠재적인 자금조달 원천에는 세 가지가 있다. 그중 두 가지는 주주로부터의 자금조달과 관련이 있다.

- 기업은 축적된 이익을 재투자할 수 있다. 기업의 현금은 주주에게 귀속되므로 내부 자금조달은 주주로부터 기인한다.
- 주식 발행은 또 다른 선택지이다. 기업은 신규 또는 기존 주주

에게 주식을 발행하여 조달한 자금을 투자에 사용할 수 있다.
- 세 번째 선택으로는 차입이 있다. 기업은 은행 대출이나 채권 발행을 통해 자금을 조달할 수 있다.

고도로 혁신적인 신생기업은 여러 사유로 인해 주주들에게 의존하여 자금을 조달한다.[1]

고도로 혁신적인 기업들은 차입을 하기 어렵다
Highly innovative firms are poorly suited for debt

기업이 차입을 하는 것은 나중에 이자와 함께 대출금을 상환하겠다는 약속의 대가로 일시금을 받는 것이다. 따라서 차입을 하는 기업은 약속된 대로 지급을 해야만 한다. 그러나 혁신은 위험하며, 고도로 혁신적인 기업의 현금흐름은 종종 예측하기 어렵다. 게다가 많은 신생기업들, 특히 기술과 생명공학에 집중하는 기업들은 이익이 아니라 손실을 내는 경우가 많다. 이러한 신생기업들은 종종 제품을 아직 개발 중이며, 제품이 완성되기 전에는 수익이 없을 수도 있다. 이런 기업들은 채무 상환을 할 여력이 없다.

채권자들은 기업에게 유형자산을 담보로 제공하라고 요구하곤 한다. 기업이 대출금 상환에 실패하고 파산하게 되면, 채권자는 담보로 제공된 자산에 대한 청구권을 갖게 된다. 그러나 고도로 혁신적인 기업들은 부동산이나 중장비 같은 유형자산보다는 연구·개발(R&D)에 많은 투자를 하기 때문에 담보로 제공할 자산이 부족하기 마련이다.

고도로 혁신적인 기업의 위험과 보상을 분석해 보면, 이들에게 자금을 빌려주는 것을 꺼리게 될 수 있다. 혁신적인 투자는 높은 실패 확률과 함께 작은 확률의 큰 이익을 볼 가능성이라는 특징을 갖기 때문이다. 그러나 채권자의 경우에는 정해진 금액을 지급 받기 때문에 높은 실패 위험에 노출되고서도 기업의 성공에 대해 추가적인 이득을 얻지 못한다.

반면에, 주주들에게는 혁신적인 투자의 이러한 특징들이 문제가 되지 않는다. 주주는 투자로부터 정해진 금액의 지급이나 담보를 요구하지 않는 대신, 기업의 성공에 따른 이익을 향유한다. 이러한 이유로 고도로 혁신적인 기업의 자금 조달은 채권자보다는 주주에게 의존하기 마련이다.[2]

혁신적인 기업들과 기업공개
Innovative firms and Initial Public Offerings

주주들로부터 거액의 자금을 조달하고자 하는 기업에게는 기업공개가 가장 좋은 선택이다. 기업공개를 하지 않은 비상장기업은 새로운 주식 발행에 몇 가지 제한을 받는다. 비상장기업은 주주의 수에 대한 법적 제한이 있고, 일반 대중에게 주식을 매각할 수 없으며, 기존 주주의 주식이 주식거래소에서 거래될 수 없다. 그러나 상장한 기업의 경우에는 이러한 제한을 받지 않는다.

표 5.1은 1980년 이후 미국의 모든 기업공개에 대한 요약 정보를 나타낸다. 여기에는 외부로부터 자금조달이 필요하지만 차입을 하기에는 적합하지 않은 기업들이 많이 포함되어 있다. 전체기간 동안, 기업공개를 한 기업 중 거의 절반이 기술 또는 생명공학에 해당하며, 그중 대부분이 적자를 기록했다. 구체적으로

표 5.1 기업공개에 대한 요약정보: 1980-2021년 및 2000-2021년

기업 유형	기업공개의 수	적자기업 비율(%)	매출액 중간값 (2014년 기준, $1,000,000)
기간: 1980-2021년			
기술	3,299	53	39.1
생명공학	1,008	88	1.6
기타	4,781	25	114
기간: 2000-2021년			
기술	846	68	113.7
생명공학	635	95	0
기타	1,090	37	330.6

출처: Jay R. Ritter, University of Florida Warrington College of Business, 'IPO Data', (https://site.warrington.ufl.edu/ritter/ipo-data/)

2000~2021년의 기업공개를 살펴보면, 대다수가 기술 또는 생명공학 기업이었으며, 각각 68퍼센트와 95퍼센트의 적자를 기록했다.

2000년 이후, 생명공학 분야 기업공개 기업의 매출액 중간값은 0이었다. 이러한 기업들 중 많은 기업은 부채 발행이 불가능했고, 따라서 모두가 주식 발행을 통해 자금을 조달할 수 있었다. 기업공개 기업의 대다수는 상장 이전에 이미 벤처 투자자에게 주식을 판매한 적이 있었다.

돈을 잃고 있거나 제대로 된 제품조차 없는 기업에 주주들이 투자하는 이유는 무엇일까? 이러한 기업들은 위험하지만, 성공했을 때는 엄청난 이익을 가져다줄 수 있기 때문이다. 이러한 기업공개 사례 중 하나로 모더나를 살펴보자. 모더나는 2018년에 약 75억 달러의 가치로 상장되었고, 같은 해에 3억 8,890만 달러의 손실을 기록했다. 모더나는 코로나19 백신 이전에는 이익을 내지

못했다. 그러나 투자자들은 모더나가 잠재력이 있다고 보았고 기꺼이 위험을 감수하려 했다. 그들은 모더나가 백신을 개발했을 때 큰 이익을 얻었다.

구글, 아마존, 테슬라, 애플, 델(Dell), 마이크로소프트, 오라클(Oracle)과 같이 오늘날 가장 영향력 있는 기업들도 이러한 성공적인 기업공개를 거쳤다. 그러나 많은 실패 사례도 존재한다. 어떤 기업이 구글처럼 성공할지, 또는 마이스페이스(MySpace)처럼 실패할지 미리 예측하기는 어렵다. 따라서 우리에게는 소수의 성공적인 투자로 다수의 실패한 투자를 만회할 수 있는 시스템이 필요하다. 시장은 이러한 방식으로 움직인다. 테슬라는 2010년 기업공개 이후 2022년 말까지 13,225퍼센트의 수익률을 기록했다.[3] 이러한 성공은 많은 실패를 상쇄한다.

분산투자와 혁신에 대한 투자
Diversification and investment in innovation

상장기업에서와 같이 소유권을 작은 지분으로 나눔으로써, 많은 혁신적 기업은 엄청난 양의 자금을 조달할 수 있게 되었다. 전 재산을 혁신적인 기업 하나에 투자하는 것은 현명하지 않지만, 이 기업에 자신의 재산 중 일부분만을 투자하는 것은 위험회피성향의 투자자에게도 고려할 만하다. 이러한 이유는 대부분의 혁신이 고유한(Idiosyncratic) 위험을 갖기 때문이다. 즉, 혁신에 관한 위험은 다른 기업들이 직면하는 위험과 상관관계가 없다.

예를 들어, 한 기업이 암을 치료할지도 모를 치료제를 개발하고 있다고 가정하자. 이자율, 인플레이션, 전반적인 주식시장의 성과, 그리고 불황이 진행 중인지 여부와 같은 요인들은 의약품의 개발 성공과 무관하다. 투자자들이 분산투자를 하거나 개별투자에 자신의 재산 중 적은 금액만을 투자함으로써 개별투자의 고유한 위험을 제거할 수 있다는 것은 재무관리 원론에서 배우는 내용이다.

분산투자를 통해 고유한 위험을 줄이는 방법을 이해하기 위해 다음의 예시를 보자. 한 종류의 암을 치료하는 의약품 개발이라는 단일 프로젝트를 가진 회사를 고려해보자. 표 5.2는 이 회사의 개발 성공 여부에 따른 수익을 나타낸다. 의약품 개발의 결과는 성공 또는 실패만이 있다고 하자. 의약품 개발에 성공하면 1,000퍼센트의 수익률을 내므로, 100달러를 투자했다면 1,100달러를 벌게 된다. 의약품 개발에 실패하면 기업은 파산하게 되고 투자자들은 원금을 모두 잃게 되므로, 100달러를 투자했다면 0달러가 남게 된다. 이 의약품이 효과가 있을 확률은 10퍼센트이고, 실패할 확률은 90퍼센트이다.

대부분의 사람들은 이 회사에 자신의 재산 중 많은 금액을 투자하고 싶어 하지 않을 것이다. 전체 투자금을 잃을 확률이 90퍼센트나 되기 때문이다. 설마 여러분의 퇴직금을 그런 데에 걸고 싶은가? 하지만 이 투자의 기대(Expected) 수익률은 0보다 큰 10퍼센트이다.

$(0.9 \times -100\%) + (0.1 \times 1,000\%) = 10\%$

이 투자를 100번 반복한다면, 10번은 돈을 벌고 90번은 손실을 입을 것이다. 하지만 10번의 이익이 90번의 손실을 상쇄하고

표 5.2 암 치료제를 만드는 가상의 기업에 대한 수익과 위험

	성공	실패
확률(%)	10	90
수익률(%)	1,000	-100
100달러 투자 결과($)	**1,100**	**$0**

도 남아서, 전체 투자에서 10퍼센트의 수익률을 얻게 된다.[4] 다만, 이 한 회사에 투자하게 되면 성공과 실패가 한 번만 나온다는 문제가 있다. 기대수익률이 양(+)임에도 불구하고, 대부분의 사람들은 90퍼센트의 확률로 모든 것을 잃을 가능성은 너무 위험하다고 받아들인다. 그러나 이 기업에 소액을 투자하는 것은 여전히 타당하다.

고도로 혁신적인 기업 여러 개에 투자를 할 수 있다고 생각해보자. 그리고 모든 기업들이 표 5.2처럼 성공과 실패 확률 및 수익률을 나타낸다고 가정하자. 혁신은 대개 서로 다른 고유한 특징을 갖기 때문에 각 회사의 제품이 서로 다른 혁신을 기반으로 한다고 볼 수 있으며, 따라서 한 회사의 성공 가능성이 다른 회사의 성공 가능성과는 무관하다. 바꾸어 말하면, 한 기업이 혁신에 실패했다고 해서 다른 기업의 혁신이 성공할 것이라는 것을 의미하지는 않는다. 이 경우 서로 다른 기업들 사이의 투자수익률은 관계가 없다.[5]

이러한 특징을 가진 기업으로 구성된 여러 포트폴리오에 투자할 때의 위험을 생각해보자. 각각의 포트폴리오들이 포함하고 있는 기업의 수는 10개에서 100만 개까지 다양하다고 하자. 다시 말하면, 각 포트폴리오에 투자된 총액은 동일하지만, 각 포트폴리

표 5.3 가상의 포트폴리오에 대한 기대수익률과 위험

기업 수	기업별 가중치 (1/기업 수, %)	기대수익률(%)	표준편차 (변동성 또는 위험, %)
10	10	10	104
50	2	10	47
100	1	10	33
1,000	0.1	10	10
1,000,000	0.0001	10	0.33

오의 기업 수만 다르다고 가정하는 것이다. 이 경우 포트폴리오에 포함된 기업 수가 증가함에 따라 각 기업에 대한 투자금액의 비율은 감소한다. 예를 들어, 투자금액이 100만 달러라면, 10개 기업을 포함하는 포트폴리오에서는 각 기업에 10만 달러가 투자되는 반면, 1,000개 기업을 포함하는 포트폴리오에서는 각 기업에 1,000달러가 투자된다.

표 5.3은 투자자가 더 많은 기업에 투자를 분산시킬수록 포트폴리오의 기대수익률은 변하지 않지만, 위험은 감소한다는 것을 보여준다.[6] 투자자는 분산투자를 통해 수익률을 하락시키지 않으면서도 위험을 낮추는 공짜 점심(Free lunch)을 얻을 수 있다.

포트폴리오의 기대수익률은 단순히 포트폴리오에 포함된 기업의 기대수익률의 평균이다. 어느 포트폴리오든지 그 안에 포함된 모든 기업의 기대수익률은 10퍼센트이기 때문에, 각 포트폴리오의 기대수익률은 10퍼센트이다. 포트폴리오에 더 많거나 더 적은 기업이 있다고 해도 포트폴리오의 기대수익률은 변하지 않는다.

위험은 또 다른 이야기이다. 일반적으로 위험은 수익률의 표준편차로 측정하며, 이를 통해 수익률의 변동성이 어느 정도인지 알 수 있다. 높은 변동성은 우리가 어느 정도의 이익을 얻을 수 있을지 확실하지 않다는 것을 의미한다. 변동성이 큰 포트폴리오는 어떤 기간에는 매우 높은 수익률을, 다른 기간에는 매우 낮은 수익률을 낼 수 있다. 포트폴리오를 위험하게 만드는 것은 첫째 포트폴리오에 포함된 개별투자들의 위험, 둘째 개별투자들의 수익률 간의 상관관계이다. 개별적인 투자들을 포트폴리오 내 작은 부분으로 쪼개면 각각의 투자가 갖고 있는 고유한 위험을 제거할 수 있다. 앞선 예시로 돌아가면, 우리는 고유위험만을 갖고 있는 고도로 혁신적인 기업에 소액을 투자함으로써 고유위험을 줄이거나 제거할 수 있다.

투자수익률이 정규분포를 따른다고 가정하면, 그 수익률이 기대수익률의 1 표준편차 내에 있을 확률이 68퍼센트이고, 2 표준편차 내에 있을 확률은 95퍼센트이다. 예를 들어, 10개의 주식으로 구성된 포트폴리오는 10퍼센트의 기대수익률과 104퍼센트의 표준편차를 가지므로, 포트폴리오의 수익률은 95퍼센트의 확률로 218퍼센트에서 -198퍼센트 사이에 해당할 것이다. 따라서 10개의 주식으로 구성된 포트폴리오는 변동성이 매우 크므로, 미래의 수익률에 대한 예상이 어렵다.

표 5.3에 따르면 포트폴리오에 포함된 주식의 수가 증가할수록 포트폴리오 수익률의 표준편차는 줄어든다. 100개의 주식을 포함하는 포트폴리오의 경우, 표준편차는 33퍼센트이다. 1,000개의 주식을 포함하는 포트폴리오의 경우, 표준편차는 10퍼센트이다. 100만 개의 주식에 투자한다면 그 포트폴리오의 표준편차는 0.33에 불과하고, 수익률은 기대수익률인 10퍼센트에 가깝게

나타날 거라 확신한다.

여기서 설명한 것은 투자론 원론(Investments 101)에 나온 내용이다. 분산투자의 중요성은 우리가 학생들에게 가장 먼저 가르치는 것 중 하나이다. "모든 달걀을 한 바구니에 담지 말라!"는 말처럼, 개별 주식은 매우 위험하다. 분산투자 주식 포트폴리오에도 여전히 위험은 존재하지만, 개별 주식이나 특정 주식에 큰 가중치를 둔 포트폴리오보다는 위험이 적다.

혁신적인 기업은 모든 투자자의 포트폴리오에 포함된다
Innovative firms belong in everyone's portfolio

대다수 사람들의 포트폴리오에 혁신적인 기업이 포함되는 이유를 알아보기 위해 앞선 예시를 더 자세히 살펴보자. 일반적인 투자 포트폴리오로서, 500개의 대규모 상장기업으로 구성된 S&P 500을 예로 들 수 있다. 지난 50년 동안 S&P 500은 평균 연간수익률 9.2퍼센트와 표준편차 14.40퍼센트를 기록했다. 표 5.3에 제시된 100개의 혁신기업으로 구성된 포트폴리오는 S&P 500보다 수익률은 약간 높지만(10퍼센트 대 9.2퍼센트) 수익률의 표준편차는 훨씬 높다(33퍼센트 대 14.40퍼센트). 여기서 더 나아가 두 포트폴리오를 조합하여 S&P 500 포트폴리오보다 위험은 낮고 수익률은 높은 새로운 포트폴리오를 만들 수도 있다.

S&P 500에 포함된 기업은 혁신 포트폴리오의 기업보다 더 성숙하고 일반적으로 덜 위험하다. S&P 500 주식의 수익률은 전반적인 경제상황에 영향을 받는다. 불황기에는 사람들이 필수적이지 않은 소비를 줄이기 때문에 포드(Ford)나 메리어트(Marriott)

와 같이 비싼 제품과 서비스를 판매하는 기업은 실적이 저조할 것이다. 저조한 실적은 각 기업의 주식수익률에 반영되고, 이런 기업들로 구성된 S&P 500 수익률에도 나타나게 된다. 이와 같이 분산투자 덕분에 S&P 500 포트폴리오의 위험은 주로 체계적 위험, 즉 모든 주식에 공통적이고 경제상황에 의해 주도되는 위험으로 구성된다.

반면에 100개의 혁신기업으로 구성된 포트폴리오는 고유위험만을 갖는다. 따라서 100개 혁신기업 포트폴리오의 수익률과 S&P 500 포트폴리오의 수익률 사이에는 상관관계가 없다고 볼 수 있다. 경제상황에 따라 S&P 500 포트폴리오의 수익률은 변동하겠지만, 혁신 포트폴리오의 수익률은 경제상황과 무관하게 움직일 것이다. 이런 경우, 두 포트폴리오 모두 투자를 하면 위험의 일부를 감소시키는 것이 가능해진다.

투자액의 80퍼센트는 S&P 500에 투자하고, 나머지 20퍼센트는 100개 혁신기업 포트폴리오에 투자한다고 생각해보자. 이 새로운 포트폴리오의 기대수익률은 S&P 500의 기대수익률과 100개 혁신기업 포트폴리오의 기대수익률의 가중평균이고, 표준편차는 두 포트폴리오의 표준편차와 그들의 상관관계(우리는 0이라고 가정했음)의 함수이다. 새로운 80/20 포트폴리오는 9.29퍼센트의 기대수익률과 13.28퍼센트의 표준편차를 가진다.[7] 표 5.4에서 볼 수 있듯이, 이는 S&P 500보다 더 높은 기대수익률과 더 낮은 위험을 갖는다.

앞서 언급했듯이, 포트폴리오의 위험은 포트폴리오 내 개별 자산의 위험과 포트폴리오 내 자산들 간의 수익률 사이의 상관관계로 계산된다. 만약 포트폴리오의 작은 부분만을 개별 자산들

표 5.4 포트폴리오들의 기대수익률과 위험 비교

포트폴리오	기대수익률(%)	표준편차(변동성 또는 위험, %)
S&P 500	9.12	14.40
100개 혁신기업	10.00	33.00
80/20 투자	9.29	13.28

주: 80/20 투자 포트폴리오는 S&P 500에 80퍼센트를 투자하고 100개 혁신기업 포트폴리오에 20퍼센트를 투자하는 것으로 구성됨

에 투자하면 개별 자산들의 위험을 제거할 수 있다. 이 예시에서 혁신기업 각각은 전체 포트폴리오의 20퍼센트를 차지하는 혁신기업 포트폴리오의 1퍼센트만을 차지한다. 따라서 각 혁신기업에 대한 투자 비중은 매우 낮아져(1퍼센트×20퍼센트=0.20퍼센트), 이 기업의 위험이 전체 포트폴리오의 위험에 미치는 영향은 거의 없다. 혁신기업의 수익률과 S&P 500의 수익률 간의 상관관계는 0이기 때문에, 혁신기업에 대한 투자를 S&P 500으로 구성된 포트폴리오에 조금 넣더라도 위험은 거의 증가하지 않는다.[8]

위의 내용에 따르면 기술, 생명공학 분야와 같이 위험수준이 높은 분야의 작은 혁신기업들을 포함하여 사실상 모든 상장기업에 투자하는 것이 합리적일 수 있다. 이는 소규모 기업을 포함하는 인덱스펀드나 뮤추얼펀드에 투자함으로써 달성할 수 있다.

따라서 기업의 주주 구성은 기업이 어떤 투자를 선택하는지를 결정하게 된다. 상장기업에서 전형적으로 볼 수 있는 분산된 주주 구성은 위험하지만 잠재적으로 큰 성공을 가져다줄 수 있는 프로젝트에 대한 자금조달을 용이하게 한다.

다양한 다수의 투자자들이 제공한 적은 금액을 하나로 모으면 고도로 혁신적인 기업을 위한 대규모 자본을 만들 수 있다. 위

험을 감내할 수 있는 분산된 소유구조가 있어야만 사회의 가장 골치 아픈 문제들 중 많은 것들이 해결될 수 있을 것이다. 지분을 매각하는 것만으로는 암을 치료할 수 없지만, 많은 주주의 소액투자를 합친다면 치료약을 개발할 자금을 조달할 수 있을 것이다.

위험한 기업이 투자금을 유치하려면, 주주는 위험한 프로젝트에 대한 성공의 이익을 함께 향유할 수 있어야 한다. 다양한 사회적 책임의 개념을 주장하는 이들은 주주가 감당할 수도 있는 손실에 대해서는 묵묵부답이지만, 이익은 공유해야 한다고 주장한다. 그러나 애초에 사람들에게 투자를 함으로써 주주가 되도록 동기를 부여하기 위해서는 이익을 가져갈 수 있도록 해야 한다.

유동성의 중요성
The importance of liquidity

성숙기에 위치한 기업의 주주는 과연 성장과 혁신을 촉진할까? 이를 알아보기 위해 애플의 주식을 보유한 주주를 생각해보자. 이 글을 쓰는 시점에 애플의 주가는 172.88 달러였다. 이는 애플 주식의 마지막 거래가 이 가격으로 이루어졌다는 것을 의미한다. 애플 주식의 매도자는 주당 172.88달러를 받았고, 매수자는 주식을 얻었다. 매수자가 무엇을 창출한 것일까?

애플은 이 거래를 위해 신주를 발행한 것이 아니기 때문에, 애플이 아닌 매도자(기관 투자자 또는 개인투자자)가 주당 172.88달러를 받은 것이다. 애플은 이미 2022년 말 기준으로 약 480억 달러의 현금과 상당한 규모의 현금흐름을 보유하고 있기 때문에, 성장을 위해 추가적인 자본을 조달할 필요가 없다. 그렇다면 애플

주식을 매수하는 것은 어떤 효과가 있을까?

　이 경우, 애플 주식을 매수하는 것은 애플의 유동성(Liquidity)에 기여한다. 주식 매도자가 자신의 주식을 현금으로 전환하려면 매수자가 필요하다. 주식 매도자도 한때는 매수자였고, 그는 애플 주식은 유동적이기 때문에 원하는 시점에 이를 매도할 수 있다는 것을 알고 기꺼이 매입했던 것이다.

　애플이 1980년에 기업공개를 했을 때, 당기순이익은 1,170만 달러에 불과했다. 그러나 상장 첫날 거래가 종료되었을 때 시가총액은 18억 달러에 이르렀다. 왜 투자자는 이익을 겨우 내기 시작한 위험한 신생기업에 그렇게 많은 돈을 지불한 것일까? 그 이유 중 하나는 미래이익에 대한 잠재력이었다. 또 다른 이유는 주식거래의 유동성이었다. 애플의 초기 투자자들은 원할 때 쉽게 주식을 팔 수 있다는 것을 알고 있었던 것이다.

　만약 투자자들이 주식을 팔 수 없었다면 애플의 성과와는 별개로 투자자는 이익을 거둘 수 없었을 것이다. 투자자는 계속해서 애플의 주식을 보유하고 배당금을 받을 수 있었겠지만, 원하는 시기에 주식을 현금으로 전환할 자유가 없었을 것이다. 쉽게 현금화할 수 없는 유동성이 떨어지는 자산은 유동성이 높은 자산에 비해 할인된 가격으로 책정된다. 만약 초기 투자자들이 애플 주식이 유동적일 것이라고 예상하지 않았다면, 많은 이들이 애플에 투자하지 않았을 것이고, 애플은 성장을 위한 자금조달을 통해 오늘날과 같은 기업으로 성장하지 못했을 것이다.

　요약하자면, 기업으로부터 직접 주식을 매입하는 주주는 기업을 성장시킨다. 주식시장을 통해 초기 투자자로부터 주식을 매입하는 주주는 유동성을 창출하고, 유동성은 기업의 성장에 기여한다. 초기 투자자는 주식을 매각할 수 있는 유동성이 확보된 시장이 있어야만 주식을 매입했을 것이기 때문이다. 따라서 주식거래의 유동성이 확보되어야 성장을 가능하게 하는 초기 투자가 이루어진다.

미주

1. James R. Brown, Gustav Martinsson, and Bruce C. Petersen, Journal of Finance 68(4), "Law, stock markets, and innovation", 2013년
2. 많은 연구에 따르면 주식시장이 신용시장보다 혁신 자금조달에 더 중요하다는 것을 보여준다. 다음의 연구를 참고하라. Brown, Martinsson, and Petersen, "Law, stock markets, and innovation"
3. Anthony Di Pizio, The Motley Fool, "If you had invested $10,000 in Tesla stock at its IPO, here is how much you'd have today", 2022년 12월 21일
4. 이 게임을 100번 반복하면 $100 \times 100 = \$10,000$의 비용이 발생한다. 10번의 승리로 $\$1,100 \times 10 = \$11,000$을 얻을 것이므로 100번의 게임에서 얻는 이익 $= \$11,000 - \$10,000 = \$1,000$이 된다. 수익률은 $= \$1,000/\$10,000 = 10\%$가 된다.
5. 일반적으로 같은 산업 내 기업들은 비슷한 위험에 직면하므로 이들의 수익률은 상관관계가 있다. 여기서 다른 점은 이 혁신적인 기업들이 서로 다른 기술에 투자하고 있기 때문에 이 기업들의 위험은 서로 관련되어 있지 않다고 가정한 것이다.
6. 한 기업에 투자할 때의 분산 $= 0.1 \times (10-0.1)^2 + 0.9 \times (-1-0.1)^2 = 1,089\%$. 자산 간 상관관계가 없다면, 포트폴리오의 분산은 $\sigma^2 = \sum_{i=1}^{N} w_i^2 \sigma_i^2$로 표현할 수 있다. 여기서 σ^2는 분산이고 w는 자산 i의 가중치를 나타낸다. 포트폴리오에는 N개의 자산이 있다. 포트폴리오의 표준편차는 분산의 제곱근이다. 10개 자산 포트폴리오의 경우, 분산 $= 10 \times 0.10^2 \times 1,089\% = 109\%$. 표준편차는 104%이다.
7. 결합 포트폴리오의 기대수익률 $= 0.80 \times 9.12\% + 0.20 \times 10\% = 9.29\%$. S&P 500과 혁신 포트폴리오 간의 상관관계와 공분산은 모두 0이다. 따라서 결합 포트폴리오의 분산 $= 0.80^2 \times 2.07\% + 0.20^2 \times 11\% = 1.76\%$. 결합 포트폴리오의 표준편차는 분산의 제곱근 $= 13.28\%$이다.
8. 매우 혁신적인 기업의 수가 적더라도, 투자자들은 각 기업에 소액을 투자함으로써 여전히 분산투자의 이점을 누릴 수 있다. 예를 들어, 혁신적인 기업이 하나뿐이라면, 투자자는 표 5.3에서처럼 그 기업에 0.20%의 포트폴리오 가중치만 부여할 수 있으며, 이는 포트폴리오의 표준편차를 증가시키지 않을 것이다.

# 6
창조적 파괴
Creative destruction

국·내외에서 새로운 시장을 개척하고, 작은 수작업 공방에서 U.S. 스틸(U.S. Steel)과 같은 조직적인 기업으로 발전해 나가는 것은 내부적으로 경제구조를 끊임없이 개선하고, 낡은 것을 끊임없이 파괴하며, 새로운 것을 계속해서 창조한다는 점에서, 생물학적 용어로 표현하면 기업은 변이과정과 공통적인 면이 있다. 이러한 창조적 파괴 과정은 자본주의에 대한 본질적인 사실이다.[1]

— 조셉 슘페터 *Joseph Schumpeter*

매년 『포춘(Fortune)』은 매출을 기준으로 미국의 500개 대기업 순위를 발표한다. 1955년에 '포춘 500대 기업' 순위에 올랐던 기업 중 오늘날까지 여전히 남아 있는 기업은 52개로 약 10퍼센트에 불과하다.[2] 달리 말하면, 68년 전 대기업의 90퍼센트가 새로운 기업에 의해 대체되었다. 이러한 대체는 성장하는 경제에서 흔히 볼 수 있는 현상이다. 한 연구결과에 따르면 대기업의 교체가 더 많이 일어나는 국가에서는 경제성장이 빠르고, 대기업의 교체가 더 딘 국가에서는 경제성장이 더 느린 것으로 나타났다.[3]

왜 대기업의 교체가 경제성장과 연관되어 있을까? 4장에서 논의한 바와 같이, 경제성장을 위해서는 혁신이 필요하며, 혁신은 기존의 것을 새로운 것으로 대체하는 결과를 가져온다. 가장 중요한 혁신은 주로 새로운 기업으로부터 발생한다. 새로운 기업은 성공적인 혁신을 통해 성장하여 결국에는 기존 기업을 대체하게 된다. 마이크로소프트, 구글, 넷플릭스(Netflix)와 같은 기업들은 1995년에는 존재하지 않았지만, 오늘날 포춘 500대 기업에 포함되어 있다. 혁신적인 기업이 적을수록 경제성장은 더딜 수밖에 없다.

이러한 효과는 1세기 전 경제학자 조셉 슘페터에 의해 예견되었다. 그는 '창조적 파괴(Creative destruction)'라는 용어로, 자본주의 경제에서 새로운 기업이 기존 기업을 대체하고, 새로운 비즈니스 프로세스가 기존의 것을 대체하는 방식을 설명했다. 성장하는 경제에서는 항상 창조가 일어나고, 창조는 파괴를 수반한다. 슘페터는 창조적 파괴가 자본주의의 '본질적 사실(Essential fact)', 즉 중심적 추진력이라고 말하였다.

따라서 자본주의는 대기업을 선호하지 않는다. 자본주의는 '기업 친화적'일 수는 있지만, 특정 유형의 기업을 선호하지는 않는다. 자본주의는 아마존을 뒤엎으려는 신생기업보다 아마존을 더 선호하지는 않는다. 자본주의 경제에서는 항상 기업이 태어남과 동시에 다른 기업은 죽어가고 있으며, 그렇지 않으면 경제는 성장하지 못할 것이다.

창조적 파괴로 인해 사회의 전반적인 부가 증가하더라도 단기적으로는 일부 사람들이 고통을 겪을 수 있다. 기업이 파괴의 대상이 되어 축소되거나 실패하면, 그 기업의 이해관계자는 고통을 겪는다. 직원은 일자리를 잃고, 공급업체는 고객을 잃으며, 채권자는 차입금을 되돌려 받지 못할 수 있고, 주주는 가난해진다.

반면, 기업이 창조의 측면에 있을 때 이해관계자는 혜택을 받는다.

수익성 있는 기업을 성장시키는 것만큼이나 수익성 없는 기업을 사라지도록 하는 것은 중요하다. 수익성 없는 기업은 사회의 희소한 자원을 사회에 이익이 되지 않는 방식으로 사용한다는 의미이기 때문에, 이러한 기업은 사회의 자원을 사용하여 그 자원보다 적은 가치를 창출한다. 따라서 그 자원이 경제의 다른 곳에서 보다 큰 가치를 창출할 수 있도록, 수익성 없는 기업의 자산과 직원들을 재배치해야 한다.

선택의 자유와 창조적 파괴
Freedom of choice and creative destruction

궁극적으로 어떤 기업이 성공하고 실패할지를 결정하는 것은 이해관계자의 몫이다. 기업은 생존을 위해 이익을 창출해야 한다. 이익은 기업의 다른 이해관계자인 고객, 직원, 공급업체, 채권자 등에게 혜택을 주고 난 후 나머지를 기업 소유주에게 돌아갈 몫을 의미한다. 기업이 이익을 낼 수 있는 방식으로 이해관계자들과 계약을 맺지 못한다면 실패하게 된다. 즉, 어떤 기업이 생존하거나 실패할지는 사회가 결정한다고 할 수도 있다. 사회가 더 낮은 가치를 부여하는 자원을 사용하여 더 높은 가치를 부여하는 상품과 서비스를 만들어내지 못하는 기업은 실패할 것이다.

예를 들어, 아마존은 서비스로 고객을 만족시키고, 공급업체는 기꺼이 아마존의 플랫폼에서 제품을 판매하려고 하고, 직원은 기꺼이 근무하고자하기 때문에 결과적으로 아마존은 성공할 수 있었다. 아마존은 정부가 정한 다양한 규칙과 규제 내에서 운영된다. 물론 언젠가 아마존이 사라질 수도 있다. 하지만 주주는 그 일이 일어날지 또는 언제 일어날지를 결정할 수 없다.

고객은 창조적 파괴의 주요 촉매제이다. 우리는 최고의 새로운 제품을 가장 낮은 가격에 원한다. 대부분의 고객은 특정 브랜드나 기업에 그다지 충성하지 않는다. 많은 고객은 더 나은 제품이나 유사한 제품을 더 낮은 가격에 살 수 있다면, 언제든 기존에 선택한 제품을 바꿔버린다. 소비자가 제품을 바꾸면, 경쟁에서 실패한 기업의 일자리는 사라질 수 있다.

안타깝게도, 소비자의 선택권과 고용 안전성은 양립할 수 없다. 우리가 소비자로서 선택권을 원한다면, 고용의 불안정성을 받아들여야 한다. 또한, 경제성장을 원한다면, 고용의 불안정성을 감내해야 한다. 성장에는 혁신이 필요하고, 혁신은 새로운 기업이 생겨날 때 일부 기업이 파괴된다는 것을 의미한다.

일자리를 잃은 직원과 그의 가족은 어려움에 직면한다. 이런 상황은 누구도 원치 않는 일이다. 그럼 대안은 무엇일까? 기업에 더 이상 가치를 창출하지 않는 직원에게 임금을 지불하도록 강제해야 할까? 1900년에 미국에서는 109,000명의 사람들이 마차와 마구를 만들었다.[4] 이 일자리는 철도와 자동차에 의해 파괴되었다. 쓰임새가 없어진 마차와 마구를 만드는 이들에게 계속 급여를 지급하는 것이 현명한 선택이었을까? 1920년에는 미국인의 약 2퍼센트에 해당하는 210만 명이 철도회사에서 일했다. 오늘날에는 단지 200,000명의 미국인만이 철도회사에서 일하고 있으며, 이는 인구의 0.06퍼센트에 불과하다.[5] 철도는 보다 효율적으로 발전하여, 1920년보다 오늘날에는 더 많은 화물을 운반하고 있으며, 철도 수요의 많은 부분은 자동차로 대체됐다. 과거 철도회사에서 일하던 인구의 2퍼센트에게 더 이상 필요하지도 않은 일을 하도록 하고 임금을 지급하는 것이 사회에 도움이 되었을까? 일자리가 사라질 때 기업을 비난할 수는 없다; 그들은 단지 소비자가 원하는 것에 반응하고 있을 뿐이다. 만약 고객이 더 이상 마차를 사고 싶어 하지 않는다면, 기업이 마차를 만들지 않는 것에 대해서도 비난할 수 없다.

기업과 직원이 고용계약에 동의할 때, 양측 모두 이익을 얻는다. 직원은 기업 소유주, 즉 주주와 거래를 하는 것이다. 직원은 임금을 받고 주주는 직원의 노동으로 창출된 가치를 얻는다. 이 계약으로부터 더 이상 이익을 보지 못한다고 생각하는 당사자는 언제든 계약을 종료할 수 있다. 더 이상 그 기업에서 일하는 것이 이롭지 않다고 생각하는 직원은 떠나야 한다. 마찬가지로, 더 이상 노동으로 기업에 가치를 창출하지 못하는 직원이 있다면, 이 고용계약은 더 이상 상호이익을 얻는 거래가 아니게 되며, 기업은 이 고용계약을 끝내야 한다. 만약 이러한 직원을 해고할 수 없다면, 기업은 점차 직원고용을 꺼리게 될 것이고 결과적으로 일자리와 경제의 활력이 감소할 것이다.

우리는 파괴가 전체 그림에서 절반만을 보여줄 뿐, 파괴가 가진 창조의 측면을 간과해서는 안 된다. 오늘날 대부분의 직업은 1920년에는 존재하지 않았다. 현재 미국에서 가장 큰 민간 고용주는 1962년에 설립된 월마트(Walmart)이다. 두 번째로 큰 기업은 1994년에 설립된 아마존이다. 월마트와 아마존은 오늘날의 기업으로 성장하는 과정에서 많은 일자리를 파괴했지만, 동시에 많은 일자리를 창출했다. 1920년에는 컴퓨터가 없었으므로 컴퓨터와 칩의 제조, 소프트웨어 개발과 같은 컴퓨터 관련 직종들은 모두 지난 반세기 동안 생겨난 것이다. 더 크게 보면, 미국 일자리의 10퍼센트는 1년 전에 존재하지 않았으며, 일자리의 10퍼센트는 1년 후에는 존재하지 않을 것이다.[6] 1세기 후에는 오늘날의 일자리들이 새로운 기술의 도움으로 매우 다르게 수행되거나 더 이상 존재하지 않을 것이다. 오늘날의 소프트웨어 개발, 항공, 생명공학 분야의 일자리들이 100년 전에는 존재하지 않았던 것처럼, 아직 발명되지도 않은 산업에서 일자리들이 생겨날 것이다.

창조적 파괴는 경제성장으로 이어지고, 성장은 미래 세대들이 우리보다 더 나은 삶을 살게 될 것임을 의미한다. 현재 전 세계 1인당 국내총생산은 12,235달러이다.[7] 만약 전 세계 경제가 향후 1세기 동안 연평균 2퍼센트씩 성장한다면, 전 세계 1인당 국내총생산은 88,638달러에 도달할 것이며, 이는 724퍼센트 증가한 수치이다. 이 수치로 보면, 미래의 사람들은 우리보다 훨씬 더 큰 부를 갖게 될 것이다. 그들은 우리가 상상하지 못한 기술을 가지게 될 것이다. 이를 위해서는 오늘날에 존재하고 있는 많은 기업과 비즈니스 프로세스가 새롭고 더 나은 것으로 대체되어야 한다. 창조와 파괴는 본질적으로 연결되어 있으며, 우리가 창조의 혜택을 원한다면, 기꺼이 파괴를 감수해야 한다.

자본주의와 지속가능성
Capitalism and sustainability

이 책의 3부에서는 경영대학과 기업 사이에 기도문처럼 보편적인 용어가 된 '지속가능성(Sustainability)'에 대해 논의할 것이다.

'지속가능한 기업(Sustainable business)'과 '지속가능한 사업관행(Sustainable business practice)'이 무엇을 구성하는지에 대한 많은 논의가 있다. 그러나 우리는 현대 산업시대 시작 이후부터 지금까지 지속가능한 기업이나 사업관행을 가진 적이 없다. 경제가 계속 성장하는 한 앞으로도 그럴 것이다.

    1800년경에 시작된 산업혁명 이전에는 지속적인 경제성장이 없었다. 혁신이라고 할 만한 것이 거의 없었고, 있더라도 수세기 동안 지지부진하게 흘러갔다. 생활수준 역시 개선되지 않았다. 당시의 기업과 사업관행은 지속가능하다고 말할 만하다. 예를 들어, 대장장이 일에 대한 최초의 증거는 기원전 1350년 이집트에서 발견되었다.[8] 2000년 후 중세 유럽에서도 이 직업은 여전히 유지되었다.

    그러나 창조적 파괴와 그로 인해 가능해진 지속적인 경제성장이 가능해진 현대 자본주의 경제는 이렇게 정체되지 않는다. 1955년 포춘 500대 기업의 90퍼센트가 오늘날 포춘 500대 기업에 속하지 않는다는 점을 기억하자. 경제성장이 지속되는 한 앞으로도 같은 일이 일어날 것이다. 경제가 성장하고 있다면, 영원히 지속가능한 기업이나 사업관행은 존재하지 않으며 결국 모든 것은 파괴될 것이다. 혁신은 예상할 수 없는 것이므로, 어떤 기업이 언제 파괴될지는 예측할 수 없다.

    따라서 자본주의는 겉보기에는 서로 상충되는 것처럼 보이지만 실제로는 동전의 양면과 같은 두 가지 과정을 만들어낸다. 우리는 지속가능한 경제성장을 할 수 있지만, 이 과정에서 개별 기업은 지속가능할 수 없다. 기업 내의 프로세스가 대체되어야 하고 새로운 기업이 오래된 기업을 대체되어야만 경제가 성장한다.

창조적 파괴는 사실상 개별 기업수준에서의 지속가능성은 존재하지 않는다는 것을 의미한다. 창조적 파괴가 없다면 의미 있는 혁신이 없다는 뜻이며, 지속적인 경제성장도 없다. 따라서 창조적 파괴와 성장을 특징으로 하는 현대 경제에서 어떤 기업을 '지속가능하다.'고 부르는 것은 의미가 없다.

미주

1. Joseph A. Schumpeter, New York: Harper & Brothers "Capitalism, socialism and democracy", 1942년
2. Mark J. Perry, American Enterprise Institute, "Only 52 U.S. companies have been on the Fortune 500 since 1955, thanks to creative destruction that fuels prosperity", 2021년 6월 3일
3. Kathy Fogel, Randall Morck, and Bernard Yeung, Journal of Financial Economics 89(1), "Big business stability and economic growth: is what's good for General Motors good for America?", 2008년
4. Richard Alm and W. Michael Cox, Econlib-The Library of Economics and Liberty, "Creative destruction"
5. 미주 4)와 동일
6. Steven J. Davis, John C. Haltiwanger, and Scott Schuh, MIT. Press: Cambridge, MA, "Job creation and destruction", 1996년
7. World Bank(https://data.worldbank.org/indicator/NY.GDP.PCAP.CD)
8. South Dakota State Agriculture Heritage Museum, Throwback Thursday(blog), "Blacksmithing & wagon works", 2022년 7월 7일

7
공산주의로부터의 교훈
Lessons from communism

앞에서 주주 자본주의가 무엇이고 왜 주주뿐만 아니라 사회의 모든 구성원에게 이익이 되는지 설명했다. 요약하자면, 경영자의 목표는 주주가치를 극대화하는 것이며, 이는 기업이 생존하는 전체 기간 동안의 예상이익에 의해 결정된다. 이익은 기업의 다른 이해관계자들에게 혜택이 돌아간 후 주주가 가질 수 있는 나머지, 잔여개념이다. 즉, 이익은 기업이 만들어내는 가치와 사용하는 자원의 가치의 차이이다. 따라서 이익은 사회의 희소한 자원을 가장 효율적으로 사용하도록 하는 원동력이 된다.

더욱이 이익은 우리의 삶의 질을 향상시키는 지속적인 경제성장에 필수적인 혁신을 장려한다. 주주는 혁신과 이익을 창출할 가능성이 있는 기업에 기꺼이 자금을 투자한다. 이를 통해 자본을 가장 효율적으로 사용할 수 있게 하므로 경제성장이 가능해진다.

자본주의가 존재하지 않는 상황을 가정해보면, 자본주의의 효과를 이해하는 데 도움이 될 것이다. 이익을 추구하는 기업이 없다면 어떻게 될까? 자본주의가 없다면 기업이 이익을 예측하여 무엇을 생산할지 결정하는 대신, 이는 정부가 정부의 계획에 따라 무엇을 어떻게 얼만큼 생산할지를 결정한다면 어떠할까. 기업과 고객, 공급업체, 직원 등 다양한 이해관계자들이 스스로 누구와 거래할지 선택하는 대신, 모든 선택은 정부에 의해 결정되고, 수요와 공급에 의해서가 아니라 정부에 의해 가격이 책정된다면 이러한 체제는 제대로 작동할 수 있을까?

실제 20세기에 이러한 실험이 현실로 이루어진 바 있기에 우리는 이미 그 답을 알고 있다. 이 시기에 지식인들은 자본주의는 지속불가능하며 사회주의가 해답이라고 주장하곤 했다. 나는 칼 마르크스(Karl Marx)와 프리드리히 엥겔스(Friedrich Engels)가 그랬듯이 '공산주의(Communism)'와 '사회주의(Socialism)'라는 단어를 혼용하고자 한다. 시장에서 개인의 자유로운 선택에 의존하는 자본주의의 문제에 대한 해결책으로 논의되는 것들은 대부분 개인의 선택을 제한하는 것으로 귀결되어 왔다. 이에 대한 극단적인 예시가 공산주의다.

그러나 이 책의 3부에서 비판하는 다양한 기업의 사회적 책임 개념들이 공산주의와 같다고 말하는 것은 아니다. 이 책의 1부는 자본주의가 효과적인 경제체제인 이유를 설명했다. 1부에서는 기업의 이익추구가 주주와 다른 이해관계자에게 혜택을 가져다주어, 사회 전체가 혜택을 얻는다는 것에 대해 이야기하였다. 사적인 기업 활동을 금지한 체제인 공산주의의 역사와 성과를 검토하면 자본주의의 효과를 더 잘 이해할 수 있다. 기업의 최우선 목표에서 이익 극대화가 사라지면, 고객에게 더 큰 혜택이 돌아갈까? 직원에게도 더 큰 몫이 돌아갈까? 고객과 공급업체의 관계는 더 개선될까? 자원이 더 효율적으로 사용되어 모두의 삶이 더 나아질까?

이러한 질문들을 탐구하기 위해서, 이 장에서는 세 가지 역사적 사례를 살펴보고자 한다. 첫 번째는 국가 간 비교이다. 냉전 기간 동안 소비에트 연방(The Soviet Union)의 경제성과를 미국 및 다른 선진 서방 경제국들과 비교해 보자. 두 번째는 덩샤오핑 (Deng Xiaoping) 지도부 시기의 개혁 이후, 단일 국가인 중국이 엄격한 공산주의에서 보다 시장기반 체제로 전환했을 때 경제성과가 어떻게 변화했는지를 살펴본다. 세 번째는 공산주의와 자본주의 국가로 분할되었다가 다시 통일된 독일의 경우를 살펴본다.

소비에트 연방
The Soviet Union

1917년 공산주의자들이 러시아를 장악했다. 소비에트 연방(소련)은 1922년에 수립되었고, 1991년에 붕괴되었다. 1989년 소련의 고위 경제학자 니콜라이 슈멜레프(Nikolai Shmelev)와 블라디미르 포포프(Vladimir Popov)는 『전환점(The Turning Point)』이라는 책을 통하여 소련 경제의 운영방식을 설명하고 그 성과를 평가했다.[1] 이 책은 페레스트로이카(Perestroika)라고 불리 우는 시기에 쓰여 졌는데, 이때 고르바초프(Mikhail Gorbachev) 정부는 이전에는 조심스럽게 다루어졌던 사안을 공개적으로 논의할 수 있도록 허용하였다. 이 시기 이전에는 소련 경제에 대해 솔직한 논의가 공개되기 어려웠다. 이 책의 핵심적 결론은 자본주의에 비해 계획경제는 비효율적이라는 것이다. 계획경제에서는 지속적으로 일부 물품의 과잉과 부족이 존재하고, 이윤창출로 인한 시장가격과 동기가 존재하지 않으므로 자원은 효율적으로 배분되지 않는다. 이 책은 비극적이지만, 교훈적인 예시들로 가득하다.

소련의 경제는 자원의 낭비로 인해 고통 받았다. 반면, 자본주의에 있어서 기업은 이윤창출이라는 동기를 가지기 때문에 자원을 효율적으로 사용하고자 하는 유인을 가진다. 낭비는 비용을 높이고 이익을 낮춘다. 자본주의자는 그들 스스로의 이익을 위해 이윤을 추구하지만, 그들은 결국 사회적으로 희소한 자원을 효과적으로 사용되도록 하는 결과를 가져온다. 소련 경제에서는 이러한 유인이 존재하지 않았으며 그 결과 자원의 낭비가 만연했다. 이는 '자원을 삼키는 블랙홀(Black holes that swallow resources)'이라는 장에서 설명된 바 있다.

자원의 만연한 낭비와 무분별한 사용은 충격적이다. 우리는 아무도 필요로 하지 않는 기계를 생산하고 구매하며, 이들은 먼지가 쌓인 채로 창고에 방치되거나 밖에서 사용되지 못한 채 녹슬어간다. 우리는 '노동력 부족(Labor shortages)'을 이유로 이용 가능한 노동력이 더 이상 존재하지 않는 곳에 기업을 세운다. 동시에 장비는 매우 부족하고 생산능력은 충분하지 않다. 세계의 다른 곳에서는 1년 반에서 2년이 걸리는 건설 프로젝트가 우리의 손에서는 11년에서 12년이 소요되는 경우가 허다하다.[2]

좋다, 너무나 많은 낭비가 존재했음에도 불구하고, 그러나 공산주의에서 사람들은 보다 협력적이지 않았을까? 공산주의는 본래 더 공동체적인 사회를 만들기 위한 것이다. 과연 공산주의는 어떻게 됐을까? 소련에서는 기업이 공급업체를 선택하는 대신 정부 관료가 이를 지정하여 '거래 파트너(Trading partners)'가 배정되었다.

정부 관료가 기업에게 물품과 서비스를 제공하도록 배정한 공급업체가 기업이 요구한 볼트 대신 너트를 배달했거나 등의 어떤 경우의 실패를 가정해 보자. 그러면 경제 계획자는 공급업체를 비난할 것이고, 이러한 비난의 악순환이 계속되면 책임자를 찾는 것이 어려워진다. 이는 마치 경영자가 경제 계획자인 "윗선"에서 고려하지 못한 것이 있음을 암시하는 것처럼 보여서, 결국 그 윗선을 힐책하는 것으로 보일 수 있다. 결국 경제 계획자는 경영자의 주장을 받아들이는 것을 거부하기 쉬우며, 경영자에게 "당신이 그것을 구하지 못했다면, 스스로 만들었어야 한다."라고 말할 것이다. 결국 경영자는 그 말을 따르는 것으로 이 이야기는 끝이 난다.[3]

반면, 이윤을 추구하는 기업은 고객을 잘 고려해야 한다. 만약 공급업체가 제품의 품질이나 적시성을 보장할 수 없다면, 고객은 다른 공급업체를 찾을 수 있다. 이익을 창출하고 싶은 기업은 고객을 만족시킬 동기를 가지는 것이다. 소련은 여기에서 경쟁과 이익을 제거했고, 결국 이 체제는 제대로 작동할 수 없었다. 경쟁과 이익의 톱니바퀴는 왜 작용해야 하는가? 경쟁과 이익은 당근과 채찍과 같다. 고객을 만족시키면 기업의 부가 증가하고, 만족시키지 못한다면 그들은 떠나고 기업은 결국 파산하고 말 것이다. 소련 체제는 결국 경쟁과 이익이라는 당근과 채찍을 모두 없애버린 꼴이다.

소련에서 고객으로 살아간다는 것은 어떠했을까? 자본주의에서는 소매점이 고객을 얻기 위해 서로 경쟁해야 한다. 고객은 그들이 자신이 원하는 제품 중에서도 기꺼이 지불할 수 있는 가격으로 판매되는 제품만을 선택적으로 구매한다. 따라서 소매점은 고객을 만족시키려는 동기를 가지며, 이를 만족시키지 못하는 소매점은 파산에 이른다.

그러나 계획경제에서는 다르다. 소매상은 단지 존재할 뿐이고, 이곳은 모든 자동차에 대한 모든 것을 취급하는 자동차 관리국과 마찬가지이다. 여러분은 자동차 관리국에서 기다리지 않으면 면허증을 받지 못하며, 다른 선택지가 없다. 게다가 소련 경제의 공급망 전체에는 거래 파트너를 만족시키려는 동기가 거의 없는 기업으로 가득 차 있었다. 경쟁과 이익이 없는 세상에서, 제품의 품질이 낮거나, 늦게 도착하거나, 아예 도착하지 않는다고 해서 무슨 상관이 있겠는가? 한동안 미국에서 '소비에트(Soviet)'라는 단어가 낮은 품질과 열악한 서비스를 의미하는 속어로 사용된 것은 결코 놀랄 일이 아니다.

1982년 뉴욕 타임즈의 "소련의 식량부족에 대한: 불평과 변명(Soviet food shortages: grumbling and excuses)"이라는 제목의 기사는 아래와 같이 소련 연방에서 식료품을 구매하는 것이 얼마나 어려운 일인지를 묘사하고 있다.

지난주 어느 날 정오, 정육점에는 지방과 뼈가 대부분인 형편없는 소고기와 양고기 조각만 남아 있었다. 작년 말 몇 주 동안 모스크바 상점에서 사라졌던 버터가 다시 판매되고 있었지만, 구매자당 1.1파운드로 제한되어 있었다. 야채가게에는 당근, 비트, 양배추가 진열되어 있었지만, 대부분 썩어 있었다. …… 소련에 온 지 얼마 되지 않은 한 외국인이 이 가게를 방문하고 그의 동료에게 놀라움을 속삭였지만, 그는 당황하지 않았다. "상대적으로 도심은 상황이 꽤 좋은 편이에요. 교외의 상점보다 낫죠. 교외 상점에서는 운이 좋아야 버터 정도만 구할 수 있고, 양고기는 거의 없어요."⁴

뉴욕 타임즈 기사에 따르면 소련의 정부 관료들은 식량부족의 원인을 날씨 탓으로 돌렸으나, 미국에서는 날씨가 좋지 않다고 해서 식량부족이 발생하지는 않는다. 불리한 기상현상은 언제나 직면할 수 있는 문제로 자본주의 하에서 우리는 식량부족을 겪지 않는다. 소련이 자국민을 먹여 살리는 데 어려움을 겪은 진짜 이유는 상호이익이 되는 거래를 제거했기 때문이다. 즉, 그들은 상호이익을 유발시키는 이윤창출과 경쟁을 제거했다. 이 모든 것을 없애면, 사람들은 상품과 서비스를 생산할 동기가 없어지며, 이는 이미 애덤 스미스가 200년 전에 우리에게 가르쳐 준 바와 같다.

우리가 저녁 식사를 기대하는 것은 정육점 주인, 양조업자, 제빵사의 자비심 때문이 아니라 그들이 자기 스스로의 이익에 관심을 가지기 때문이다. 우리는 그들의 인류애가 아니라 자기애에 호소하며, 우리 자신의 필요가 아닌 그들이 가질 수 있는 이득에 대해 고려해야 한다.⁵

오늘날 미국의 식료품점에는 전 세계에서 온 상품이 선반에 가득하다. 우리는 소련에서처럼 버터를 찾을 수 없는 어려움을 겪기보다는 오히려 어떤 버터를 살지 결정해야하는 고민에 빠진다. 풀을 먹여 키운 소의 우유로 만든 버터? 유기농 버터? 내가 살고 이곳의 식료품점에는 프랑스, 핀란드, 아일랜드, 미국에서 만든 다양한 버터들이 선택을 기다리고 있다.

왜 우리는 이렇게 넉넉하게 버터를 제공받고 있을까? 버터를 만들고 판매하는 것이 수익성이 있기 때문이다. 농부, 제조업자, 유통업자, 식료품점 모두 버터의 생산, 유통, 판매에 참여하는 것이 수익성이 있다고 생각한다. 버터 공급망의 각 주체는 상호이익이 되는 거래에 참여한다. 어느 정부기관도 우리가 충분한 버터를 가지고 있는지 확인하지 않지만, 시장이 버터를 공급하는 사람들에게 보상을 해주기 때문에 우리가 버터를 충분히 가질 수 있는 것이다.

버터뿐만 아니라 다른 모든 상품이나 서비스도 마찬가지이다. 우리가 빵, 고기, 아이스크림, TV, 자동차, 스마트폰을 충분히 가지고 있는 이유는 무엇일까? 기업이 이들을 만들고 유통하는 것이 수익성이 있다고 여기기 때문이다. 그 어느 개인이나 단체도 이 제품들을 만들어야 하는 의무를 부여받지 않았지만, 상호이익이 되는 거래 때문에 이 제품들이 생산되는 것이다.

『전환점』에서는 소련 경제의 거시 경제적 성과를 자본주의 경제와 비교하기도 한다. 모든 경제는 대체용도가 있는 희소한 자원을 가지고 있다. 이러한 희소한 자원을 가지고 최대한의 재화와 서비스를 창출하는 시스템이 시민에게 가장 높은 생활수준을 제공한다. 이 기준으로 보면 소련 경제는 매우 낮은 성과를 보여 주었다. 소비에트 경제학자들은 '물질적 부족과 잉여재고(Material shortages and surplus inventories)'라는 제목의 장에서 몇 가지 흥미로운 예를 제시하여 그들의 경제가 얼마나 비효율적이었는지를 설명한다.

- 소련은 동일한 단위의 국가소득을 창출하기 위해 미국보다 1.5배 더 많은 원재료, 2.1배 더 많은 에너지, 2.4배 더 많은 금속원료를 사용하였다.
- 소련의 농업 생산은 미국보다 15퍼센트 적었지만 3.5배 더 많은 에너지를 사용하였다.
- 구리 1톤을 만드는 데 소련은 시간당 1,000킬로와트를 사용한 반면, 서독은 300킬로와트를 사용하였다.
- 시멘트 1톤을 생산하는 데 소련은 일본의 두 배에 해당하는 에너지를 사용하였다.

『전환점』은 소련 경제가 개혁될 수 있고 소련이 계속 존속할 수 있다는 희망으로 출판되었으나, 안타깝게도 소련은 불과 몇 년 후에 붕괴되고 말았다.

마오의 중국과 그 이후의 성장
Mao's China versus the growth that followed

1949년, 중국 공산당의 군대가 수도 베이징을 점령했고, 공산당 지도자 마오쩌둥(Mao Zedong)은 중화인민공화국의 설립을 선포했다. 20세기 후반 중국에는 크게 대립되는 두 가지 부류의 정책이 있었다. 한 부류의 정책들은 공산주의를 전면적으로 추진하기 위한 것으로서, 사유재산과 이윤추구의 동기를 제거하기 위해 할 수 있는 모든 것을 포괄한다. 또 다른 부류의 정책들은 이윤창출과 기업가 정신을 칭송하는 정반대의 정책들로 구성된다. 하나의 체세 하에서 두 가지 상반되는 각각의 정책이 추진되었던 중국의 국민들은 어떠했을까?

첫 번째 부류의 정책들은 1958~1962년의 기간 동안 중국의 5개년 계획인 대약진 운동(Great Leap Forward)의 일환이었다. 마오는 중국이 빠르게 산업화해야 한다고 생각했고, 그의 목표는 15년 안에 영국 경제를 따라잡는 것이었다. 당시 중국은 가난한 나라였고, 인구의 대부분이 작은 마을에 살며 가족농장에서 일했다. 대약진 운동은 농민 인구를 재조직하여 중국을 산업화하는 동시에 농업생산량을 개선하는 것을 목표로 하였다.

대약진 운동으로 중국 농촌의 모든 것은 강제적으로 집단화되었다. 농민 가구들은 협동조합으로 조직되었고, 1958년 말까지 중국 농촌 전체가 공동체로 조직되었으며, 토지, 도구, 가축을 포함한 사유재산이 몰수되었다. 심지어 가정에서 요리를 하는 것이 금지되고 공동주방을 이용해야 했다. 공동주방에서 만들어진 음식은 공헌도에 따라 배분되었는데, 배분되는 음식의 양은 배분하는 사람에 의해 결정되었고 당의 사상을 따르지 않는 이에게는 배분되지 않았다.

역사학자 프랭크 디쾨터(Frank Dikötter)의 책 『마오의 대기근(Mao's Great Famine)』은 이 시기에 일어난 일에 대한 기록을 담고 있다. 그는 대약진 운동 기간 동안 4,500만 명이 요절했다고 추정하였고, 600만에서 800만 명은 "생매장되거나, 고문당하거나, 맞아 죽었다"고 주장했다. 아사한 사람들 중 상당수는 정말 음식이 없어서가 아니라 지역 간부에 의해 의도적·선별적으로 음식을 박탈당하거나, 단순히 어떤 이유에서든 식당에서 음식을 나누어주는 사람들의 미움을 샀기 때문이었다.[6] 디쾨터의 식인에 관한 장의 세부사항은 생략하겠다.

마오는 1976년에 사망하고, 덩샤오핑이 1978년에 권력을 잡았다. 덩샤오핑은 일련의 개혁을 도입하여 중국을 마르크스주의 경제에서 벗어나 사유 농장과 이윤을 추구하는 기업이 존재하는 보다 자본주의적인 경제로 이끌었다. 그는 외국인 투자를 환영했으며, 중국 내 그리고 다른 나라와의 자유무역을 확대하였다.

마오 시대에는 자신을 위해 추가 돈을 벌려고 하는 사람은 박해받고 잔인하게 처벌받았으나, 덩샤오핑의 통치 하에서는 이러한 기업가적 활동을 칭송하였다. 1979년부터 정부는 기업가 정신을 장려하기 시작했고, 소농들 사이에서 이윤추구를 장려하기 위해 새로운 용어들이 사람들의 입에 오르내리기 시작했다. 다니엘 켈리허(Daniel Keliher)는 『중국의 농민 권력(Peasant Power in China)』에서 이 새로운 용어에 대해 다음과 같이 설명하였다.

> 지방 언론은 첫 번째 새로운 용어인 '전문 가구[전업호(专业户, zhuānyè hù)]'로 가득 매워졌다. 이러한 기업가적 가족은 많은 언론에서 영웅으로 표현되었고, 신문에서 칭송받았으며 영화에서는 낭만적으로 묘사되었다. '만 위안 가구[만원호(万元户, wàn yuán hù)]'는 또 다른 범주였다. 이는 농민 가구 연간소득의 10배에 이르는 만 위안 정도의 높은 수준을 벌어들이는 가족을 일컫는 말이다. 또 다른 신조어는 '경제 연합체(经济联合体, jīngjì liánhétǐ)'였다. …… 이는 여러 가구에서 자본을 모아 투자지분에 따라 배당금과 이익을 지불하는 더 큰 규모의 사업을 지칭한다.[7]

중국의 경제개혁에서 또 다른 중요한 요소는 경제특구의 설립이다. 1979년 선전(Shenzhen), 산터우(Shantou), 샤먼(Xiamen),

주하이(Zhuhai)에 네 개의 경제특구가 처음으로 설립되었다.[8] 이 특구들은 중국의 다른 지역보다 더 시장지향적인 경제정책을 추구할 수 있었다. 비록 이들에게는 제한적이고 선택적인 형태의 경제 자유화가 적용되었으나, 이들의 성과가 너무 좋았던 탓에 1986년 중국은 14개의 특구를 추가로 설립했다.[9] 이후 중국은 추가적으로 자유무역지대, 경제기술개발구, 첨단기술산업개발구를 만들었다. 이 특구들의 성공은 시장지향적인 정책을 전국으로 확대하는 것이 유익할 수 있음을 시사하지만, 정작 중국 정부는 그렇게 할 계획이 있다는 어떤 징후도 보이지 않고 있다.

경제학자 폴 로머는 만약 선전이 싱가포르와 같은 도시국가였다면, 어떤 국가보다도 가장 빠른 경제성장을 기록했을 것이라고 하였다.[10] 1980~1985년 동안 선전은 1인당 연간 23퍼센트의 성장률을 기록했고, 1985~2011년 동안 연간 7퍼센트의 성장률을 보였다. 연간 7퍼센트의 성장률은 10년마다 생활수준이 두 배가 된다는 것을 의미한다. 이 기간 동안 선전의 인구는 30만 명에서 1,000만 명 이상으로 증가했다.

이러한 개혁들은 중국의 가장 가난한 사람들에게 어떤 영향을 미쳤을까? 중국의 경제개혁으로부터 40년 후 거의 8억 명의 사람들이 빈곤에서 벗어나게 되었다.[11] 이는 인류 역사상 가장 큰 규모의 빈곤 감소이며, 과거 대약진 운동이 초래한 죽음, 파괴와는 상당한 대조를 보인다.

독일의 실험
The German experiment

불행히도 2차 세계대전 이후 독일의 분단은 자본주의와 공산주의 하에서 사람들의 생활을 비교해 볼 수 있는 자연적인 실험을 제공한다. 독일의 동쪽에는 소련이 공산주의 국가를 만들었고, 서쪽에는 미국 및 동맹국들에 의해 자본주의 국가가 수립됐다. 각 국가의 시민들은 어떻게 지냈을까? 서쪽에서는 부와 자유가 지배했고, 동쪽에서는 공산주의에서 늘 그랬듯이 빈곤과 전체주의가 지배했다.

독일이 1949년에 분단되었을 때, 서독과 동독 두 국가의 1인당 국내총생산은 거의 유사한 수준이었다. 1990년 재통일 시점에 서독의 1인당 국내총생산은 동독의 2배 이상이었다.[12] 설립 당시 동독의 인구는 1,840만 명이었는데, 1990년 서독에 흡수될 때는 1,640만 명으로 줄어들었다.[13] 그 기간 동안 초기 인구의 16퍼센트에 해당하는 270만 명이 동독에서 서독으로 탈출했다.[14] 독일의 통일 이후 32년이 지났다. 통일 이후, 과거의 동독 지역은 서독이었던 지역으로부터 2조 달러의 보조금을 받았지만, 여전히 경제적으로 서독 지역에 뒤처져 있다.[15]

동독이 존재했던 대부분의 기간 동안, 동독 시민들은 이주가 허용되지 않았다. 서독으로의 이주 시도는 상당히 위험했고, 사람들은 탈출을 시도하다가 죽임을 당하기도 했다.[16] 독일 역사학자에 따르면, 75,000명의 동독 시민들이 탈출을 시도하다가 투옥되어 1~2년의 징역형을 받았을 것이라고 추정된다.[17] 이 중에는 5,500명의 동독 국경 경비대원도 포함되어 있었고, 2,500명의 국

경 경비대원은 탈출에 성공한 것으로 추측된다.[18]

동독인들은 서독 시민과 비교했을 때 폭정 하에 살았고 그 결과 가난했기 때문에 동독을 떠나고 싶어 했다. 뉴욕 타임즈는 1990년 재통일 몇 주 전에 "동독의 경제, 예상보다 훨씬 더 심각 (East Germany's economy far sicker than expected)"이라는 제목의 기사를 발표하였다.[19] 당시 서방기업들은 투자할 기업을 찾고자 동독을 방문했으나, 목격한 것에 놀랄 수밖에 없었다. 서독 기업의 경영진들은 "동독 현지 공장의 사정은 예상보다 훨씬 열악했고, 경영기술 또한 부족하여 상당히 충격적이었다."라고 언급했다.[20]

동독 정부는 이탈리아 기업인 올리베티 그룹(Olivetti Group)에게 2차 세계대전 이전에 소유했던 공장을 반환하겠다고 제안했다. 공장을 무상으로 돌려주겠다는 제안에도 불구하고, 올리베티 그룹은 구조조정 비용이 너무 높을 것이라는 이유로 이를 거절했다. 건물과 기계는 진부화되어 상태가 좋지 않고 노동력 또한 비효율적이었다. 또한, 동독 정부는 12,000명의 동독 근로자를 고용하는 합작투자를 올리베티 그룹에게 제안했었으나, 올리베티는 서독에서는 근로자 900명만으로도 같은 생산량을 얻을 수 있다는 결론을 내려 이 제안을 거절했다.[21]

한 서독 택시회사는 동독의 라이프치히(Leipzig)시에 새로운 메르세데스-벤츠(Mercedes-Benz) 택시와 현대적인 무선 배차시스템을 도입하는 합작투자를 하려고 시도했다. 그러나 이 거래는 성사되지 않았다. 서독 택시기업가 중 한 명은 그들이 만난 동독인들에 대해 "그들은 친절하고 좋은 사람들이었지만, 경제적인 의미에서 창의적인 사고를 하는 사람들은 아니었다. …… 새로운 아

이디어는 그들에게 완전히 낯선 것으로 여겨졌다."고 말했다.[22]

동독 파트너와 합작투자를 시도한 첫 번째 서독 기업은 컴팩트 디스크를 생산하는 공장을 건설하려 했다. 그러나 이 계획 또한 동독의 공산주의 관료제 때문에 지연되어 결국 공장은 건설되지 않았다. 이 기업의 대변인은 "모든 일이 마치 영원할 것처럼 지연되었다. 우리 방식대로 일이 진행되었다면, 이미 몇 달 전에 건설을 시작했을 것이다. …… 그러나 시간이 지연되는 동안 결국 동독 경제는 무너지고 말았다."고 말했다.[23]

동독 소비자조차도 동독 기업이 만든 제품을 기피했다.[24] 그들은 동독 제품의 품질이 낮다고 생각했고 서독 기업의 제품을 선호했다. 그 결과 동독 기업들의 대부분은 실패로 이어졌다.

공산주의의 빈곤과 폭정의 유산
Communism's legacy of poverty and tyranny

여기서 제시된 세 가지 사례 모두 공산주의 경제의 성과가 끔찍하다는 것을 보여준다. 왜 그럴까? 공산주의에서는 시장가격과 이윤추구라는 인센티브가 존재하지 않는다. 시장경제에서 가격은 공급과 수요를 반영하는데, 공급에 비해 수요가 높은 더 희소한 자원은 당연히 더 높은 가격으로 책정된다. 공산주의 경제에서는 경제 계획자가 가격을 정하기 때문에 시장가격이란 것이 존재하지 않아, 사회가 무언가에 부여하는 가치를 측정해 낼 방법이 없다. 시장가격은 사회의 요구와 필요를 반영하지만, 경제 계획자가 정해 버린 가격은 그렇지 않다. 우리가 희소한 자원을 사용하여 더 가치 있는 제품을 만들고 있는지는 자유롭게 작동하는 시장

가격이 없다면 알 방법이 없다.

결국 이윤이 없는 세상에서는 사회가 원하고 필요로 하는 상품과 서비스를 만들 동기가 없다. 공산주의 하의 경영자가 고객이나 다른 이해관계자가 만족하는지를 고려할 필요가 있을까? 자본주의에서는 이해관계자가 가치를 창출하지 않는 기업과는 거래하지 않기 때문에, 이해관계자의 만족도를 고려하지 않는 기업은 파산한다. 공산주의에서는 거래 파트너가 지정되고, 이해관계자들은 서로에게 묶여 있다. 자원을 더 효율적으로 사용할 유인이 존재하지 않는 것이다. 과연 경영자는 이익이 없는 상황에서도 원가절감을 고려할까? 더 부유해질 수 없다면 혁신을 만들 동기는 사라진다.

주주 자본주의를 비판하는 이들은 기업이 이익 외의 지표에 초점을 두면 모두의 삶이 나아지고 더 나은 세상을 살아갈 것이라고 주장한다. 이들의 주장은 이윤창출의 동기를 없애고자 공산주의라는 사상이 20세기의 가장 큰 잔혹행위를 야기했다는 사실을 간과하고 있다. 『공산주의의 검은 책(The Black Book of Communism)』은 20세기 동안 공산주의 정부들이 9,400만 명의 자국민을 죽였다고 추정하였다.[25] 『정부에 의한 죽음(Death by Government)』이라는 책에 따르면 공산주의 국가에 의한 사망자 수는 1억 1,000만 명에 이른다.[26] 다른 공산주의 국가에서도 중국에서와 마찬가지로, 기근을 초래한 경제정책과 정치적 숙청이 많은 이들을 희생시킨 것이다.

서두에서 언급했듯이 이 책에서는 다양한 기업의 사회적 책임을 주장하는 것이 소련과 같은 공산주의로 이어질 것이라고 주장하는 것이 아니다. 그러나 공산주의는 기업의 의사결정에서 이윤추구의 동기를 박탈하기 때문에 자원배분을 악화시키고 장기적으로 사람들을 가난하게 만든다는 것을 알 수 있다. 이윤추구의 동기가 박탈될수록 상황은 더 악화된다. 따라서 우리는 경영자의 최우선 순위에서 이윤추구를 막는 정책을 지양해야 할 것이다.

미주

1. Nikolai Shmelev and Vladimir Popov, New York: Doubleday, "The turning point: Revitalizing the Soviet economy", 1989년
2. 미주 1)과 동일
3. 미주 1)과 동일
4. John F. Burns, New York Times, "Soviet food shortages: Grumbling and excuses", 1982년 1월 15일
5. Adam Smith, London: Printed for W. Strahan and T. Cadell(Carmel, Indiana: Liberty Fund, Inc.), "An Inquiry into the nature and causes of the wealth of nations", 1776년(1981)
6. Frank Dikötter, London: Bloomsbury; New York: Walker Books, "Mao's Great Famine: The history of China's most devastating catastrophe", 2010년
7. Daniel Kelliher, New Haven, CT: Yale University Press, "Peasant power in China: The era of rural reform 1979–1989", 1992년
8. Clyde D. Stoltenberg, Asian Survey 24(6), "China's special economic zones: Their development and prospects", 1984년
9. Encyclopedia Britannica, Britannica Money, "Special economic zone", 2023년 3월 20일
10. Paul Romer, PaulRomer.net, "The deep structure of economic growth", 2019년 2월 5일
11. World Bank and Development Research Center of the State Council, the People's Republic of China, Washington: World Bank, "Four decades of poverty reduction in China: Drivers, insights for the world, and the road ahead", 2022년
12. Sascha O. Becker, Lukas Mergele, and Ludger Woessmann, Journal of Economic Perspectives 34(2), "The separation and reunification of Germany: Rethinking a natural experiment interpretation of the enduring effects of Communism", 2020년
13. Aaron O'Neill, Statista, "Population in the former territories of the Federal Republic of Germany and the German Democratic Republic

	from 1950 to 2016", 2022년 6월 21일
14	미주 13)과 동일
15	Stephen Beard, Marketplace American Public Radio, "Itemizing Germany's $2 Trillion bill for reunification", 2019년 11월 5일
16	Helena J. Merriman, Mail on Sunday, "The tunnel of love", 2021년 8월 1일
17	John Hooper, The Guardian, "East Germany jailed 75,000 escapers", 2001년 8월 6일
18	미주 17)과 동일
19	Ferdinand Protzman, New York Times, "East Germany's economy far sicker than expected", 1990년 9월 20일
20	미주 19)와 동일
21	미주 19)와 동일
22	미주 19)와 동일
23	미주 19)와 동일
24	Girard Steichen, Christian Science Monitor, "East Germany's economy totters", 1990년 8월 16일
25	Stephane Courtois et al., Cambridge, MA: Harvard University Press, "The black book of Communism: Crimes, terror, repression", 1999년
26	Rudolph J. Rummel, Piscataway, NJ: Transaction Publishers, "Death by government", 1997년

2부.

흔한 오류들

Common fallacies

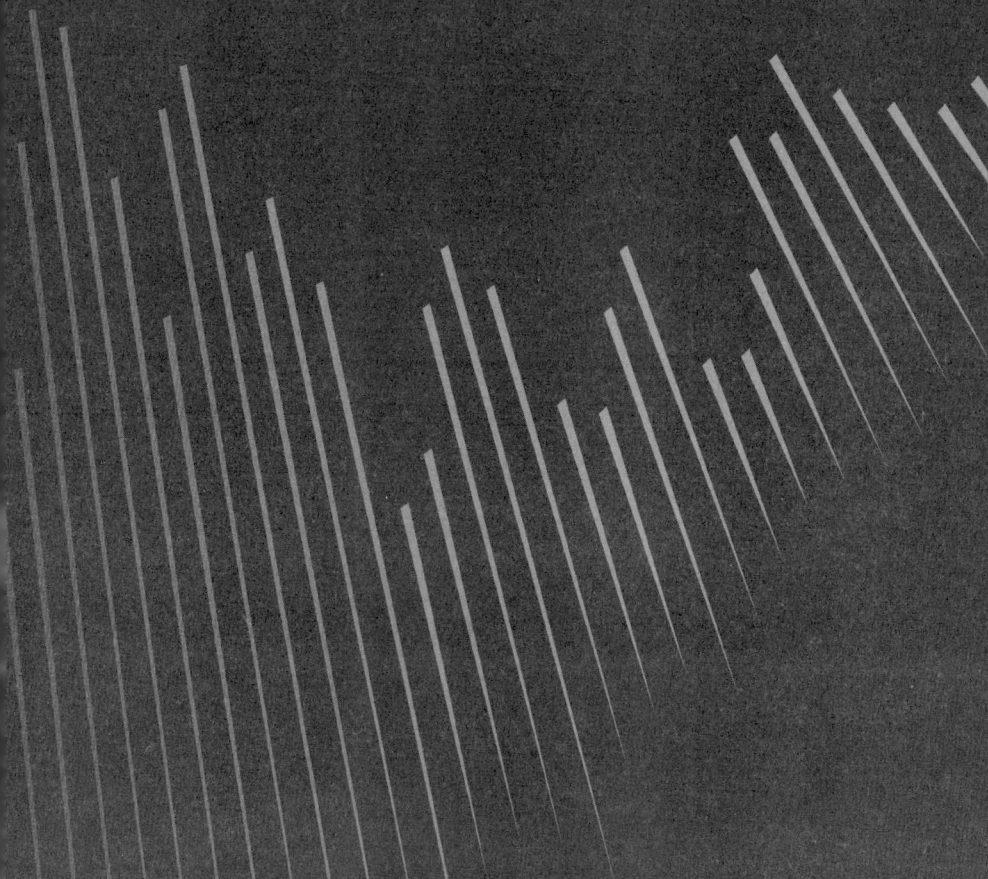

8
이해관계자 오류
The stakeholder fallacy

애덤 스미스의 『국부론』의 핵심적 통찰은 오해의 소지가 있을 정도로 단순하다. 두 당사자 간의 자발적인 거래는 양측 모두가 이익을 얻을 수 있을 것이라 믿을 때에만 이루어진다. 대부분의 경제적 오류는 이 단순한 통찰을 간과하는 데에서 비롯되며, 이는 파이의 크기가 고정되어 있어 한쪽이 이익을 얻으면 다른 쪽은 반드시 손해를 얻는다는 잘못된 가정에서 기인한다.[1]

— 밀턴 프리드먼과 로즈 프리드먼
Milton Friedman and Rose Friedman

애덤 스미스가 『국부론』을 저술한 지 200년이 넘은 지금도 많은 사람들은 자발적 거래가 양측 모두에게 이익이 된다는 것을 이해하지 못한다. 이로 인해 주주 자본주의는 주주의 이익을 우선시한 나머지, 기업의 다른 이해관계자를 간과한다는 잘못된 인식이 확산되었다. 이러한 흔한 오해를 '이해관계자 오류(Stakeholder fallacy)'라고 부른다.

이해관계자 오류를 주장하는 사람들은 '더 공정한(Fairer)' 형태의 자본주의를 통해 주주와 다른 이해관계자를 동등한 위치에 둘 수 있다고 주장한다. 이는 주주와 다른 이해관계자가 이미 동등한 위치에 있다는 사실을 간과하는 것이다. 자본주의 경제에서는 고객이든 직원이든 기업과의 거래로 이득을 보지 못한다고 판단하면 거래할 필요가 없다. 마찬가지로, 기업도 주주에게 이익이 되지 않는 거래는 하지 않아야 한다. 주주 자본주의가 요구하는 것은 단지 이뿐이다.

보다 일반적인 이야기를 하자면, 자본주의에서는 양측 모두 이익을 얻을 수 있다고 기대할 때만 거래가 이루어진다. 석기시대의 두 사람이 창과 모피를 교환하기로 합의한다면, 둘 다 해당 거래로 인해 이득을 본다는 것이다. 애플이 나에게 아이폰(iPhone)을 판매한다면, 애플의 주주와 나는 모두 그 거래로 인해 이득을 얻는다. 내가 애플에서 아이폰을 구매하는 것은 보다 현대적인 형태의 거래일 뿐, 상호이익의 원칙은 수천 년 동안 변함없이 이어져 왔다. 사람들이 애플과 같은 기업과 거래하는 것은, 궁극적으로 그 기업을 소유한 주주와 거래하는 것과 마찬가지이다.

이해관계자 오류는 부분적으로는 오해에서 비롯되기도 하지만, 개인의 이념적 목적을 위해 기업을 의도적으로 이용하고자 하는 사람에 의해 악용되었을 가능성도 있다. 정상적인 기업 활동이 사회에 해가 된다고 설득한다면, 기업 활동에서 이용될 수 있는 자원을 빼돌리기가 쉬워지기 마련이다.

클라우스 슈밥과 세계경제포럼
Klaus Schwab and World Economic Forum

클라우스 슈밥과 그가 창립하고 이끄는 세계경제포럼은 주주 자본주의에 대한 저명하고 오래된 비판자이다. 세계경제포럼은 슈밥이 1971년 스위스 콜로니(Cologny)에 설립한 국제 비영리단체로 그 영향력이 상당히 크다. 세계경제포럼은 스위스 다보스(Davos)에서 열리는 연례회의로 가장 잘 알려져 있다. 2022년 회의에는 정치, 비즈니스, 시민사회, 언론계에서 2,500명의 리더들이 참석했다.[2] 참석자 중에는 중국의 시진핑(Xi Jinping) 주석과 독일의 올라프 숄츠(Olaf Scholz) 총리를 포함하는 50명의 정부 관료와 1,250명의 민간부문 리더들이 포함되었다.[3] 미국 대표단에는 여러 명의 상원의원과 하원의원, 그리고 백악관의 대표자 2명이 포함되어 있었고, 언론에서도 400명이 참석했다.[4]

세계경제포럼의 자금은 다양한 유형의 파트너십과 회원자격을 가진 기업에게 부과하는 수수료로 마련된다.[5] 850개의 파트너 중에는 애플, 아마존, 구글, 마이크로소프트, 보잉(Boeing), 블랙록, JP모건 체이스(JPMorgan Chase), 뱅크 오브 아메리카(Bank of America), 화웨이(Huawei), 중국은행(Bank of China)과 같은 중요한 다국적 기업들이 포함되어 있다.[6]

슈밥은 전직 경영학 교수이다. 세계경제포럼은 설립 이래 오랜 기간 학술기관과 교류를 해왔으며, 이는 세계경제포럼이 촉진한 일부 오류가 경영대학원에서 인기를 얻은 데에 부분적으로 영향을 미쳤다고 할 수 있다.[7] 1971년 세계경제포럼의 첫 연례회의에는 '미국 최고경영대학원의 저명한 교수'로 불리는 50명의 학자들이 참석했다.[8] 2009년에 시작된 세계경제포럼의 글로벌 대학 리더스 포럼(Global University Leaders Forum)은 '포럼의 네트워크에 세계 최고 25개 학술기관의 총장들이 참여했다.'고 밝혔다.[9] 세계경제포럼의 회원대학에는 하버드(Harvard), 스탠포드(Stanford), 프린스턴(Princeton), 옥스포드(Oxford)가 포함된다.

슈밥의 지휘 아래, 세계경제포럼은 이해관계자 오류를 확산시키기 위해 지치지 않고 노력해 왔다. 이 오류를 퍼뜨리기 위한 예를 세계경제포럼의 웹사이트와 마케팅 자료, 그리고 슈밥의 저술에서 쉽게 찾아볼 수 있다. 심지어 세계경제포럼의 설립 자체가 이해관계자 오류에 기반했다고 할 수 있다. 세계경제포럼의 기관 책자에는 슈밥의 저서가 어떻게 1971년 첫 다보스 회의에 영감을 주고 세계경제포럼의 창설로 이어졌는지 설명한다.

> 나는 오늘날 이해관계자 개념이라 명명된 내용을 설명하는 현대 경영학에 관한 책을 저술했다. 이 책은 기업의 사명은 주주의 이익을 섬기는 것만이 아니라 기업의 안녕과 관련된 직원, 고객 및 사회 모두를 위한 것이어야 한다고 지적했다.[10]

슈밥이 간과한 점은 '주주의 이익을 섬기는 것(Serving shareholder interests)'이 다른 이해관계자에게 혜택을 준다는 것이다. 직원과 고객이 기업으로부터 혜택을 받지 못한다면 이 기업은 고객도, 직원도, 이익도, 그리고 기업을 운영할 능력도 잃게 된다. 기업은 주주에게 부를 창출하기 위해 반드시(Must) 다른 이해관계자의 안녕을 추구해야 한다.

2020년, 세계경제포럼은 50주년을 맞이했다. 이를 기념하여 4차 산업혁명 시대에 기업을 이끌 윤리원칙인 '2020 다보스 선언(Davos Manifesto 2020)'을 발표했다. 선언문은 다음과 같이 시작된다.

> 기업의 목적은 창출된 가치를 공유하고 지속하는데 모든 이해관계자를 참여시키는 것이다. 이러한 가치창출을 통해 기업은

주주뿐만 아니라 다른 이해관계자인 직원, 고객, 공급업체, 지역사회 그리고 사회 전체에 봉사한다.[11]

기업은 '주주에게만(Only its shareholders)' 봉사할 수는 없다. 그것은 불가능하다. 주주는 지속적인 이익을 필요로 하고, 기업은 지속적인 이익을 얻기 위해 계속해서 다른 이해관계자를 섬겨야 한다. 즉, 기업은 고객이 가치를 부여하는 제품을 만들어야 하고, 직원을 유치할 수 있는 임금과 근무조건을 제공해야 하며, 공급업체에게 이익을 창출해 줄 수 있는 가격으로 제품을 구매하는 한편, 국가에 세금을 납부해야 한다. 또한 기업은 기업을 운영하는 데 정부가 부과하는 규칙과 규제를 준수해야 한다. 기업이 이익을 내고 주주를 위해 부를 창출하려면 이 모든 것이 유기적으로 달성되어야 한다. 이는 마치 식물이 자라기 위해 물과 햇빛이 필요한 것만큼이나 당연한 것이다. 식물을 잘 키우기 위해서는 물을 주고 햇빛을 받게 해야 한다. 기업이 성장하기를 원한다면 거래할지 여부를 자유롭게 선택할 수 있는 이해관계자들과 상호이익이 되도록 합의해 나가는 과정이 필요하다.

비즈니스 라운드테이블의 최고경영자들
The Business Roundtable CEOs

비즈니스 라운드테이블은 미국의 몇몇 대기업 최고경영자들의 협회이다. 2019년 기준, 이 최고경영자들은 2천만 명을 고용하고 7조 달러 규모의 매출을 창출하는 기업을 이끌고 있다.[12] 비즈니스 라운드테이블은 2019년에 슈밥의 통찰을 기반으로 기업의 목적에 대한 성명서를 업데이트했는데, 이는 이해관계자 오류에 기반하고 있다. 2019년 보도자료에 따르면, 이 성명서는 '181명의 최고경영자가 고객, 직원, 공급업체, 지역사회, 주주 등 모든 이해관계자의 이익을 위해 기업을 운영하겠다고 하는 약속'에 대한 것이다.[13] 업데이트된 성명서는 다음과 같다.

> 1978년 이래로, 비즈니스 라운드테이블은 기업의 목적에 대한 논의가 담긴 기업 지배구조 원칙을 주기적으로 발표해 왔다. 1997년 이후 발표된 원칙은 모두 기업이 주로 주주를 섬기기 위해 존재한다고 명시했다. 지금 시대는 최고경영자들이 서로 분리할 수 없는 모든 이해관계자의 가치창출을 위해 매일같이 노력한다는 점을 반영하지 못한다는 것이 분명해졌다.[14]

비즈니스 라운드테이블의 최고경영자는 정말로 기업이 다른 이해관계자에게는 이익을 주지 않고 주주만의 이익만을 창출할 수 있다고 믿는 것일까? 나는 2019년 성명서에 서명한 이들에게 다음과 같이 묻고 싶다.

1. 비즈니스 라운드테이블의 기업은 고객에게 혜택을 주지 않으면서도 7조 달러의 매출을 달성한 비결이 무엇일까?
2. 비즈니스 라운드테이블의 기업이 직원에게 혜택을 제공하지 않는다면, 왜 2천만 명의 사람들이 이들 기업에서 근무하기로 선택했을까?
3. 비즈니스 라운드테이블의 기업이 지역사회에 이득이 되었을까? 이들 기업이 떠나는 것이 지역사회에 도움이 될까? 지방

정부가 이 기업에게 떠나라고 요구한 적이 있는가?

2019년 비즈니스 라운드테이블 성명서는 최고경영자가 스스로의 목적을 위해 기업의 자원을 사용할 수 있도록 기회를 주었다. 이로 인해 어딘가의 이해관계자 누군가가 혜택을 입었다고 주장하는 것만으로도 거의 모든 경영의사결정은 정당화될 수 있다. 그렇다면 최고경영자는 기업의 주주를 위해 일하는 직원이 아닌, 철인왕(哲人王, Philosopher king)이 될 수 있다.

래리 핑크와 블랙록
Larry Fink and BlackRock

래리 핑크는 세계 최대의 기관투자자 블랙록의 최고경영자이다. 블랙록은 2023년 1분기 말 기준 9조 달러 이상의 자산을 운용하고 있다.[15] 블랙록의 펀드가 주식을 매입하면 자연스레 블랙록이 주주가 되어 다양한 기업의 의사결정에 의결권을 가지게 된다. 만약 여러분이 펀드에 투자하고 그 펀드가 엑손모빌(ExxonMobil)의 주식을 매수했다면, 여러분이 아닌 그 펀드가 엑손모빌의 주주가 된다. 따라서 블랙록과 핑크는 블랙록이 투자하는 기업에 상당한 영향력을 행사한다. 이 책의 3부에서 블랙록이 정치적 행동주의에 참여하기 위해 이 영향력을 사용하는 방법을 다룰 것이다.

핑크는 블랙록이 투자하는 기업의 최고경영자에게 연례서한을 보내며, 종종 그들에게 어떻게 기업을 운영해야 하는지 말한다. 2022년 서한에서 핑크는 이해관계자와 '상호이익이 되는 관계'를 발전시켜야 할 필요성을 설파했다.

이해관계자 자본주의는 정치가 아니라, 여러분의 기업이 번영하기 위해 필요한 직원, 고객, 공급업체, 지역사회와 상호이익이 되도록 움직이는 것입니다. 전 세계가 서로 연결된 오늘날, 기업은 주주에게 장기적 가치를 제공하기 위해 모든 이해관계자에게 가치를 창출하고 그들로부터 그 가치를 인정받아야 합니다. 효과적인 이해관계자 자본주의를 통해 자본은 효율적으로 배분되고, 기업은 지속가능한 수익성을 달성하며, 기업가치가 장기적으로 창출되고 유지됩니다.[16]

여기서 '이해관계자 자본주의(Stakeholder capitalism)'라는 단어를 '주주 자본주의(Shareholder capitalism)'로 바꾸어도 의미가 달라지지 않는다. 언제나 기업이 주주를 위해 가치를 창출하기 위해서는 이해관셰사를 위해서도 가치를 창출해야 했다. 이는 기업이 존재해 온 이래로 모든 기업에게 해당되는 것이었다. 핑크에게 묻고 싶은 것은 다음과 같다.

1. 블랙록은 세계의 가장 큰 성과를 거둔 기업의 주식에 많은 금액을 투자한 바 있다. 과연 이들은 이해관계자를 만족시키지 않고도 어떻게 성공적인 성과를 낼 수 있었나?
2. 이들 기업이 고객을 만족시키지 않고도 수 조 달러의 매출을 기록할 수 있었던 비결은 무엇일까?
3. 이들 기업이 직원에게 이익을 배분하지 않고도 어떻게 수백만 명을 고용할 수 있었나?

엘리자베스 워렌 상원의원과 책임 있는 자본주의법
Senator Elizabeth Warren and Accountable Capitalism Act

워렌 상원의원은 이해관계자에 대한 잘못된 생각을 바탕으로 책임 있는 자본주의법을 홍보해왔다. 책임 있는 자본주의법이란 이름은 꽤나 흥미로운데, 과연 누구를 책임진다는 것인가?

자본주의는 각각의 개인이 누구와 거래할지 자유롭게 선택한다는 것을 의미한다. 이해관계자와 기업은 서로에게 책임이 있다. 고용주와 직원은 서로에게 책임이 있다. 즉, 고용주는 임금과 혜택을 약속하고, 직원은 시간과 노력을 약속한다. 양측 모두 조건에 불만족하거나 상대방이 약속을 지키지 않는다고 느낀다면 거래는 이루어지지 않는다. 이는 기업의 고객과 공급업체에 대해서도 마찬가지다.

다음의 월스트리트 저널 기사는 워렌 상원의원이 이 법안의 동기를 논의한 내용을 담고 있다. 그녀는 이해관계자 오류에 빠져 기업의 이익이 주주에게만 혜택을 준다는 생각을 하는 듯하다.

> 미국 기업은 오직 미국 국민이 기업의 정관을 승인했기 때문에 존재하는 것이다. 그 헌장은 소유주에 대한 제한된 법적책임과 같은 귀중한 특권을 부여하며, 이를 통해 기업은 이익을 낼 수 있게 된다. 그 대가로 소유주 이외의 미국인은 무엇을 얻는가? 미국에서 기업시민(Corporate citizenship)의 의무는 무엇인가?[17]

기업이 낸 이익의 대가로 미국인은 무엇을 얻는가? 기업은 이해관계자가 혜택을 얻도록 해줌으로써 이익을 낸다. 따라서 이익은 서로 이익이 되는 거래에 기반한다. 직원은 가치 있는 일자리를 얻고, 고객은 가치 있는 상품과 서비스를 얻으며, 공급업체는 이익을 낼 수 있고, 정부는 세금을 거둔다. 또한 이익은 기업이 사회의 희소자원을 가장 잘 활용할 수 있는 유인이 된다. 기업이 자원을 사용하여 사회에 더 높은 가치가 있는 상품이나 서비스를 창출해야만 이익이 발생한다. 이것이 바로 기업의 이익의 대가로 미국 국민이 얻는 것이다.

워렌 상원의원은 기업정관이 승인된 것 덕분에 기업이 이익을 낼 수 있는 것이라고 주장한다. 그렇다면 이런 기업정관이 없으면 기업은 더 이상 이익을 낼 수 없는가? 사업과 상업은 현대적 기업이 등장하기 훨씬 전부터 기록된 역사 내내 존재해 왔다. 서론에서 언급했던 고고학적 증거에 따르면 거래는 적어도 30만 년 동안 이루어져 왔다.

기업정관은 그 기업이 이익을 창출한다는 것을 보장하지 않는다. 대부분의 신생기업은 손실을 보고하고, 그 중 20퍼센트는 첫 해를 넘기지 못하며, 절반 이하만이 5년을 생존한다. 10년 생존율은 약 33퍼센트밖에 되지 않는다.[18] 지속적으로 이익을 내는 기업은 예외적인 경우일 뿐 승인된 기업정관에 의해 보장된 것은 아니다.

워렌 상원의원은 기업정관으로 인해 사업 소유주가 유한책임을 지게 된다고 지적했다. 유한책임은 주주의 손실이 그들의 투자수준으로 제한된다는 것을 의미한다. 만약 여러분이 주주인 기업이 파산한다면, 투자가치가 0이 될 뿐, 여러분의 개인자산은 위험에 처하지 않는다. 만약 그 기업이 청산되어 채권자가 원금을 상환 받지 못하더라도, 채권자가 투자자인 여러분의 집이나 저축과 같은 개인자산을 압류할 수 없다. 채권자도 이러한 투자자의 제한을 인지하고 자신의 대출에 대한 의사결정을 내린다.

유한책임제도가 존재하지 않는다면, 주주 개인의 자산이 위험해질 가능성이 생겨 기업에 대한 투자가 줄어들 것이다. 그 결과 기업의 수가 감소하게 되고, 상품과 서비스의 선택 폭이 줄어들고, 경쟁이 감소하며 가격이 상승하게 된다. 이러한 결과는 일자리 감소, 혁신 둔화, 그리고 경제성장 저하로 이어진다. 따라서 유한책임은 단지 사업주들뿐만 아니라 사회 전체에 이익이 되는 제도이다.[19]

책임 있는 자본주의법은 성공한 기업이 주주 이외 이해관계자의 이익을 고려하지 않는 상황을 바로잡기 위해 책임 있는 자본주의법이 필요하다고 제안한다.

연간 수익이 10억 달러 이상인 미국기업은 상무부 산하에 새로 설립된 미국기업 사무소에서 연방 허가서를 받아야 한다. 새로운 연방 허가서는 경영자에게 직원, 고객, 주주, 그리고 기업이 운영되는 지역사회를 포함하여 모든 이해관계자의 이익을 고려할 의무를 부과한다.[20]

책임 있는 자본주의법은 연간 매출액이 10억 달러를 넘을 정도로 큰 성과를 내는 기업만을 대상으로 한다. 이 기업들은 어떻게 모든 이해관계자들의 이익을 고려하지 않고 성공할 수 있었을까? 나는 워렌 상원의원에게 비즈니스 라운드테이블의 최고경영자들과 래리 핑크에게 물었던 것과 유사한 질문을 하고 싶다.

1. 왜 고객은 이 기업으로부터 그렇게 많은 상품과 서비스를 구매하는 것인가?
2. 왜 직원은 이 기업에서 일하기로 선택하는가?
3. 왜 지역사회는 이 기업을 용인하고 유치하려고 노력하는가?

모든 이해관계자의 이익을 고려하지 않고 10억 달러 규모의 사업을 구축하는 것은 불가능하다. 기업은 고객, 직원, 공급업체, 대출기관, 규제기관과 반복적으로 상호작용해야 한다. 이러한 당사자 각각이 매년 기업과 거래할 의지가 있어야 기업은 장기적인 수익성을 유지할 수 있다. 즉, 주주 이외 이해관계자의 이익을 무시하는 기업은 결국 사멸하게 된다.

하버드 비즈니스 리뷰
Harvard Business Review

이해관계자 오류를 가장 강력하게 옹호하는 일부는 유수의 대학에서 찾을 수 있다. 하버드 비즈니스 리뷰는 학계의 주주 자본주의를 비판하고 다양한 대안을 홍보하는 글을 싣고 있는 인기 있는 매체이다. 편집장인 아디 이그네셔스(Adi Ignatius)의 글 중 일부는 학계의 많은 사람들이 이해관계자의 혜택이 기업의 이익을 결정한다는 점을 이해하지 못하고 있음을 보여준다. 다음의 인용문은 그 예이다.

재무적 성과는 더 이상 기업의 유일한 목표가 되어서는 안 됩니다. 기업은 주주의 이익뿐만 아니라 직원, 고객, 지역사회를

포함한 모든 이해관계자의 이익을 고려하도록 압박받고 있습니다.[21]

재무적 성과지표는 대개 이익에 의해 좌우되며, 이는 기업의 다른 이해관계자에게 이익이 되는 거래를 반영한다. 이그네셔스가 썼듯이 '기업이 모든 이해관계자의 이익을 고려하도록 압박받고 있는' 것은 지금만의 일이 아니다. 기업은 항상 다른 이해관계자의 이익을 고려해야 했다. 그렇지 않으면, 그들은 이익을 내지 못해 계속기업을 운영하지 못할 것이고, 이는 자본주의의 매우 기본적인 원리이다. 기업은 이해관계자를 만족시켜야만 그들과 거래할 수 있고 이는 항상 그래 왔다.

이그네셔스는 주주 자본주의를 비판하는 이들이 즐겨 사용하는 모호한 용어인 '지역사회(Community)'도 언급했다. 지역사회는 누구로 구성되는가? 대의를 주장하는 학자나 사회적 책임을 위한 활동가인가, 아니면 그곳에 살고 일하는 직원인가? 기업과의 거래로 이익을 얻는 많은 이해관계자인 직원, 고객, 공급업체는 그 기업이 운영되는 지역이나 '지역사회'에 살고 있기 때문에 기업으로부터 혜택을 받는다. 기업은 연방, 주, 지방정부에 의해 규제를 받는데, 이 모든 정부는 '지역사회'에 의해 선출된다. 기업은 정부규제가 허용하는 범위 내에서 이해관계자들과 거래함으로써 존재하고 번성한다. 지역사회를 정의할 때에는 이 모든 것이 포괄되어야 함을 명심해야 할 것이다.

미주

1. Milton Friedman and Rose Friedman, New York: Harcourt, Inc., "Free to choose", 1990년
2. Natalie Winters, National Pulse, "Revealed: The 'Public Figures' attending the 2022 World Economic Forum in Davos", 2022년 5월 20일
3. Business Standard Web Team, Business Standard, "WEF 2022: Over 50 Govt heads, 1250 Leaders from Pvt sector to meet in Davos", 2022년 5월 19일
4. 미주 3)과 동일
5. World Economic Forum, Geneva, Switzerland: World Economic Forum, "Annual Report 2021-2022", 2022년
6. 세계경제포럼의 파트너들은 다음 웹사이트에서 확인할 수 있다.(https://www.weforum.org/partners/#search)
7. Al Reyes, World Economic Forum, "A partnership in shaping history: 1971-2020", 2019년 세계경제포럼은 그 역사를 설명하는 소책자 전반에 걸쳐 학계와의 교류에 대해 언급하고 있다.
8. 미주 7)과 동일
9. 미주 7)과 동일
10. World Economic Forum, institutional brochure, "A platform for impact", 2019년
11. Klaus Schwab, World Economic Forum, "Davos Manifesto 2020: The universal purpose of a company in the Fourth Industrial Revolution", 2019년 12월 2일
12. Business Roundtable, Business Roundtable press, "For long-term success companies must deliver for all stakeholders", 2022년 8월 19일
13. Business Roundtable, Business Roundtable press, "Business Roundtable redefines the purpose of a corporation to promote 'An economy that serves all Americans'", 2019년 8월 19일
14. Business Roundtable, "Our Commitment, preamble to the Statement

on the purpose of a corporation", 2019년 이번 개정은 존슨앤존슨(Johnson & Johnson) CEO이자 라운드테이블의 거버넌스 위원회 의장인 알렉스 고르스키(Alex Gorsky)가 담당했다. 고르스키는 성명서 개정 작업에 관해 "때로는 내가 토머스 제퍼슨(Thomas Jefferson)이 된 것 같은 기분이 들었다."고 말했다.
David Gelles and Favid Yaffe-Bellany, New York Times, "Shareholder value is no longer everything, Top CEOs say", 2019년 8월 19일

15 BlackRock, BlackRock press, "BlackRock reports first quarter 2023 diluted EPS of $7.64, or $7.93 as adjusted", 2023년 4월 14일

16 Larry Fink, BlackRock 2022 Letter to CEOs, "The Power of Capitalism", 2022년

17 Elizabeth Warren, Wall Street Journal, "Companies shouldn't be accountable only to shareholders", 2018년 8월 14일

18 이러한 통계는 다음에서 찾을 수 있다. the Bureau of Labor Statistics (https://www.bls.gov/bdm/us_age_naics_00_table7.txt)

19 정부가 부여해야 하는 유한책임의 범위는 이 책의 범위를 벗어나는 논쟁의 여지가 있는 문제이다.

20 Elizabeth Warren, Accountable Capitalism Act one-pager. 이 문서는 the Accountable Capitalism Act의 일부 조항을 다루고 있다.

21 Adi Ignatius, Harvard Business Review, March–April, "Profits and purpose", 2019년

9
주주 자본주의와 이해관계자 자본주의
Shareholder capitalism versus stakeholder capitalism

> 이해관계자 중심의 세계에서 기업의 경영자는 누구를 책임지게 될 것인가? 이해관계자가 셀 수 없이 많다면, 경영자의 어떤 결정이라 하더라도 잘못되었다고 비판할 수 있을까? 만약 내가 경영자로서 내린 결정이 노동자나 지역사회 또는 메트로폴리탄 오페라(Metropolitan Opera)의 이익을 위한 것이라고 정당화한다면, 과연 누가 반박할 수 있을까? 다만, 주주에 대해서만 생각하는 것이 경영자에 대한 책임을 명확하게 할 수 있다.[1]
>
> — 글렌 허버드 *Glenn Hubbard*

주주 자본주의에서 이해관계자는 그들에게 이익이 되지 않는 한 기업과 거래하려 하지 않는다. 직원은 어떤 기업에서 일하는 것이 이익이 되지 않는다고 생각하면 그곳에서 일하지 않기로 선택할 수 있다. 고객은 제품이나 서비스를 구매하는 것이 이익이 되지 않는다고 생각하면 구매해야 할 의무가 없다. 공급업체는 거래 상대방과의 관계가 수익성이 없다고 판단하면 자유롭게 그 관계를 끝낼 수 있다. 마찬가지로, 기업도 그것이 주주에게 이익이 되지 않는 한 이러한 이해관계자와 거래하지 않을 것이다. 직원, 고객 또는 공급업체와의 관계가 주주에게 이익이 되지 않는다면 기업은 그 관계를 끝내야 한다.

직원, 공급업체, 고객 및 기타 이해관계자는 기업과 거래하는 것을 결정하기 위해서 자신의 이익을 고려한다. 그러나 대기업의 경우 실제 경영 의사결정을 내릴 때 대부분의 주주는 결정에 참여할 수 없다. 그들은 자신을 대신해 결정을 내리도록 최고경영자와 같은 경영자를 고용한다. 만약 기업의 경영자가 주주의 희생을 대가로 이해관계자와 계약을 맺는다면, 그는 자본주의를 실천하고 있는 것이 아니다. 한 이해관계자로부터 다른 이해관계자에게 부를 이전하는 것, 즉 한쪽의 희생을 통해 다른 쪽에게 이익을 주는 것은 상호이익이 되지 않기 때문에 자본주의를 따르는 것이 아니다. 즉, 이는 가치를 창출하지 않기 때문에 자본주의에 어긋난다.

그렇다면 이해관계자 자본주의는 무엇인가? 이해관계자 자본주의에 대해서는 두 가지 해석이 있다.

1. 이해관계자 자본주의는 주주 자본주의와 같은 것이며, 이를 옹호하는 이들은 주주 자본주의가 무엇인지에 대해 혼란스러워하고 있다. 예를 들어, 이전 장에서 인용한 래리 핑크는 이해관계자 자본주의를 기업과 다른 이해관계자 간의 상호이익이 되는 관계로 구성된다고 특징지었는데, 이는 주주 자본주의의 특징과 동일하다.

2. 이해관계자 자본주의는 모순적인 용어다. 클라우스 슈밥과 비즈니스 라운드테이블의 최고경영자들은 이해관계자 자본주의를 설명할 때 상호이익에 대해 언급하지 않았다. 이로 인해 경영자가 주주에게 이익이 되지 않는 결정을 하여 기업의 자원을 낭비할지도 모른다. 부는 주주로부터 다른 이해관계

자에게 이전될 수 있으며, 낭비되는 부의 이전은 상호이익이 되는 교환을 특징으로 하는 자본주의에서는 일어날 수 없다.

고객을 최우선으로 하기
Putting customers first

주주 자본주의의 일부 비평가들은 직원이나 고객과 같은 특정 이해관계자가 우선시되어야 한다고 주장한다. 이러한 주장은 불합리한 결과로 이어질 수 있기 때문에 더 자세히 살펴볼 필요가 있다. 여러분은 모두 '고객이 최우선'이라는 말을 들어본 적이 있을 것이다. 이 개념은 경영학 교수이자 작가인 피터 드러커(Peter Drucker)에 의해 주장되었다. 널리 인용되는 그의 저서인 『경영의 실제(The Practice of Management)』에서 드러커는 '사업목적의 단 하나의 유효한 정의는 고객을 창출하는 것이다.'라고 하였다.[2]

드러커의 주장은 어느 정도 일리가 있다. 기업은 제품을 구매하는 고객 없이는 존재할 수 없다. 주주 자본주의는 이 사실에 잘 부합된다. 그러나 고객의 요구를 충족시키는 것이 사업의 주된 목적이 될 수는 없다. 고객의 요구를 충족시키더라도 기업은 실패할 수 있기 때문이다. 모든 고객이 좋은 고객인 것도 아니며, 모든 고객의 요구가 충족되어야 하는 것도 아니다.

만약 기업이 문자 그대로 고객을 최우선으로 하고 다른 모든 고려사항을 무시한다면, 원가 이하로 제품을 판매하거나 심지어 무료로 제품을 제공하는 등 경제적으로 합리적이지 않은 일을 할지도 모른다. 이를 통해 고객의 요구를 충족시켜 많은 새로운 고객을 유지할 수 있겠지만 이는 주주의 희생을 대가로 할 것이다.

결국 이러한 가격책정 방식은 경영진이 주주의 부를 고객에게 나누어주는 결과를 가져오며, 이러한 행위가 계속 반복된다면 기업은 결국 사라지게 된다.

　기업의 최고경영자는 이익을 창출함으로써 주주가치를 극대화하는 것을 목표로 해야 한다. 이는 고객의 요구를 충족시키는 것을 포함하지만 고객을 최우선으로 하는 것과는 다르다. 고객의 요구를 충족시키는 것은 이익으로 이어져야만 한다.

직원을 최우선으로 하기
Putting employees first

그렇다면 기업은 직원을 최우선으로 해야 할까?
　만약 기업의 주요 목표가 직원을 행복하게 만드는 것이라면, 임금을 2배로 올리거나 업무량을 절반으로 줄이거나, 또는 둘 다 할 수도 있다. 그렇게 하면 직원은 당장 행복해지겠지만 이는 주주의 희생을 대가로 할 것이다. 만약 이러한 행위가 반복된다면, 기업의 이익은 전부 임금으로 소비되어 기업은 소멸하게 된다.
　다시 말하지만, 경영자의 직무는 수익성 있는 기업을 만드는 것이다. 이를 위해 직원의 요구도 일부 충족시켜야 하겠지만, 직원을 최우선으로 하는 것과는 엄연히 다르다.
　기업은 직원에 대한 투자를 통해 직원과 주주 모두에게 이익을 만들어낼 수 있다. 직원이 일을 더 열심히 하도록 기업이 임금을 인상하고, 이로 인한 가치창출의 증가는 임금인상분을 상쇄할 수 있다. 그러나 생산성 향상이나 다른 가치창출 원천의 증가분이 임금인상을 상쇄할 만큼 크지 않다면 임금을 인상해서는 안 된다.

이는 주주의 부를 직원에게 이전시킴으로써 주주의 부를 희생시키는 결과를 가져올 수 있기 때문이다.

일부 전문가들은 주주에게 상응하는 이익이 있는지 여부와 관계없이 직원들에게 더 많은 임금을 지급해야 한다고 주장해왔다.[3] 이러한 견해는 한 부류의 사람들(주주)로부터 다른 부류의 사람들(직원)에게 부를 이전해야 한다고 주장하는 것과 같다. 특정 그룹의 직원에게 더 많은 급여를 지급해야 한다고 주장하는 이들은 직원들에게 더 많은 급여를 지급하는 일자리를 제공하는 것이 아니다. 그들은 주주의 부를 어떻게 사용할지에 대해 이야기하고 있는 것이다. 직원이 어떤 기업에서 근무하는 것은, 그 기업이 제공하는 보상과 근무환경이 다른 기업이 제공하는 것보다 더 낫기 때문이다. 그렇지 않다면 그 직원은 다른 기업에서 일할 것이다.

최고경영자는 직원인가, 철인왕인가?
Is the CEO an employee or a Philosopher-King?

주주 자본주의에서는 기업이 주주에게 속한다는 것과 최고경영자를 비롯한 다른 경영진이 주주를 위해 일한다는 것이 상식이다. 최고경영자는 직원으로서, 그의 직무는 결코 기업의 이익을 다양한 이해관계자에게 배부하는 철학적 수행을 하는 것이 아니다. 기업의 이익은 기업의 다른 이해관계자가 혜택을 얻을 수 있는 거래를 수행하여 발생한 결과로서 최종적으로 주주에게 귀속되는 것이다. 여기서 직원인 최고경영자의 직무는 주주가치를 극대화하는 데 기업의 자원을 사용하는 것이다.

그림 9.1 다양한 이해관계자의 중심에 있는 기업

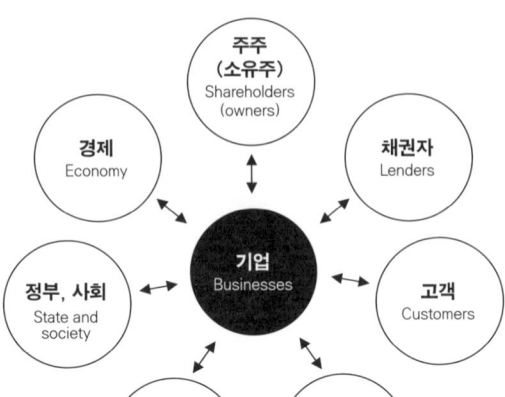

출처: Klaus Schwab와 Hein Kroos, Modern Company Management in Mechanical Engineering(Frankfurt, Germany: Verein Deutscher Maschinenbau-Anstalten e.V., 1971), "What Is Stakeholder Capitalism?", World Economic Forum 웹사이트, 2021년 1월 22일.

    그러나 이해관계자 자본주의에서는 이러한 내용이 명확하지 않다. 최고경영자가 모든 이해관계자에 대해 책임을 진다는 것은 결국 그 누구에게도 책임을 지지 않는 것과 같다.
    클라우스 슈밥이 제시한 그림 9.1을 보면, 기업은 중심에 위치해 있고 주주는 최고경영자가 다루는 여러 이해관계자 중 하나의 이해관계자일 뿐이다. 일부 최고경영자들이 이해관계자 자본주의를 옹호하는 이유는 쉽게 알 수 있다. 이는 이해관계자 자본주의가 실질적으로 최고경영자 자신이 원하는 것을 하기 위해, 권한을 가지고 있지 않더라도 권한을 사용할 수 있도록 허락해주기 때문이다. 이해관계자 자본주의 하에서 최고경영자는 자신의 결정에 대해 이해관계자가 이익을 얻었다고 주장하면 그만이다. 이렇듯 이해관계자 자본주의에서 최고경영자는 더 이상 단순한 직원이 아니라 기업의 자원에 대해 전권을 가진 철인왕이 된다.

자본주의는 제로섬 게임을 의미하지 않는다
Capitalism means no zero-sum games

시장경제에서는 양측이 서로 거래에 참여할지를 여부를 자유롭게 선택할 수 있다. 한쪽의 이득이 다른 쪽의 손실로 연결되지 않는다. 아무것도 강요되지 않으며, 양측 모두 거래로부터 이익을 얻을 수 있다. 기업이 생존하고 번영하기 위해서는 주주와 다른 이해관계자 모두에게 이익이 되는 사업계획을 수립해야 한다. 이는 기업이 이익을 창출하기 위해서 계획을 필요로 한다는 것과 같다.

다음과 같은 상황에서 기업은 주주에게 부를 창출하는 수익성을 갖게 된다.

- 고객은 제품에 대해 고객이 부여하는 가치가 판매가격과 일치하거나 그 이상이기 때문에 기업의 제품을 구매한다. 또한, 제품의 판매가격은 기업이 제품을 생산하는 데 사용한 비용을 초과하기 때문에 기업은 충분한 이익을 얻는다.
- 직원은 다른 기업에 근무하여 받는 급여 또는 실업에서 얻는 효용보다 큰 가치를 주는 기업에서 근무한다. 마찬가지로, 기업은 급여로 지급하는 것과 동일하거나 더 큰 가치를 그 직원의 근로로부터 얻는다.
- 공급업체는 충분한 이익을 창출하는 가격으로 제품을 공급

한다. 구매기업은 공급업체의 제품을 사용하여 새로운 제품을 만들면 충분한 이익을 얻을 수 있기 때문에 그 공급업체로부터 제품을 공급받는다.

이것이 주주 자본주의이다. 주주와 다른 이해관계자 모두는 이익을 얻는다. 그렇지 않으면 거래도 없고, 이익도 없고, 기업 역시 존재하지 않는다.

과연 이해관계자 자본주의에서도 거래의 양측이 모두 이익을 얻는가? 주주로부터 다른 이해관계자에게 부를 이전하는 거래가 이해관계자 자본주의에서 허용되는가? 거래에 직접 관여하지 않는 당사자조차도 거래에 대한 의견을 개진할 수 있는가? 슈밥을 비롯한 이해관계자 자본주의 지지자들은 모든 사람이 이익을 얻는다고 수장하지만 어떤 의사결정 원칙도 제시하지 않는다. 대신, 세계경제포럼 웹사이트에 게시된 그림 9.1과 같은 도해를 제시할 뿐이다.[4]

이 도해는 당사자들 간의 갈등을 어떻게 해결해야 하는지 알려주지 않는다. 직원은 더 높은 임금을, 고객은 더 낮은 가격을, 그리고 공급업체는 더 높은 가격을 원한다. 주주 자본주의에서는 주주에게 해를 끼치지 않는다는 명시적인 규칙이 있다. 주주로부터 다른 이해관계자에게 부를 이전하는 계획은 동의를 얻을 수 없다. 만약 이해관계자 자본주의가 주주로부터 다른 이해관계자에게 부를 이전하는 계획을 허용한다면, 그것은 자본주의가 아니다. 이해관계자 자본주의가 그러한 계획을 허용하지 않고 각 거래에서 주주가 이익을 얻어야 한다고 요구한다면, 그것은 결국 주주 자본주의와 같은 것이다.

더욱이, 이 도해는 주주와 다른 이해관계자가 '기업'이라 불리는 존재와 거래한다고 보기 때문에 정확하지 못하다. 기업은 갑자기 존재하기 시작해서 사람들과 거래를 하는 유형의 실체 같은 것이 결코 아니다. 기업은 주주와 거래하지 않으며, 주식회사에서 주주라 불리는 기업의 소유주가 직원, 공급업체, 고객 및 대출기관과 같은 다른 이해관계자와 거래를 하는 것이다. 우리는 그 거래활동을 사업이라고 부르며, 기업은 경제의 일부로서 국가에 의해 규제되고 과세된다.

제로섬 게임은 근시안적이다
Zero-sum games are shortsighted

주주 자본주의를 비판하는 이들은 애플과 같은 기업에 대해 언급하곤 한다. 애플은 수십억 달러의 현금을 보유하고 있어서 추가로 주식을 발행하여 자본을 조달할 필요가 없다. 이들은 다음과 같이 말한다.

"주주가치를 극대화하지 않는 것이 무슨 문제인가? 왜 애플의 자산을 다른 목적에 사용하면 안 되는가? 애플의 현금을 다른 이해관계자에게 분배하면 안 되는 이유가 무엇인가? 애플의 주주들이 몇 달러 손해를 본다고 해서 누가 신경이나 쓰겠는가?"

이러한 논리의 문제점은 애플이 현금도 없고, 이익도 내지 못하며, 주식을 발행해야 했던 작은 기업에서 시작했다는 점을 간과하고 있다는 점이다. 기업공개 시점의 애플의 주가는 오늘날과 같이 성공적인 기업으로 성장할 가능성을 반영했고, 그 결과로 얻어지는 현금흐름과 이익이 주주에게 귀속될 것이었기 때문에 애플은 기업공개를 통해 자금을 조달할 수 있었다. 만약 애플이 창출해낼 이익을 모호하기 짝이 없는 개념의 '이해관계자'에게 나누어 줘야 했었다면, 아마도 애플은 기업공개에 성공하지 못했을 뿐만 아니라, 맥북, 아이폰, 아이패드와 같이 오늘날 많은 사람들이 즐기는 제품 또한 탄생하지 못했을 것이다. 상식적으로 여러분은 실패하는 경우 손실은 감당해야 하고, 성공할 경우 이익은 다른 사람이 가져가는 사업에 투자하겠는가?

벤처 캐피털(VC) 기업은 애플이 기업공개를 하기 몇 년 전, 차고에서 운영되던 시절에 이미 애플의 주식을 매수했다.[5] 벤처 캐피털 기업이 애플의 주식에 지불한 가격은 애플이 기업공개에 성공할 수 있고 주주가치가 크게 증가할 것이라는 예측을 이미 반영하고 있었다. 애플의 창업자인 스티브 잡스(Steve Jobs)와 스티브 워즈니악(Steve Wozniak)도 자신들의 불확실한 사업이 유망한 것으로 판단된다면 벤처 캐피털 기업을 유치할 수 있고, 상장 또한 할 수 있다는 점을 미리 인지하고 있었을 것이다.

벤처 캐피털 기업의 자금투자와 상장가능성은 기업가에게 위험을 감수하고서라도 사업을 시작하도록 하는 요인이다. 만약 경영자나 애매모호한 이해관계자 집단이 성공한 기업의 자산을 주주에게 이익이 되지 않는 목적으로 사용할 수 있다면, 기업가 정신, 벤처 캐피털 기업의 자금투자, 그리고 기업공개는 현저히 줄어들 것이다. 결과적으로 혁신은 줄어들고 경제는 정체될 것이다. 애플의 주주가 누군가와 제로섬 게임을 하게 된다면, 이는 위험수준이 높지만 유망한 다음 세대 기업을 위한 자금을 제한하는 효과를 가져 올 것이다.

미주

1. Glenn Hubbard, Harvard Law School Forum on Corporate Governance, "Was Milton Friedman right about Shareholder Capitalism?", 2021년 4월 21일
2. Peter Drucker, New York: Harper Business, "The practice of management", 1993년
3. 이러한 사고방식의 예는 트럼프 행정부의 법인세 감세를 둘러싼 논쟁에서 분명히 드러났다. 일부 사람들은 법인세 감세에 따른 기업 이익의 증가분으로 임금을 인상해야 한다고 주장했다.
   Jim Tankersley, New York Times, "Will a corporate tax cut lift worker pay? A union wants it in writing", 2017년 11월 23일
4. Klaus Schwab and Peter Vanham, The Davos Agenda 2021, World Economic Forum, "What is Stakeholder Capitalism?", 2021년 1월 22일
5. PitchBook, News and Analysis entry, "Recalling Apple's VC-funded past", 2012년 9월 14일

10
단기주의 오류
The short-term fallacy

> 기업의 주주는 가난하기보다 부유해지기를 원한다. 따라서 그들은 기업이 비용보다 더 큰 가치가 있는 모든 프로젝트에 투자하기를 원한다. 프로젝트의 비용과 가치의 차이가 순현재가치(NPV)이다. 기업은 주주에게 도움이 되도록 양(+)의 순현재가치를 가진 모든 프로젝트에 투자하고 음(-)의 순현재가치를 가진 모든 프로젝트를 거부해야 한다.[1]
>
> — 리처드 브리얼리 *Richard Brealey*, 스튜어트 마이어스 *Stewart Myers*, 프랭클린 앨런 *Franklin Allen*, 알렉스 에드먼스 *Alex Edmans*

전 세계 대학의 재무관리 원론에서 사용되는 인기 있는 교과서에 나오는 말이다. 이는 주주 자본주의 아래에서 기업이 따라야 할 투자정책을 함축한다. 이 책의 2장에서도 순현재가치 법칙에 대해 논의한 바 있으며, 이에 따르면 창출된 가치가 비용을 초과하는 모든 프로젝트를 수용함으로써 주주가치가 극대화된다. 매년 수백 명의 재무관리 교수들이 수천 명의 학생들에게 순현재가치 법칙을 가르치고 있으며, 우리는 수십 년 동안 그렇게 해오고 있다. 이는 또한 상식이기도 해서, 심지어 대학에서 재무관리 수업을 들은 적이 없는 경영자도 이러한 상식을 따르고 있을 것이다.

나는 이를 단기주의 오류라고 명명한다. 이는 주주 자본주의가 경영자로 하여금 장기적 성장을 희생하면서 단기이익에만 집중하도록 장려한다는 잘못된 주장에 기반한다. 물론 기업은 투자를 줄임으로써 단기이익을 증가시킬 수 있는데, 단기주의 오류는 이렇게 하는 것이 주주에게 이익이 된다고 여긴다. 이러한 견해는 완전히 잘못되었다. 아마도 이 오류를 주장하는 이들은 재무관리 입문과정을 배우지 않아 기업가치를 평가하는 방법조차 모르는 것 같다. 그들은 이익이 중요하다는 것은 알지만 단기이익이 가장 중요하다는 잘못된 생각에 빠져 있다. 그러나 기업의 가치는 단기이익과는 관련성이 적으며, 오히려 장기적인 이익성장과 더 밀접한 관련이 있다.

일반적인 양(+)의 순현재가치 투자는 오늘의 낮은 이익을 미래의 더 큰 이익과 교환하는 것을 말한다. 그러므로 양(+)의 순현재가치 투자는 주주 자본주의 및 주주가치 극대화 목표와 일치한다. 실제로 기업들은 항상 이러한 프로젝트에 투자해오고 있었다.

클라우스 슈밥과 세계경제포럼
Klaus Schwab and World Economic Forum

클라우스 슈밥과 세계경제포럼은 수십 년 동안 단기주의 오류와 이해관계자 오류를 주장해 왔다. 이런 점에서 세계경제포럼은 금융지식을 오해할 여지를 꽤나 많이 제공했다. 다음은 슈밥과 세계경제포럼이 주주 자본주의가 기업으로 하여금 다른 모든 것을 희생하면서 단기이익에 집중하도록 장려한다는 주장에 관한 몇 가지 사례이다. 2020년 시사주간지 타임(Time)의 기사에서 슈밥은 다음과 같이 말했다.

> 기업은 단기이익이나 편협한 사익을 추구하기 보다는 모든 사람들과 지구 전체의 복지를 추구해야 할 것이다. …… 기업이 단순히 단기이익을 넘어 더 많은 것들을 추구해야 한다는 생각은 이미 2016년에 경영 리더들이 주장한 바 있다. 또한 이들은 국제연합 지속가능발전목표(SDGs)의 달성을 위해서 민간부문의 기여가 필요하고도 주장하였다.[2]

슈밥의 2021년 저서 『이해관계자 자본주의(Stakeholder Capitalism)』는 '제1의 길'인 자본주의와 '제2의 길'인 정부소유 기업에 이어 '제3의 길(A third way)'을 제안한다. 세계경제포럼은 보도자료를 통해 다음과 같이 슈밥의 책을 홍보했다.

> 슈밥은 제3의 길로 이해관계자 자본주의를 제안한다. 이는 기업이 단기이익 대신 장기적 가치창출을 추구하는 모델이다.[3]

이 책에서 슈밥은 다음과 같이 말하였다.

> 단기이익 극대화와 같은 이기적 가치에 의해 주도되는 경제 시스템은 지속될 수 없다.[4]

이 모든 것을 이 장의 서두에 있는 재무관리 원론의 인용문과 비교해보라. 주주 자본주의든 다른 어떤 것이든, 그 어느 경제적 사고체계도 기업이 가치창출이나 장기적 성공을 희생하면서 단기이익을 최적화해야 한다고 말하지 않는다. 주주 자본주의에 따르자면 기업은 모든 양(+)의 순현재가치 프로젝트를 수행해야 하며, 이는 슈밥의 주장과는 상반된다.

이전 장에서도 인용된 슈밥의 이해관계자 자본주의에 관한 글에는 단기주의 오류와 이해관계자 오류가 한 문장에 함께 담겨 있다.

> 이것이 이해관계자 자본주의의 핵심이다. 이해관계자 자본주의에서는 기업이 주주를 위한 단기이익만을 최적화하는 것이 아니라, 모든 이해관계자와 사회 전체의 요구를 고려하여 장기적 가치창출을 추구해야 한다.[5]

이 인용문은 주주 자본주의에 대한 설명으로도 충분하다. 주주 자본주의에서 기업은 단기이익을 최적화하기보다는 고객, 공급업체, 직원과 상호이익이 되는 교환을 통해 주주가치를 창출하고자 한다. 기업은 사회가 자원을 사용하여 더 높은 가치를 두는 상품과 서비스를 창출함으로써 이익을 얻는다.

세계경제포럼과 슈밥의 인용문들 중 일부는 일관성 또한 없다. 두 번째 인용문은 이해관계자 자본주의가 '단기이익 대신 장기적 가치창출'을 촉진한다고 말한다. 네 번째 인용문은 이해관계자 자본주의 하에서 기업이 "주주를 위한 단기이익을 최적화할 뿐만 아니라, 장기적 가치창출을 추구한다."고 말한다. 과연 어느 것이 맞는 것인가? 이해관계자 자본주의는 단기이익보다 장기이익을 촉진하는가, 아니면 둘 다를 허용하는가? 이러한 불일치는 이해관계자 자본주의와 기업의 사회적 책임의 지지자들조차 명확히 설명하지 못할 정도로 불명확하다.

유럽연합위원회와 EY
The European Commission and Ernst & Young

2020년, 유럽연합의 집행기관인 유럽연합위원회는 단기주의에 대한 오류에 빠져 EY(이전의 언스트앤영)에 이해관계자 자본주의에 대한 홍보를 위탁했다. 보고서는 다음과 같이 시작한다.

> 기업의 의사 결정자가 기업의 장기적 이익보다는 단기적 주주 가치 극대화에 집중하는 것은 유럽 기업의 장기적인 경제적, 환경적, 사회적 지속가능성을 감소시킨다.[6]

보고서는 계속해서 다음과 같이 이어진다.

> 이사의 의무와 기업의 이익을 좁게 해석하여 주주가치의 단기적 극대화를 선호하는 경향이 있다.[7]

그리고 다음과 같이 주장한다.

> 단기적 시야를 가진 투자자들은 이사회로 하여금 장기적 가치 창출을 희생하면서 주주에 대한 단기적 수익에 집중하도록 압박한다.[8]

유럽기업지배구조연구소(European Corporate Governance Institute)에 소속된 교수들이 EY 보고서에 대하여 아래처럼 답변하였고, 이 답변에는 주요 대학의 많은 재무관리 전공 교수를 포함하여 81명이 서명했다.

또한 정책논의는 '단기 주주가치(Short-term shareholder value)'의 틀에 끼워 맞춰져 제시되었다 그러나 주주가치는 정의상 장기적인 개념이다. 이는 모든 미래 현금흐름의 현재가치로서 이론일 뿐만 아니라 실제로도 그러하다. 세계에서 가장 가치 있는 기업 중 많은 기업의 가치는 현재 이익이 아닌 성장기회로부터 도출된다. 기업은 장기적으로 투자할 때만 주주가치를 창출할 수 있다.[9]

그렇다. '단기 주주가치'라는 것은 존재하지 않는다. 오직 하나의 주주가치만 있으며, 이는 장기이익의 주요 함수이다. 이는 학부 교과서의 재무관리 원론에서 말하는 내용이다.

또한 EY 보고서에 대한 응답으로, 런던 비즈니스 스쿨의 재무관리 교수인 알렉스 에드먼스(Alex Edmans)는 이렇게 설명했다.

이 연구는 반복적으로 '단기 주주가치'를 언급하는데, 이는 모순된 표현이다. 왜냐하면 주주가치는 본질적으로 장기적인 개념이기 때문이다.[10]

세계경제포럼은 '4차 산업혁명 시대의 기업의 보편적 목적(The universal purpose of a company in the fourth industrial revolution)'을 제시한다는 2020 다보스 선언(Davos Manifesto 2020)에서 '단기 가치창출(Near-term value creation)'과 주주에 대해 다음과 같이 진술하였다.

> 기업은 주주에게 기업가적 위험과 지속적인 혁신 및 투자의 필요성을 반영한 투자수익을 제공한다. 기업은 현재를 위해 미래를 희생하지 않는 지속 가능한 주주수익을 추구하면서 단기, 중기 및 장기 가치창출을 책임감 있게 관리한다.[11]

'단기, 중기 및 장기 가치창출(Near-term, medium-term, and long-term value creation)'이라는 것은 존재하지 않는다. 거의 20년 동안 재무관리를 강의해 왔지만, 이 책을 위한 연구를 시작하기 전까지 이런 용어를 들어본 적이 없다. 오직 하나의 기업가치, 즉 오늘의 가치만이 존재하며, 이는 기업의 미래이익을 반영한다. 주주가치를 극대화하는 방법은 모든 양(+)의 순현재가치 프로젝트를 수용하는 것이다. 주주의 주식 보유기간은 기업가치와 무관하기 때문에, 주주가 주식을 1년, 5년 또는 20년 동안 보유하든 관계없이 기업가치는 동일하다. 모든 주주가치는 양(+)의 순현재가치에 투자하고 음(-)의 순현재가치 프로젝트를 피함으로써 극대화된다. 주주가치를 극대화하려는 기업 경영자는 예상 보유기간에 따라 서로 다른 주주를 위한 서로 다른 가치창출 전략을 가지고 있지 않다.

하버드 로스쿨의 주주 자본주의 포럼
The Harvard Law School Forum on Shareholder capitalism

2021년, 하버드 로스쿨은 주주 자본주의에 대한 포럼을 개최하였다. 참가자 중 한 명인 마틴 립톤(Martin Lipton) 변호사는 세계에서 가장 수익성이 좋은 법률회사인 뉴욕의 왁텔, 립톤, 로젠 앤드 카츠(Wachtell, Lipton, Rosen & Katz)의 창립 파트너이다. 왁텔은 기업에게 인수·합병, 그리고 기업전략 및 지배구조와 관련된 다양한 문제에 대해 자문을 제공한다.

이해관계자 자본주의의 옹호자인 립톤은 포럼에서 이렇게 말했다.

> 당연히 기업은 주주가치를 극대화하기 위해 운영되어야 하지만, 가치 극대화는 일련의 단기주의적인 기업정책과 관행들로 발전해왔다. 이는 경영자에게 장기적 비용에 관계없이 이익을 높이도록 압박하고 그렇게 할 인센티브를 제공해 왔으며, 행동주의 투자자가 좋은 지배구조라는 명목 하에 빠르게 큰 이익을 벌어들이는 것을 허용하였다.[12]

포럼의 또 다른 패널리스트인 재무관리 박사인 클리프 애즈니스(Cliff Asness)는 AQR 캐피털 매니지먼트(AQR Capital Management)의 창립자이자 펀드매니저로, 립톤에 다음과 같이 답변했다.

> 먼저 저는 이 주장에 혼란스럽고, 의문이 듭니다. 경영자가 단기

이익을 극대화하려 한다면, 장기이익을 희생해야만 그러한 단기적 이익을 얻을 수 있습니다. 그리고 이는 합리적이고 효율적인 주식시장에서의 주가에 부정적인 영향을 미쳐야 하지 않겠습니까? 그렇다면 결국 경영자는 사업에 투자하거나 계속 성장해나가는 데 실패하게 될 것입니다. 그렇다면 어떻게 주주가치에 집중하고 있음을 나타낼 수 있겠습니까? 저는 이 질문에 대한 답변을 한 번도 들어본 적이 없습니다.[13]

애즈니스가 가치 있는 투자안에 투자하지 않는 것으로 주가를 올릴 수 있다는 주장에 대해 이처럼 회의적인 것은 당연하다. 립톤은 경영자가 가치 있는 투자를 줄임으로써 단기이익과 주가를 모두 높일 수 있다고 주장하는 것인데, 그것이 정말 가치 있는 투자였다면 오히려 투자를 줄였기 때문에 기업가치는 낮아져야 한다. 따라서 립톤의 주장에 따르면, 기업의 가치는 낮아지고 동시에 주가는 오른다. 어떻게 이것이 가능할 수 있을까?

뻥튀기와 먹튀 계획
Pump-and-dump schemes

립톤과 단기주의 오류를 주장하는 이들은 기업이 월가의 분기별 실적 기대치를 충족시키기 위한 압박을 받고 있으며, 이를 위해 투자를 줄일 것이라고 주장한다. 이런 일이 발생하는 한, 경영자의 행동은 주주 자본주의와 일치하지 않는다. 주주 자본주의의 원칙은 이 장의 서두에 있는 인용문에서 제시한 바와 같이, 창출되는 가치가 비용을 초과하는 모든 투자를 하라는 것이 전부이다.

기업의 실적이 월가 분석가의 기대치보다 낮을 경우 왜 주가가 하락할 수 있을까? 그 이유는 기업가치는 모든 예상 미래이익에 기반하기 때문이다. 이익 수치가 예상보다 낮은 경우, 일부 투자자는 미래이익에 대한 예측(Forecasts of future profits)을 낮출 수 있으며, 이로 인해 기업가치와 주가가 하락할 수 있다. 이것이 기업이 마주하는 경제의 현실이라면 그렇게 되어야만 한다. 기업 경영자의 임무는 투자자를 속여 기업이 실제보다 더 수익성이 있다고 믿게 하는 것이 아니다. 그건 일종의 사기이다. 이런 사기는 한쪽이 다른 쪽을 이용하는 것이 아니라, 상호이익이 전제된 교환이 성립하는 주주 자본주의에서는 허용되지 않는다.

기업이 양(+)의 순현재가치 투자를 줄이고 단기 실적을 높임으로써 투자자를 속일 수 있다고 가정해보자. 이 상황에서 기업은 투자를 줄이고, 투자자는 현재의 높은 실적이 양(+)의 순현재가치 투자를 실행하지 않은 대가라는 것을 인지하지 못한다고 해보자. 이러한 경우, 투자자는 현재의 높은 실적을 기반으로 미래에 대해 높은 이익을 기대하게 된다. 그 결과 주가는 부풀려지고, 투자자가 기업의 실적이 예상만큼 빠르게 성장하지 않는다는 것을 깨닫게 될 때, 결국 주가는 하락할 것이다.

이 시나리오는 일종의 '뻥튀기와 먹튀(Pump-and-dump)' 계획이다. 부풀려진 실적으로 가격이 '뻥튀기'되고, 정보를 가진 일부 투자자는 실적이 부풀려 졌고 주가가 지나치게 높다는 것을 다른 투자자가 알아차리기 전에 자신의 주식을 팔고 '먹튀'한다. 이는 주주의 부를 창출하지 않는다. 오히려, 부풀려진 주식을 사는 새로운 주주로부터 기존 주주에게 부를 이전시킬 뿐이다.

투자를 줄여 실적을 높이는 것이 일시적으로 주가를 부풀린다면, 주주는 가격이 바로 잡히고 거품이 가라앉기 전에 부풀려진 가격으로 주식을 팔아야만 이익을 얻을 수 있다. 부풀려진 가격으로 주식을 사 주주가 된 투자자는 결국 주가가 하락할 때 손실을 입게 된다. 새로운 주주의 손실은 부풀려진 주식을 팔았던 이전 주주의 이익과 정확히 동일하다. 게다가 양(+)의 순현재가치의 투자안에 투자하지 않았기 때문에 기업가치는 더 낮아지고, 다수로 예상되는 주식을 팔지 못한 주주는 보다 가난해질 뿐이다.

주주 자본주의는 부의 창출(Creation of wealth)을 장려하지만, 이는 기만적인 수단을 통해 한 그룹의 주주로부터 다른 그룹으로 부를 이전(Transfer of wealth)하는 것을 의미하지 않는다. 또한 양(+)의 순현재가치를 가지는 투자안에 투자를 하지 않게 하는 것이 결코 아니다.

'뻥튀기와 먹튀' 계획은 주주 자본주의의 기원으로 지목되곤 하는 밀턴 프리드먼이 1970년 뉴욕 타임즈 매거진의 한 기사에서 제시한 원칙과 배치된다.

> 기업의 사회적 책임은 오직 하나뿐이다. 그것은 게임의 규칙 내에서, 즉 기만이나 사기 없이 개방적이고 자유로운 경쟁에 참여하면서, 자원을 사용하고 이익이 증가하도록 계획한대로 행동하는 것이다.[14]

이러한 종류의 계획이 얼마나 자주 일어나는가? 기업의 경영자가 투자를 줄이고 실적을 높임으로써 주가를 부풀릴 수 있는가? 이와 관련된 많은 실증연구가 있으며, 연구결과에서는 기업이 실적을 부풀려 보고된다고 해서 주가가 상승한다는 것을 지지하지 않는다. 사실 이것과 반대이다. 오히려 투자자는 높은 실적을 보고한 기업은 과소평가하는 반면에, 많은 투자를 하고 빠르게 성장할 것으로 기대되는 기업은 과대평가한다. 이러한 실증결과를 제시하고 있는 연구논문은 매우 많으며, 다음 장 말미에서 이러한 연구결과에 대해 논의할 것이다.[15]

미주

1. Richard Brealey et al., New York: McGraw Hill, "Principles of corporate finance", 2023년
2. Klaus Schwab, Time, "A better economy is possible. But we don't need to reimagine Capitalism to do it", 2020년 10월 21일
3. Peter Vanham, World Economic Forum press, "Klaus Schwab releases 'Stakeholder Capitalism'; Making the case for a global economy that works for progress, people and planet", 2021년 1월 29일
4. 미주 3)과 동일
5. Klaus Schwab and Peter Vanham, The Davos Agenda 2021, World Economic Forum, "What is Stakeholder Capitalism?", 2021년 1월 22일
6. European Commission, EY(Luxembourg: European Union Publications Office), "Study on directors' duties and sustainable corporate governance", 2020년 7월
7. European Commission, EY(Luxembourg: European Union Publications Office), "Study on directors' duties and sustainable corporate governance listed as Driver 1", 2020년 7월
8. 미주 7)과 동일
9. Alex Edmans et al., European Corporate Governance Institute, "Call for reflection on sustainable corporate governance", 2021년 4월 7일
10. Alex Edmans, VoxEU column, "Why Shareholder Capitalism benefits wider society", 2021년 5월 26일
11. Klaus Schwab, World Economic Forum, "Davos Manifesto 2020: The universal purpose of a company in the Fourth Industrial Revolution", 2019년 12월 2일
12. Martin Lipton, Harvard Law School Forum on Corporate Governance, "Was Milton Friedman right about Shareholder Capitalism?", 2021년 4월 21일
13. 미주 12)와 동일

14　Milton Friedman, New York Times Magazine, "The social responsibility of business is to increase its profits", 1970년 9월 13일

15　예로 다음 연구들을 참조하였다. Sheridan Titman, K. C. John Wei, and Feixue Xie, Journal of Financial and Quantitative Analysis 39(4), "Capital investments and stock returns", 2004년; Michael J. Cooper, Huseyin Gulen, and Michael J. Schill, Journal of Finance 63(4), "Asset growth and the cross-section of stock returns", 2008년; Robert Novy-Marx, Journal of Financial Economics 108(1), "The other side of value: The gross profitability premium", 2013년; Ray Ball et al., Journal of Financial Economics 121(1), "Accruals, cash flows, and operating profitability in the cross section of stock returns", 2016년

11
주주는 단기적 시각을 가지고 있는가?
Do shareholders have a short-term focus?

오늘날까지도 많은 기업은 여전히 단기 지향적이고 혁신에 초점을 맞추지 않는다고 비난을 받는다. 이러한 비판은 새로운 것이 아니며, 적어도 35년 전으로 거슬러 올라가는 오랜 역사를 가지고 있다. 만약 이들의 단기 지향성이 사실이고 그것이 옳지 않다면, 지금쯤은 이들에게 그 영향이 분명히 나타났어야 했다. 하지만 아직까지도 그러한 영향은 전혀 나타나지 않았다.[1]

— 스티븐 캐플런 *Steven Kaplan*

단기주의 오류는 주주와 잠재적 주주를 부정적으로 바라본다. 이는 주주가 근시안적인 안목을 가지고 있어서 눈앞의 것에만 집중하고, 기본적인 재무관리 원론조차도 이해하지 못한다고 치부하는 것 같다. 이러한 사고방식에 따르면, 주주는 단기적 이익에만 집중한 나머지 현재의 투자가 어떻게 장기적 가치를 창출하는지 가늠하지 못한다고 한다.

과연 이러한 주장은 타당한 것인가? 정말 주주는 단기이익을 과대평가하고 장기성장을 무시하는가?[2] 물론 일부는 그럴 수도 있다. 수천 개의 상장기업에는 수백만 명의 주주가 존재하기 때문에, 우리는 어렵지 않게 서로 다른 것을 선호하는 주주를 찾을 수 있을 것이다. 하지만 일반적인 주주가 이러한 방식으로 사고하고 행동한다면, 그것은 매우 놀랄 만한 일이다. 대부분의 경영대학원 학생은 기업가치 평가방법에 대한 재무관리 원론을 수강한다. 전문 펀드매니저는 재무관리 원론 수강은 물론, 기업가치 평가에 대한 전문적인 훈련과 경험까지 가지고 있으며, 그들의 투자는 주가에도 큰 영향을 미친다. 또한, 3,000개의 대형 상장기업으로 구성된 러셀 3000(Russell 3000) 지수를 구성하는 주식거래량의 90퍼센트와 지분 78퍼센트는 이들 기관투자자의의 손에 달려 있다.[3]

이것이 의미하는 것은 무엇일까? 이는 일반적인 투자자가 재무관리 원론조차 이해하지 못한다는 것을 의미하는 걸까? 주주가 장기성장을 어떻게 평가하는지에 대한 이해를 돕기 위해 몇 가지 예를 살펴보고 실증적 증거에 대해 알아보자.

화이자에 대한 사고연구
A thought of experiment with Pfizer

2장에서 언급했듯이, 화이자는 2021년에 연구·개발을 위해 약 140억 달러를 지출했으며, 이로써 동일 금액만큼의 이익이 줄어들었다. 만약 화이자가 모든 연구·개발 지출을 중단하고 140억 달러의 추가 이익을 냈다면 그것은 주주에게 더 나은 선택이었을까?

2022년 6월, 화이자의 시가총액은 2,700억 달러였다. 2021년 이익은 219.8억 달러로, 시가총액의 10퍼센트 미만이었다. 그렇다면, 왜 주주들은 219.8억 달러의 이익을 내는 기업의 주식을 매입하는 데에 2,700억 달러를 지불하려 했을까?

화이자의 주주는 화이자가 2024년, 2030년, 2040년 등의 미래에 벌어들일 이익을 소유한다. 화이자의 주가와 시가총액은 이러한 미래 예상이익에 기반하며, 미래이익의 상당 부분은 오늘날의 연구·개발 지출로부터 창출될 것이다.

140억 달러의 연구·개발 지출은 화이자의 미래 주가를 증가시킬 가능성을 더 높인다. 화이자의 경영자와 주주는 이러한 연구·개발 투자가 새로운 의약품 개발로 이어져 140억 달러의 투자금을 상쇄하고도 남을 미래이익을 창출할 것으로 기대하고 있다. 다시 말해, 화이자는 양(+)의 순현재가치 투자를 하고 있는 것이다.

화이자의 주주는 재무관리의 기본을 이해하고 있었기 때문에 기업가치를 평가하는 방법 또한 인지하고 있었던 것이다. 140억 달러의 연구·개발 투자로부터 예상되는 미래이익은 이미 오늘날 화이자의 주가에 반영되어 있다.

만약 화이자가 단기적으로 이익을 늘리기 위해 연구·개발 지출을 줄였다면, 주가는 떨어졌을 것이다. 화이자가 연구·개발 지출을 줄인다는 것은 곧 새로운 의약품 개발에 기반한 미래 사업의 큰 부분을 없애고 있다는 것을 의미하고, 주주도 이를 인식하게 되어 결국 주가 하락으로 이어질 것이다. 단기주의 오류는 주주가 이러한 상충관계를 깨닫기에는 너무 무지하다고 여긴다. 그렇다면 왜 화이자는 140억 달러를, 머크(Merck)는 122억 달러를, 존슨앤존슨(Johnson & Johnson)은 147억 달러를, 아스트라제네카(AstraZeneca)는 97억 달러를 연구·개발에 지출했을까?[4]

일론 머스크는 왜 2022년 세계에서 가장 부유한 사람이었을까?
Why was Elon Musk the richest man in the world in 2022?

포브스에 따르면, 2022년 세계에서 가장 부유한 사람은 2,190억 달러의 순자산을 보유한 일론 머스크이다.[5] 머스크의 부는 상장 기업인 테슬라와 비상장기업인 스페이스엑스의 지분에서 비롯된다. 기업의 주가에 비해 이익과 매출은 상대적으로 낮은 수준이지만, 기업가치와 머스크의 순자산은 단기이익이 아닌 기대되는 장기성장을 주주가 얼마나 높게 평가하는지에 좌우된다.

테슬라는 2021 회계연도말 기준으로 1.061조 달러의 시가총액과 55억 달러의 이익을 기록했다. 참고로 포드 자동차는 2021년에 179억 달러의 이익을 내고 830억 달러의 시가총액을 기록했다. 포드는 테슬라보다 3배 이상의 이익을 냈지만, 테슬라는 포드보다 12배 이상의 시가총액을 가졌다. 왜 주주들은 55억 달러의 이익만을 창출한 테슬라에 1.061조 달러를 지불할 의향이 있는 것일까? 표 11.1은 주주가 테슬라의 주식을 보유하기 위해 1달러의 이익당 192.91달러를 지불할 의향이 있는 반면, 포드의 주식을 보유하기 위해서는 1달러의 이익당 단지 4.80달러만 지불할 의향이 있음을 보여준다. 이러한 차이는 도대체 왜 발생하는 것일까?

그 답은 주주가 기업의 모든 미래이익에 대한 청구권을 가진다는 점에 있다. 따라서 기업가치는 이익이 얼마나 성장할 것으로 예상되는가에 달려 있다. 이 경우 주주는 포드보다 테슬라의 미래가 더 밝다고 판단한 것이다. 그들은 테슬라의 이익이 더 빠르게 성장하여 결국에는 포드를 추월할 것으로 예상한다. 그래서

표 11.1 테슬라와 포드의 이익 및 시가총액 (2021 회계연도말 기준, 단위: $)

	테슬라($)	포드($)
이익	55억	179억
시가총액	1.061조	860억
이익 1달러 당 시가총액	192.91	4.80

출처: Stockanalysis.com

주주들은 현재 이익 대비 테슬라 주식을 소유하기 위해 훨씬 더 많은 돈을 지불할 의향이 있는 것이며, 이렇듯 기업의 주가는 성장에 대한 기대를 반영한다.

테슬라는 2021년에 당기순이익의 절반에 달하는 약 26억 달러를 연구·개발에 지출했다. 만약 테슬라가 연구·개발 지출을 없애고 같은 금액만큼의 이익을 증가시켰다면 주가가 더 많이 상승했을까? 아니다, 그렇게 했다면, 오히려 주가는 하락했을 것이다. 왜냐하면 테슬라의 미래 성장은 혁신능력에 달려 있고, 주주는 이에 근거하여 주가를 판단하기 때문이다.

스페이스엑스는 비상장기업이긴 하지만, 머스크가 유일한 주주는 아니며, 그는 다른 투자자들에게 일부 주식을 매각하기도 했다. 이 투자자들이 주식을 매수하기 위해 머스크에게 지불한 금액을 기준으로, 스페이스엑스는 2021년에 740억 달러의 가치를 가졌다.[6] 2021년 매출이 16억 달러에 불과한 스페이스엑스의 주주가 되기 위해, 투자자들은 왜 740억 달러를 지불한 것일까? 그들은 스페이스엑스의 미래 성장가능성을 고려한 것이며, 이는 장기적 투자에 해당한다. 만약 투자자가 근시안적이라 장기적 투자를 꺼린다면, 스페이스엑스도, 테슬라도, 그리고 혁신적인 스타트업 기업도 존재하지 않았을 것이다.

2부 흔한 오류들

기업공개
Initial Public Offerings

5장에서 고도로 혁신적인 기업의 자금조달에 대해 논의하고 미국 기업공개에 대한 통계를 살펴본 바 있다. 종종 고도로 혁신적인 기업은 신생기업으로서 많은 연구·개발 지출을 부담하며, 완성된 제품을 갖추지 못한 경우도 많다. 그럼에도 이러한 혁신기업은 수백만 또는 수십억 달러의 가치를 지니기도 한다. 5장의 통계치에 따르면, 지난 40년 동안 기술 및 생명공학 분야에서 기업공개에 성공한 기업의 과반수가 적자를 기록했다. 특히, 지난 20년 동안, 생명공학 분야에 새롭게 상장한 기업의 95퍼센트가 적자를 기록했고 그중 과반수는 매출조차 없었는데, 이는 곧 완성된 제품이 없었다는 의미이다. 왜 주주들은 이러한 기업의 지분 일부분을 소유하기 위해서 수백만 내지는 수십억 달러에 이르는 금액을 지불하는 것일까?

그것은 주주가 이들 기업이 미래에 상당한 이익을 창출할 것으로 기대하기 때문이다. 우리는 모든 기대 미래이익(Expected future profits)을 고려하여 기업가치를 평가한다. 주가는 대략적으로 이러한 방식으로 형성된다. 주가는 기업의 전체 예상 미래 현금흐름의 현재가치에 대한 추정치인데, 이는 기대 미래이익에 의해 좌우된다. 이것이 기업이 현재 시점에는 손실을 보고하면서도 여전히 수백만 또는 수십억 달러의 가치를 가질 수 있는 이유다. 따라서 주주는 지금 손실을 보더라도 미래에 이익과 가치를 창출할 것이라는 희망이 있는 기업에 수십억 달러를 투자한다.

지난 수십 년 동안 아마존, 마이크로소프트, 모더나, 테슬라

등의 많은 기업공개는 훌륭한 투자로 판명되었다. 그러나 일반적으로 주주는 기업공개에 대해 지나치게 낙관적인 경향이 있으며, 이러한 기대에 따라 공개 기업에 과도한 투자하기도 한다. 그 결과 평균적으로 공개 기업의 장기 수익률은 저조한 경우가 많다.[7] 투자자가 단기적인 시각을 갖고 있다면 이런 일이 벌어질까?

주가 오류에 대한 학술연구
Academic studies on mispriced stocks

단기주의 오류로부터 몇 가지 검증 가능한 다음과 같은 가설을 도출할 수 있다.

1. 주주는 기업의 단기적 이익에 큰 비중을 둔다.
2. 주주는 기업의 미래성장에 낮은 비중을 둔다.

단기주의 오류를 주장하는 이들에 따르면, 경영자는 이익을 늘리기 위해 투자를 줄이고, 이는 주가를 일시적으로 상승시킨다. 그러나 주식가격의 거품이 가라앉으면 부풀려진 미래 주식수익률은 낮아지게 된다. 그렇다면, 이에 대한 실증적 증거가 있는가? 높은 이익을 기록하고 투자를 적게 하는 기업의 미래 주식수익률은 낮은가?

여러 연구들은 이익이 높은 기업이 더 높은 미래 주식수익률을 가진다는 것을 보고하였다.[8] 이러한 연구결과는 높은 수익률을 나타내는 기업의 주가가 너무 낮을 수도 있다는 것을 시사한다. 이는 단기주의 오류가 예측하는 것과 정반대다.

또한 여러 연구에서 대규모 자본투자를 하는 기업이 더 낮은 미래 주식수익률을 가진다는 것을 보고하였다.[9] 이 결과는 대규모 투자를 하는 기업의 주가가 부풀려져 있다는 것을 시사한다. 또한 주주가 투자를 과소평가한다고 주장하는 단기주의 오류와 모순되며, 오히려 투자자는 기업의 대규모 투자를 과대평가하는 것으로 보인다. 왜 그런 것일까?

선행연구에 따르면, 투자자는 성장률이 높은 기업의 미래성장에 대해서 지나치게 낙관적으로 평가하는 것으로 나타났다. 즉, 그러한 기업이 예상만큼 빠르게 성장하지 않을 것이라는 것이 분명해지면, 주가가 하락하게 된다. 이는 주주가 미래성장을 과소평가한다고 주장하는 단기주의 오류와는 반대된다. 오히려 주주는 성장률이 높고 대규모 투자를 하고 있는 기업의 잠재적 성장에 대해 지나치게 낙관적인 경향이 있다.

테슬라는 과대평가된 기업의 전형적인 모습을 보여준다. 테슬라는 빠른 매출성장, 대규모 투자, 그리고 시가총액에 비해 낮은 이익을 보이며, 주주로부터 대규모 자본을 조달하였다. 선행연구들은 이미 이러한 특성을 갖는 기업의 경우 미래에 낮은 주식수익률을 나타낸다는 것을 보고한 바 있다.[10] 여기서 중요한 것은 테슬라가 과대평가되었다고 주장하는 것이 아니라, 이러한 특성을 가진 기업이 평균적으로 비정상적으로 낮은 주식수익률을 보인다는 것을 말하는 것이다. 이는 미국 및 다른 여러 국가의 기업 모두에 해당된다.

과소평가된 기업의 특징은 과대평가된 기업의 특징과 정반대이다.[11] 이들 기업은 주로 워렌 버핏(Warren Buffett)이 선호하는 성숙하고 지루한 산업에서의 안정적인 기업이다. 이들은 수익성이 우수하고 일정기간 동안 꾸준하고 안정적인 이익과 현금흐름을 보고한다. 또한, 이러한 기업은 배당금을 지급하고 자기주식을 취득하며 지분을 추가발행하지 않는 경향이 있다. 이들은 대규모 투자를 하지 않으며 매출이 빠르게 성장하지 않는다. 이러한 특성 각각은 비정상적으로 높은 주식수익률을 예측하는 것으로 나타났다.[12] 이러한 증거는 투자자가 테슬라와 같이 흥미로운 기업을 선호하여, 이와 같은 기업의 주식을 저평가하는 경향이 있음을 시사한다. 투자자는 결국 이와 같이 과소평가된 주식의 가격이 너무 낮다는 것을 깨닫고, 그 주식들을 매수하게 되며, 결과적으로 이러한 주식은 높은 주식수익률을 나타내게 된다.

미주

1. Steven N. Kaplan, Journal of Applied Corporate Finance 30(4), "Are US companies too short-term oriented? Some thoughts", 2018년
2. 마크 로(Mark Roe) 교수는 단기주의가 기업과 경제에 해를 끼친다는 생각에 반대하는 여러 논문과 저서를 출판하였다. Mark Roe, Oxford, UK: Oxford University Press, "Missing the target", 2022년
3. Marcia Wendorf, Seeking Alpha, "Institutional investors explained", 2022년 5월
4. 연구·개발에 대한 지출은 각 기업의 연간보고서를 참조하였다.
5. Richard Mille, Forbes, "Forbes world's billionaires list: The richest in 2022", 2022년
6. Michael Sheetz, CNBC, "Elon Musk's SpaceX raised $850 Million, jumping valuation to about $74 Billion", 2021년 2월 27일
7. Jay Ritter, Journal of Finance 46(1), "The long-run performance of initial public offerings", 1991년
8. 이러한 연구들은 여러 번 반복되어 왔다. openassetpricing.com에는 모든 주요 연구에 대한 코딩과 연구결과를 제공하고 있다. 참조: Robert Novy-Marx, Journal of Financial Economics 108(1), "The other side of value: The gross profitability premium", 2013년; Ball, R., Gerakos, J., Linnainmaa, J. T., and Nikolaev, V, Journal of Financial Economics 121(1), "Accruals, cash flows, and operating profitability in the cross section of stock returns", 2016년
9. 예시로 다음 연구들을 참조하였다. Sheridan Titman, K. C. John Wei, and Feixue Xie, Journal of Financial and Quantitative Analysis 39(4), "Capital investments and stock returns", 2004년; Michael J. Cooper, Huseyin Gulen, and Michael J. Schill, Journal of Finance 63(4), "Asset growth and the cross-section of stock returns", 2008년
10. 예시로 다음 연구들을 참조하였다. Porta R. L., Lakonishok, J., Shleifer, A., and Vishny, R., Journal of Finance 52(2), "Good news for value stocks: Further evidence on market efficiency", 1997년; Sheridan Titman, K. C. John Wei, and Feixue Xie, Journal of Financial and

Quantitative Analysis 39(4), "Capital investments and stock returns", 2004년; Michael J. Cooper, Huseyin Gulen, and Michael J. Schill, Journal of Finance 63(4), "Asset growth and the cross-section of stock returns", 2008년; Jeffrey Pontiff and Artemiza Woodgate, Journal of Finance 63(2), "Share issuance and cross-sectional returns", 2008년

11 여러 연구들이 과대평과와 과소평가를 동시에 보고한다. 예를 들어, 투자가 많은 기업들은 상대적으로 낮은 주식 수익률을 보이는 반면, 투자가 적은 기업들은 상대적으로 높은 주식 수익률을 보인다. 다음을 참조: 미주 10)과 동일

12 예시로 다음 연구들을 참조: 미주 10)과 동일

12
투자는 좋고 주주 환원은 나쁘다는 오류
The investment-good/payout-bad fallacy

> 경제 분야에서 행위, 습관, 제도, 법률은 단편적 영향뿐만 아니라 일련의 연속적인 영향을 야기한다. 전자는 원인과 영향이 동시에 파악되지만, 후자는 원인에 대한 결과가 연속적으로 나타나기 때문에 파악하기가 쉽지 않다. 만약 우리가 그것을 제대로 예측했다면 다행이다. 훌륭한 경제학자와 그렇지 않은 경제학자의 차이는 바로 여기에서 드러난다. 훌륭한 경제학자는 눈에 보이는 영향과 예측해야 하는 영향을 모두 고려하는 반면, 그렇지 못한 경제학자는 눈에 보이는 영향만을 고려한다.[1]
>
> — 프레데릭 바스티아 *Frederic Bastiat*

기업이 이익을 창출하면, 경영자는 이를 재투자할 것인지 아니면 배당을 통해 주주에게 환원할 것인가에 대해 의사결정을 해야 한다. 주주 자본주의에서는 모든 양(+)의 순현재가치 프로젝트에 투자하여 주주가치를 극대화해야 한다. 반면, 그러한 프로젝트가 존재하지 않는다면, 주주에게 이익의 누적금액에 해당하는 잉여금을 주주에게 돌려주어야 한다. 이렇게 주주에게 자금을 돌려주는 것을 '주주 환원 또는 배당(Payout)'이라고 한다.

주주 환원에는 현금배당과 자기주식을 매입하는 두 가지 방법이 있다. 배당은 초과 현금을 발행주식 수로 나누고, 각 주주에게 소유한 주식 수에 비례하여 현금을 지급하는 것이다. 자기주식 매입은 우리가 주식을 매수하는 것과 같은 방식으로 기업이 공개시장에서 자신이 발행한 주식을 현금으로 매입하는 것이다. 자기주식 매입 후에는 발행주식 수가 줄어들고, 기업은 더 이상 그 현금을 보유하지 않게 된다.

나는 10장에서 유럽연합의 행정부인 유럽연합위원회가 기업의 '단기주의'를 연구하기 위해 컨설팅 기업인 EY에 보고서를 의뢰했던 것을 언급한 바 있다. 이 보고서는 내가 "투자는 좋고 배당은 나쁘다."라고 이름 붙인 오류에 기반한다. 이 보고서에서는 주주 환원과 투자의 규모를 비교하여 단기주의를 측정할 수 있으며, 투자 대비 주주 환원이 크면 단기주의가 강한 것이라고 주장한다. 이 보고서는 다음과 같은 설명으로 지표를 정당화한다.

> 이 접근법의 기본가정은 기업이 순이익을 주주에게 환원하거나 미래의 수익에 투자하는 데 사용할 수 있다는 것이다. 따라서 주주에게 지급하는 배당이 늘어나면 늘어날수록 연구·개발, 인적자원을 포함한 다양한 종류의 자본적 지출(CAPEX)에 사용할 수 있는 자원이 감소하여 미래 생산성이 악화될 수 있다는 논리이다.[2]

이 설명은 너무나 혼란스러워서 어디서부터 풀어야 할지 모르겠다. 기업이 주주 환원을 하든 투자를 하든, 결국 모든 것은 주주에게 돌아간다. 기업이 양(+)의 순현재가치를 갖는 투자를 하면, 주주는 미래에 더 큰 금액을 돌려받을 것이다. 투자는 미래의 이익을 창출하며, 이는 미래에 주주에게 환원되거나 양(+)의 순현재가치 프로젝트에 투자될 수 있다. 결국, 모든 것은 주주에게 귀속된다.

기업은 주주가치 극대화를 위해 모든 양(+)의 순현재가치를 갖는 프로젝트에 투자해야 한다. 이를 위해 경영자는 먼저 양(+)의 순현재가치 프로젝트에 투자를 할 수 있는지 검토해야 한다. 만약 그러한 투자안이 없다면, 경영자는 주주에게 환원해야만 한다. 이는 재무관리 원론에 담겨 있는 내용으로, 1장에서 다음과 같은 구절을 찾아볼 수 있다.

> 재생에너지를 개발하는 기업은 20년 동안 이익을 창출하지 못하더라도 현재의 주주가치를 향상시킬 수 있다.[3]

투자는 좋고 주주 환원은 나쁘다는 오류는 10장에서 다룬 단기주의 오류와 관련이 있다. 두 오류 모두 주주 자본주의가 기업으로 하여금 충분히 투자하지 못하게 한다는 주장이다. 단기주의 오류가 기업이 더 높은 이익을 보고함으로써 주가를 부풀리려 한다고 주장하는 반면, 투자는 좋고 주주 환원은 나쁘다는 오류는 기업이 배당으로 주가를 부풀리고 있다고 주장한다. 투자는 좋고 주주 환원은 나쁘다는 오류를 지지하는 사람들은 자기주식 매입이 주가를 부풀릴 것이라는 이유로 이를 더욱 비난할지도 모른다.

재무관리를 처음 접하는 학생의 경우, 기업의 자기주식 매입을 주가를 부풀리기 위한 행위로 오해하는 경우가 많다. 그러나 결국 그들은 자기주식 매입이 주가를 부풀리거나 주가에 어떤 기계적인 영향도 미치지 않는다는 것을 중급 재무관리(Finance 102)

에서 배우게 된다. 이에 관한 예는 다음 장에서 살펴보도록 하자.

종종 기업을 평가하는 방법이나 양(+)의 순현재가치 투자라는 것을 이해하지 못하기 때문에 투자는 좋고 주주 환원은 나쁘다는 잘못된 주장을 할 수 있다. 이들은 주주 환원으로 기업에서 주주에게 현금이 이전된다는 것은 알고 있지만, 양(+)의 순현재가치 투자를 희생하면서까지 주주 환원을 하는 것은 주주에게 해가 된다는 것을 이해하지 못한다. 양(+)의 순현재가치 투자를 놓치는 것은 기업가치를 낮추는 것이기 때문에, 이는 주가에 득이 되는 것이 아니라 해가 된다.

더 많은 투자가 항상 더 좋다고 주장하는 이들은 경제학 원론(Economics 101)을 이해하지 못한 것이며, 투자란 언제나 창출되는 가치가 사용되는 자원의 원가를 초과할 때만 사회에 이익이 된다. 모든 투자가 그렇지는 않다. 투자는 대체용도가 있는 희소한 자원을 소비하는 것으로, 사용된 자원보다 더 큰 가치를 창출하지 못하는 투자는 오히려 사회에 해를 끼친다. 왜냐하면 그 자원은 더 많은 가치를 창출할 수 있는 다른 곳에 사용될 수 있었기 때문이다. 물론 기업이 주주 환원을 하면, 주주는 양(+)의 순현재가치 투자를 선택하여 이를 투자할 수는 있다.

주주 자본주의와 주주 환원, 이에 대한 핵심사항
Shareholder capitalism and payout, A cheat sheet

주주 자본주의에 부합하는 투자와 주주 환원이란 무엇인지에 대해 아래에서 명확히 하고자 한다.

부합하는 것

- 모든 양(+)의 순현재가치 투자를 실행한다. 투자를 위한 자금이 부족한 기업은 주식을 발행하거나 차입을 통한 자금조달이 필요하다.
- 모든 음(-)의 순현재가치 투자를 거부한다.
- 기업이 초과 현금을 보유하고 있으면서 모든 양(+)의 순현재가치 투자가 없다면, 주주에게 환원한다.

부합하지 않는 것

- 배당을 위해 양(+)의 순현재가치 투자를 거부한다.

보이는 것과 보이지 않는 것
What is seen and what is unseen

170년 전 경제학자이자 철학자인 프레데릭 바스티아(Frederic Bastiat)는 경제학자는 어떤 행동의 보이는 효과뿐만 아니라 보이지 않는 효과도 고려해야 한다고 말했다.[4] 투자는 좋고 주주 환원은 나쁘다는 오류를 지지하는 이들은 쉽게 파악할 수 있는 영향에만 초점을 두고, 집중해야만 파악할 수 있는 보이지 않는 영향은 간과하곤 한다.

찰스 슈머(Charles Schumer) 상원의원의 다음 발언을 살펴보자.

나는 자기주식 매입을 싫어한다. 나는 기업이 교육·훈련, 연구·개발, 장비에 투자하는 대신 자기주식을 매입하는 행위를 가장 이기적인 행위 중 하나라 생각하며, 많은 미국 기업이 그렇게 하고 있다. 직원에 대한 교육·훈련, 연구·개발, 장비에 투자하는 대신 미국 기업(Corporate America)이 하는 행위 중 가장 이기적인 것이 자기주식 매입이라고 생각한다.[5]

자기주식 매입에 대해서는 다음의 영향을 쉽게 파악할 수 있다.

1. 기업의 현금이 자기주식 매입에 사용된다.
2. 기업은 자기주식을 매입하지 않았다면 그 현금을 투자에 쓰일 수 있었다.

다음 영향은 중요하지만 파악하기 어렵다.

3. 기업이 투자를 하지 않는다는 것은 그 기업의 투자기회에 대한 정보를 나타낸다. 현금이 투자되었다면, 이는 기업이 가치를 파괴하는 투자에 현금을 소비했을 수도 있음을 의미한다.
4. 주주는 기업으로부터 배당 받은 현금을 경제의 다른 부분에 투자할 수 있다.

슈머 상원의원은 쉽게 파악할 수 있는 영향에는 집중하지만, 쉽게 파악하기 어려운 영향은 무시한다. 기업이 직원에 대한 교육·훈련, 연구·개발, 또는 장비에 투자하는 것이 배당보다 항상 더 좋은 것은 아니다. 그러한 투자가 가치를 창출하는 경우도 있지만, 오히려 가치를 파괴할 수도 있기 때문이다. 기업 경영자의 직무는 가치창출 여부를 파악하고 그에 따라 적절한 투자를 결정하는 것이다. 만약 어떤 기업이 주주에게 자금을 환원한다면, 이는 경영자가 현금을 사용할 양(+)의 순현재가치 투자가 없다고 판단했기 때문일 것이다.

세계경제포럼의 이해관계자 자본주의 지표
World Economic Forum's stakeholder capitalism metrics

투자는 좋고 주주 환원은 나쁘다는 오류는 세계경제포럼의 '이해관계자 자본주의 지표(Stakeholder Capitalism Metrics)'에도 나타난다. 이 지표는 뱅크 오브 아메리카의 최고경영자인 브라이언 모이니한(Brian Moynihan)과 4대 컨설팅 회사인 딜로이트(Deloitte), EY, KPMG, PwC(이전의 PriceWaterhouseCoopers)가 공동으로 개발한 것이다. 이 지표는 투자를 긍정적으로, 주주 환원을 부정적으로 보고 있으며, 이에 대해 다음과 같이 설명한다.

> 투자는 경제성장과 기업의 사업 확장 및 추가 고용창출 능력의 핵심 동인이다. 기업이 성장을 위해 투자하는 것과 주주에게 환원하기 위해 지출하는 것을 비교해보면, 투자를 통해 부가 창출된다는 것이 입증된다.[6]

이를 쓴 저자들은 투자가 항상 가치를 창출하고, 주주에게 환원된 자금이 다른 기업에 재투자되어 가치를 창출할 수 있다는 점을 간과하고 있다는 것 같다. 그러나 실제로 투자가 가치를 파괴할 수도 있고, 배당을 통한 주주 환원은 다른 곳에 재투자되어 가치를 창출할 수도 있다.

뱅크 오브 아메리카의 최고경영자인 모이니한에게 묻고 싶은 몇 가지 질문이 있다.

- 뱅크 오브 아메리카는 기업으로부터 받은 모든 대출신청을 승인하는가? 그렇지 않다면, 일부 대출신청을 거절하는 이유는 무엇인가?
- 뱅크 오브 아메리카가 자금을 지원하는 투자가 이자와 원금을 상환할 만큼의 충분한 이익을 낼 것이라고 믿을 때만 대출을 승인하는 것이 옳지 않은가?
- 뱅크 오브 아메리카가 좋은 투자와 나쁜 투자를 구별하는 것이 합리적이라면, 다른 기업도 동일하게 좋은 투자와 나쁜 투자를 구분해야 하지 않는가?

오류를 심각하게 받아들이기
Taking the fallacy seriously

투자는 좋고 주주 환원은 나쁘다는 오류에 기반한 새로운 정책을 시도해보자. 모든 기업은 창출되는 가치와 상관없이 항상 가능한 한 많이 투자해야 한다. 무조건 투자하고, 또 투자하고, 계속해서 투자를 해야 한다. 이러한 논리에 따른다면, 보잉은 수요가 없더라도 비행기를 만들기 위한 새로운 공장을 지어야 한다. 투자는 좋은 것이니 그저 더 많은 비행기를 만들면 그만일 뿐, 그것을 누가 살지는 걱정할 필요가 없다. 스타벅스도 가능한 한 많은 매장을 열어 확장해야만 한다. 그 매장이 비용을 충당할 만큼의 충분한 이익을 낼지 걱정하지 말고, 목표는 더 많은 매장을 여는 것뿐이다. 화이자는 예상매출이 개발원가를 상쇄할 수 있는지와 관계없이 새로운 의약품에 대한 연구·개발에 가능한 한 많은 자본을 지출해야 한다. 이렇듯 투자는 항상 좋은 것이기 때문에, 항상 더 많이 투자할수록 좋다.

그러나 이러한 투자정책은 주주에게 결코 좋을 리가 없다. 만약 기업이 200만 달러를 투자하여 100만 달러의 가치만 창출한다면 주주는 결국 100만 달러만큼 더 가난해진다. 기업이 이러한 유형의 정책을 추구한다면 과연 투자자는 계속해서 그 기업에 투자할 수 있을까? 또한 결과적으로 더 많은 기업이 생존할 수 있을까?

'더 많이 투자하라.(Invest more)'는 정책은 결국 사회의 부를 감소시킬 것이다. 비행기를 만들고, 매장을 열고, 약품을 개발하는 데 사용되는 토지, 노동력, 자금은 희소하며 대체용도가 있다. 만약 그 자원들이 가치를 파괴하는 투자안에 사용된다면, 가치를 만들어내는 다른 투자안에는 사용될 수 없다. 그러면 사회가 필요로 하는 상품과 서비스는 적어지고, 원치 않는 잉여의 상품과 서비스가 쌓이게 된다. 이는 7장에서 논의했던 것과 같이 소련이 파산하는 과정에서 벌어졌던 일들과 유사하다.

단기적으로는 '더 많이 투자하라.'는 정책이 더 많은 일자리를 창출할 수는 있겠으나, 가치를 창출해내지 못하는 투자는 결국 일자리를 유지할 수 없다. 기업이 이익을 창출하지 못하는 상품과 서비스를 만들기 위해 임금을 지불한다면, 결국 기업은 돈이 바닥나고 일자리도 사라지게 된다. 여기서 아이러니한 점은 주주 자본주의 비판자는 단기주의의 비판에서 시작되었지만, 가치창출과 투자를 장려하는 것이야말로 단기적 사고의 전형이라 할 수 있다.

어떤 유형의 기업이 주주 환원을 하는가?
What types of firms pay out?

기업이 상장을 하고 그 주식이 공개적으로 거래되기 시작한 후에도 기업은 더 많은 주식을 발행할 수 있다. 대부분의 기업은 매년 주식을 추가로 발행한다. 가장 흔한 주식발행 사유는 직원에게 부여하는 스톡옵션 때문이다.[7] 이 옵션은 직원에게 할인된 가격으로 기업의 주식을 살 수 있는 권리를 부여하고, 직원이 그 옵션을 행사하면 새로운 주식이 발행된다. 즉, 기업은 현금을 받고 직원은 주식을 받는다. 자기주식 매입은 발행되었던 주식을 옵션행사로 인해 다시 사들여서 직원에게 제공하는 것에 불과할 때가 종종 있다. 따라서 주식발행을 고려하지 않고 자기주식 매입과 배당에 대해 생각해서는 안 된다. 즉, 순발행주식수(Net share issues)는 다음과 같이 계산된다.

순발행주식수 = 발행된 주식 - 자기주식 매입

주식 발행에서 가장 큰 비중을 차지하는 것은 합병기업이 피합병기업의 주주에게 주식을 발행하는 주식교환을 통한 합병이다.[8] 많은 연구들이 순발행주식수를 계산할 때 주식교환에 따른 합병을 제외한다. 주식교환에 따른 합병으로 발행되는 주식을 고려하지 않으면 기업이 발행하는 순발행주식수를 과소평가하게 된다.[9] 만약 순발행주식수가 올바르게 측정된다면, 대부분의 기업은 순매입 기업이 아니라 순발행 기업으로 분류될 것이다.[10] 이는 미국을 비롯한 여러 다른 나라에서도 모두 사실이다.[11] 또한 상장

기업의 대다수는 배당금을 지급하지 않는다.[12]

어떤 유형의 기업이 순발행주식수가 음수(-)이고, 배당금을 지급하는가? 이러한 기업은 지속적으로 투자보다 더 큰 이익을 거둔 규모가 크고 성숙하며 높은 수익성을 특징으로 한다.[13] 이들은 일반적으로 투자기회를 초과하는 잉여현금을 가지고 있어, 그것을 주주에게 환원한다. 이러한 결과와 일관되게, 384명의 임원을 대상으로 한 설문조사의 결과에 따르면, "자기주식 매입은 투자지출 후 잔여 현금흐름으로 이루어진다."[14]고 했다. 이러한 기업의 경영자는 대체로 주주 자본주의와 일치한다. 또 다른 최근 연구는 자기주식 매입이 주식 유동성을 증가시키고 변동성을 줄여 주가를 안정시키며, 이는 또한 주주에게 이익이 된다는 것을 보고하였다.[15]

어떤 유형의 기업이 순발행자이고 배당금을 지급하지 않는가? 더 작고, 성장성이 높으며 신생기업일수록 많은 주식을 발행하는 경향이 있다.[16] 이들은 이익을 초과하는 투자를 필요로 하는 기업이다. 앞 장에서 논의한 신생 상장기업과 같이, 어마어마한 성장의 기회를 앞두고 있고, 아직은 안정적인 흐름의 이익을 거두지 못하는 기업이 이에 해당한다.

자본시장은 대체로 올바른 방향으로 작동하고 있다. 가치 있는 투자기회는 있지만 현금이 부족한 기업은 자금을 조달받아 투자를 한다. 반면, 초과현금은 있지만 가치 있는 투자기회가 부족한 기업은 그 현금을 주주에게 반환한다. 그러면 주주는 그것을 다른 곳에 투자할 수 있으며, 이것이 바로 자본시장의 올바른 모습이다.

파트너십에서의 배분

Payout at partnerships

사업은 파트너십의 구조를 가질 수 있다. 기업과 마찬가지로, 파트너십도 배당을 한다. 마르코 루비오(Marco Rubio) 상원의원, 찰스 슈머 상원의원, 엘리자베스 워렌 상원의원은 모두 상장기업의 주주 환원, 특히 자기주식 매입을 비판하는 인물들이다. 이들은 모두 법학학위를 가지고 있으며, 법무법인은 일반적으로 파트너십 구조를 가지고 있다. 그러나 이 상원의원들 중 누구도 법무법인이 이익을 분배하거나 파트너 간의 지분을 매입하는 행위를 비판하는 것을 들어본 적은 없다.

상장기업의 주주 환원이 주주 간의 이익을 나누는 것처럼 파트너십도 파트너 간에 이익을 나눈다. 파트너십에서도 자기주식 매입과 유사한 형태의 매입을 한다. 한 파트너의 은퇴시점에 다른 파트너가 그 지분을 매입하는 것은 흔하다.

한 사례로, 세계에서 가장 수익성 있는 법무법인인 왁텔, 립톤, 로젠 & 카츠를 살펴보자.[17] 이 법인 이름에 등장하는 립톤은 10장에서 언급했던 이해관계자 자본주의의 옹호자이자 주주 자본주의의 비판자인 마틴 립톤이다. 2020년, 왁텔의 지분 파트너당 이익은 약 750만 달러로 추정되었다.[18] 왜 상원의원들은 왁텔의 파트너들이 기업에 재투자하는 대신 자신들에게 이익을 지급하는 것에 대해 화를 내지 않는 걸까?

왁텔은 성장할 여지가 충분히 있다. 왁텔은 세계에서 가장 수익성이 높은 100대 법무법인 순위를 나타내는 Am Law 100에서 가장 작은 법무법인 중 하나이다.[19] 다른 법무법인의 경우 전 세계에 여러 사무소를 가지고 있지만, 왁텔은 뉴욕시에 단 하나의 사무소만을 가지고 있다. 그렇다면 왜 왁텔은 더 많이 투자하지 않는가? 왁텔은 더 많은 사무소를 열 수 있고, 사무실 공간을 업그레이드할 수 있으며, 더 많은 변호사를 고용할 수 있을 뿐만 아니라, 변호사와 다른 직원의 교육에 더 많은 돈을 쓸 수 있다.

아마도 이 모든 것들이 음(-)의 순현재가치 투자이며, 왁텔의 파트너들은 현재 상황에 적합하게 가장 잘 운영하고 있는 것일지도 모른다. 어쨌든, 만약 왁텔과 다른 법무법인이 성장하지 않고 이익을 배당하는 것이 괜찮다면, 왜 상장기업은 같은 일을 할 수 없는가? 왜 립톤은 수백만 달러의 배당을 받을 자격이 있지만, 상장기업의 주주는 그러한 권리는 가지지 못하는가?

미주

1 M. F. Bastiat, Paris: Guillaumin; republished on Online Library of Liberty, "What is seen and what is not seen, or political economy in one lesson", 1850년 7월(2015년 11월 17일)
2 European Commission, EY (Luxembourg: European Union Publications Office), "Study on directors' duties and sustainable corporate governance", 2020년 7월
3 Richard Brealey et al., New York: McGraw Hill, "Principles of corporate finance", 2023년.
4 미주 1)과 동일
5 Brian Faler, Politico, "Democrats go with 'the least bad' tax", 2022년 8월 5일
6 World Economic Forum, World Economic Forum White Paper, "Measuring Stakeholder Capitalism: Towards common metrics and consistent reporting of sustainable value creation", 2020년 9월
7 Eugene F. Fama and Kenneth R. French, Journal of Financial Economics 76(3), "Financing decisions: who issues stock?", 2005년; Jeffrey Pontiff and Artemiza Woodgate, Journal of Finance 63(2), "Share issuance and cross-sectional returns", 2008년
8 미주 7)과 동일
9 논문 「단기주의와 자본 흐름(Short-termism and capital flows)」은 주식 발행과 다른 요인들을 고려하면 자기주식 매입이 일부 주장만큼 크지 않다는 점에 대해 좋은 논의를 제공한다. Jesse M. Fried and Charles C. Y. Wang, Review of Corporate Finance Studies 8(1), "Short-termism and capital flows", 2019년
10 미주 7)과 동일
11 R. David McLean, Jeffrey Pontiff, and Akiko Watanabe, Journal of Financial Economics 94(1), "Share issuance and cross-sectional returns: International evidence", 2009년
12 Roni Michaely and Amani Moin, Journal of Financial Economics 143(1), "Disappearing and reappearing dividends", 2022년 1월

13   다음을 참고하라. Eugene F. Fama and Kenneth R. French, Journal of Financial Economics 76(3), "Financing decisions: who issues stock?", 2005년; Roni Michaely and Amani Moin, Journal of Financial Economics 143(1), "Disappearing and reappearing dividends", 2022년 1월; Amy Dittmar, Journal of Business 73(3), "Why do firms repurchase stock?", 2000년 7월; Alex Edmans, Harvard Business Review, "The case for stock buybacks", 2017년 9월 15일

14   Alon Brav et al., Journal of Financial Economics 77(3), "Payout policy in the 21st century", 2005년

15   Craig M. Lewis and Joshua T. White, U.S. Chamber of Commerce Center for Capital Markets Competitiveness, Fall 2021 Report, "Corporate liquidity provision and share repurchase programs", 2021년 9월 24일

16   Eugene F. Fama and Kenneth R. French, Journal of Financial Economics 76(3), "Financing decisions: who issues stock?", 2005년

17   American Lawyer staff, American Lawyer, "The 2021 Am Law 100: Ranked by profits per equity partner", 2021년 4월 20일

18   미주 17)과 동일

19   Greg Roumeliotis, Reuters, "Small is lucrative for Wachtell, corporate America's legal defense force", 2017년 6월 8일

13
자기주식 매입은 주가를 부풀리는가?
Do share repurchases inflate stock prices?

모든 자기주식 매입이 주주나 국가에 해롭다거나, 특히 최고 경영자에게 많은 혜택이 돌아간다고 말하는 이들은 경제에 무지하거나 능변의 선동가에게 현혹된 것입니다.[1]

— 워렌 버핏 *Warren Buffett*

투자는 좋고 주주 환원은 나쁘다는 오류는 부분적으로 자기주식 매입이 주가를 부풀린다는 생각에 기반한다. 많은 저명인사들은 기업이 주가를 부당하게 부풀리는 수단으로써 자기주식 매입을 사용한다고 주장해 왔다. 엘리자베스 워렌 상원의원은 자기주식 매입에 대한 매우 강력한 비판자이다. 그녀는 자기주식 매입을 "서류상의 조작에 불과하다(Nothing but paper manipulation)."고 묘사했다.[2] 척 슈머(Chuck Schumer)와 버니 샌더스(Bernie Sanders) 상원의원 역시 자기주식 매입에 대한 비판자이다. 그들은 뉴욕 타임즈의 시론에서 다음과 같이 자기주식 매입에 대해 비판하였다.

> 기업의 자기주식 매입은 주식시장에서 거래되는 주식의 수를 줄여서 주주와 기업 경영자에게 이익이 되도록 주가를 높인다.[3]

샌더스의 경우 무소속이고, 여기에 인용된 상원의원들이 민주당 소속이지만, 이는 당파적 문제가 아니다. 여기서 문제는 금융에 대한 이해력이나 자기주식 매입이 기업가치와 주주에게 미치는 영향을 이해하는 것이다. 이들의 논리에 따르면 자기주식 매입으로 유통주식 수가 줄어들면 그로 인해 주식의 가격은 높아져야 한다. 하지만, 이런 주장은 자기주식 매입으로 지출된 현금이 더 이상 기업에 남아있지 않다는 사실을 간과한 것이다. 매입 후 남은 주주가 기업의 더 큰 지분을 소유하게 되는 것은 사실이지만, 기업이 자기주식 매입에 현금을 사용하였기 때문에 그만큼 기업가치는 감소한다. 즉, 이 두 효과는 서로 상쇄되어, 결국 각 주식의 가치는 변하지 않는다. 이들은 재무관리 등의 학부 교과서에 실려 있는 기본적인 내용을 간과하고 있다.

또한 주식발행에 대한 비판이 없다는 점도 흥미롭다. 만약 자기주식 매입이 일종의 주가의 '조작(Manipulation)'이라면, 주식발행은 왜 조작이 아닌가? 둘 다 유통주식 수를 변경시키는데도 말이다.

비상장기업의 자기주식 매입
Share repurchases at private corporations

비상장기업의 간단한 자기주식 매입사례를 살펴본 후, 상장기업의 자기주식 매입과정을 단계별로 살펴보자. 비상장기업, 상장기업, 심지어 법무법인과 같은 파트너십에서도 자기주식 매입의 경제학은 다르지 않다는 것을 알게 될 것이다. 다음의 사례를 통해, 자기주식 매입이 일종의 조작인지 여부를 독자 여러분이 판단해

표 13.1 비상장기업의 자기주식 매입에 대한 예

	자기주식 매입 전	자기주식 매입 후
기업가치(Business value)	$90,000	$90,000
현금(Cash)	$10,000	$0
총 기업가치(Total firm value)	$90,000 + $10,000 = $100,000	$90,000 + $0 = $90,000
당신의 주식가치(Your ownership share)	90% 또는 $90,000	100% 또는 $90,000
나의 주식가치 (My ownership share)	10% 또는 $10,000	0%
나의 현금(My cash)	$0	$10,000

보시길 바란다.

당신과 나, 두 명의 소유주가 있는 비상장기업을 가정하자. 이 기업은 사업체와 은행계좌를 소유하고 있다. 사업체의 가치는 90,000달러이고, 은행계좌에는 10,000달러가 있으므로, 기업의 전체 가치는 100,000달러이다. 이때, 당신이 기업의 90퍼센트를 소유하고 있고, 내가 10퍼센트를 소유하고 있다. 이후 당신은 내 지분을 매수하기로 합의한다. 당신은 내 10퍼센트 지분과 교환하여 은행계좌에 있는 10,000달러를 나에게 지급한다. 그 후, 당신은 기업 지분의 100퍼센트를 소유하게 되며, 기업은 여전히 사업체를 소유하고 있지만 현금은 더 이상 없고, 이 기업의 가치는 90,000달러가 된다.

이렇듯 자기주식의 매입은 당신의 부에 영향을 주지 않는다. 매입 전 당신의 지분은 100,000달러 기업가치의 90퍼센트였으므로, 당신의 지분가치는 90,000달러였다. 매입 후, 당신의 지분율은 100퍼센트이지만, 기업가치는 여전히 90,000달러이다. 당신의 주식가치는 자기주식 매입 전과 후 모두 90,000달러로 동일하다. 마찬가지로, 나의 지분은 자기주식 매입 전에는 10,000달러의 가치가 있었고, 나는 나의 지분을 매각함으로써 지분가치에 해당하는 10,000달러의 현금을 갖게 되었다. 이와 같이 자기주식 매입은 나의 부에도 아무런 영향을 미치지 않는다. 이 내용은 아래의 표 13.1에서도 확인할 수 있다.

상장기업의 자기주식 매입
Share repurchase at public corporations

이제 상장기업의 자기주식 매입과정을 살펴보자. 한 상장기업이 사업체와 은행계좌를 소유하고 있는데, 사업체의 가치는 9,000만 달러이고 은행계좌에는 1,000만 달러가 있다.

- 기업의 가치는 9,000만 달러 + 1,000만 달러 = 1억 달러이다.
- 주식시장에는 1,000만 주가 유통되고 있다. 주식의 가치는 1억 달러/1,000만 = 10달러이다.
- 경영자는 1,000만 달러의 현금을 사용하여 자기주식을 매입하기로 결정한다.
- 각 주식의 가치가 10달러이므로, 기업은 1,000만 달러/10달러 = 100만 주를 매입할 수 있다.
- 매입 후에는 1,000만 주 - 100만 주 = 900만 주가 남는다.

매입 후에는 현금이 소진되고 사업체만 남게 되며, 사업체의 가치는 여전히 9,000만 달러이다. 따라서 각 주식의 가치는 9,000만 달러/900만 = 10달러로, 매입 전과 동일하다. 이 내용은 표 13.2에서도 확인할 수 있다.

표 13.2 상장기업의 자기주식 매입에 대한 예 (단위: $)

	자기주식 매입 전	자기주식 매입 후
기업가치(Business value)	$90 million	$90 million
현금(Cash)	$10 million	$0
총 기업가치 (Total firm value)	$90 million + $10 million = $100 million	$90 million + $0 = $90 million
유통주식 수 (Shares outstanding)	10 million	10 million − 1 million = 9 million
주가(Stock price)	$100 million / 10 million = $10	$90 million / 9 million = $10

    기업에 주식을 매각한 주주들은 더 이상 사업의 일부를 소유하지 않지만, 그 대신 현금을 소유한다. 반면, 주식을 매각하지 않은 주주들은 더 이상 현금을 소유하지 않지만, 기업의 더 많은 지분을 소유한다. 어느 쪽도 더 나아지거나 나빠지지 않았다. 이 시나리오를 전 노동부 장관 로버트 라이시(Robert Reich, 현재 칼럼니스트이자 캘리포니아대학교 버클리의 공공정책 교수)의 다음 발언에 비추어 보자.

    자기주식 매입은 주가를 떠받치기 위한, 이른바 '자유시장'에 인위적으로 개입하려는 행위이다. 자기주식 매입은 인위적인 수요를 만들어내기 때문에, 주가를 일반적 수준 이상으로 끌어올린다. 유통되는 주식의 수가 줄어들면서, 남은 각 주식의 가치가 높아진다.[4]

    여기서 라이시의 설명과 유사한 점을 발견할 수 있는가?

자기주식 매입과 주식수익률

Repurchases and stock returns

이 장에서 언급된 자기주식 매입에 대한 비판자들은 자기주식 매입이 주가를 부풀린다고 주장한다. 주가가 부풀려지면, 결국 그 거품이 빠지면서 주식수익률은 낮아질 것이다. 그렇다면, 실제 자기주식을 매입한 기업은 이후 낮은 주식수익률을 나타낼까?

그렇지 않다. 오히려 그 반대로, 자기주식을 매입한 기업은 높은 미래 주식수익률을 보인다. 이는 미국 등에서의 여러 연구 결과로 입증되었다.[5] 기업이 자기주식 매입을 발표하면, 보통 발표 당일에 긍정적인 주가반응이 있고, 이후 몇 년 동안 비정상적으로 높은 주식수익률이 이어진다. 이를 처음으로 보여준 연구는 1995년에 발표되었으므로 이미 오래된 이야기이다.[6]

그렇다면 자기주식을 매입한 기업의 미래 주식수익률은 왜 높을까? 한 가지 설명은 자기주식을 매입하는 기업의 경우 대체로 저평가되어 있다는 것이다. 11장에서는 투자자에 의해 저평가되거나 간과될 수 있는 기업의 특징을 설명한 바 있다. 이러한 기업은 일반적으로 성숙단계에 있고 투자에 필요한 자금에 비해 지속적으로 높은 수준의 이익을 내고 있다. 여러 연구들은 투자자가 이러한 기업을 경시하는 대신, 새롭고, 빠르게 성장하며, 보다 흥미로운 기업을 선호하는 경향이 있다고 제시하였다.[7]

임원에게 부여되는 스톡옵션과 자기주식 매입
Executive stock options and repurchases

자기주식 매입에 대한 또 다른 비판은 임원이 자신들이 보유한 스톡옵션의 행사시기에 맞추어, 자기주식을 매입함으로써 주가를 조정한다는 것이다. 이들이 보유한 스톡옵션이 행사되면, 기업은 이들에게 새로운 주식을 발행한다. 그런 다음 그 임원은 앞의 사례에서 당신이나 내가 그랬을 것처럼, 주식시장에서 그 주식을 판매한다. 만약 기업이 동시에 자기주식을 매입한다면, 기업의 주식에 대한 수요가 증가하여 임원은 더 높은 가격에 자신들의 주식을 팔 수 있을 것이다. 일부 기업에서는 임원이 대규모 스톡옵션을 행사할 때, 투자하는 대신에 자기주식을 매입한다는 증거도 있다.[8]

만약 임원 등의 경영자가 양(+)의 순현재가치를 실행하지 않고 자기주식 매입을 선호한다면, 이는 주주에게 이롭지 않다. 이러한 행동을 하는 임원은 주주 자본주의에 반하여 자신들의 이익을 위해 행동하는 것이다. 이는 대리인(경영자)이 그들을 고용한 주인(주주)의 이익보다 자신의 사적이익을 우선시하는 '대리인 문제'의 일종이다.

그러나 임원의 스톡옵션이 자기주식 매입과 관련이 있다는 것을 보여준 한 연구의 공동저자인 알렉스 에드먼스 교수는 이러한 대리인 문제가 자기주식 매입을 비판하거나 제한해야 할 이유가 되지 않는다고 지적한다.[9] 오히려 해결해야 할 문제는 이러한 유형의 대리인 문제를 조장하는 일부 임원 보상체계와 그 구조에 있다. 에드먼스는 또한 자기주식 매입의 일차적인 이유는 성장기회 부족과 이와 결합된 과잉현금이라는 점을 지적했다. 이전 장에서 논의하였듯이 자기주식을 매입하는 기업은 대체로 성장기회가 부족한 대형 우량기업에 해당된다.[10]

앞에서 언급했듯이, 자기주식을 매입하는 기업의 경우 이후 몇 년 동안 비정상적으로 높은 주식수익률을 보이는 경향이 있다. 한 연구에 따르면, 자기주식을 매입하는 기업은 이들과 유사한 기업보다 4년 동안 12.1퍼센트 더 높은 주식수익률을 기록하는 것으로 확인되었다.[11] 만약 자기주식 매입이 대리인 문제를 야기하고 양(+)의 순현재가치 투자를 수행하지 않도록 한다면, 자기주식 매입 기업은 도대체 왜 이후 몇 년 동안 더 높은 주식 수익률을 나타내는 걸까?

미주

1. Berkshire Hathaway Inc., "Warren Buffett letter to shareholders", 2023년 2월 25일
2. Thomas Franck, CNBC, "Elizabeth Warren rips stock buybacks as nothing but paper manipulation", 2021년 3월 2일
3. Charles Schumer and Bernie Sanders, op-ed, New York Times, "Schumer and Sanders: limit corporate stock buybacks", 2019년 2월 3일
4. Robert Reich, robertreich.org, "The buyback boondoggle is beggaring America", 2018년 3월 19일
5. David Ikenberry, Josef Lakonishok and Theo Vermaelen, Journal of Financial Economics 39(2-3), "Market underreaction to open market share repurchases", 1995년; R. David McLean, Jeffrey Pontiff and Akiko Watanabe, Journal of Financial Economics 94(1), "Share issuance and cross-sectional returns: International evidence", 2009년
6. Ikenberry, Lakonishok and Vermaelen, National Bureau of Economic Research, "Market underreaction to open market share repurchases", 1994년 12월
7. 다음 연구들을 예시로 참조하였다. Rafael La Porta et al., Journal of Finance 52(2), "Good news for value stocks: Further evidence on market efficiency", 1997년; Sheridan Titman, K. C. John Wei and Feixue Xie, Journal of Financial and Quantitative Analysis 39(4), "Capital investments and stock returns", 2004년; Michael J. Cooper, Huseyin Gulen and Michael J. Schill, Journal of Finance 63(4), "Asset growth and the cross-Section of stock returns", 2008년; Jeffrey Pontiff and Artemiza Woodgate, Journal of Finance 63(2), "Share issuance and cross-sectional returns", 2008년
8. Alex Edmans, Vivian W. Fang and Allen H. Huang, Journal of Accounting Research 60(3), "The long-term consequences of short-term incentives", 2022년
9. Alex Edmans, Harvard Business Review, "The case for stock

buybacks", 2017년 9월 15일; Alex Edmans, Cambridge: Cambridge University Press, "Grow the pie: How great companies deliver both purpose and profit", 2020년

10 다음을 참조: Eugene F. Fama and Kenneth R. French, Journal of Financial Economics 76(3), "Financing decisions: Who issues stock?", 2005년

11 미주 6)과 동일

3부

기업의 사회적 책임에 대한 고찰

A closer look at corporate social responsibility

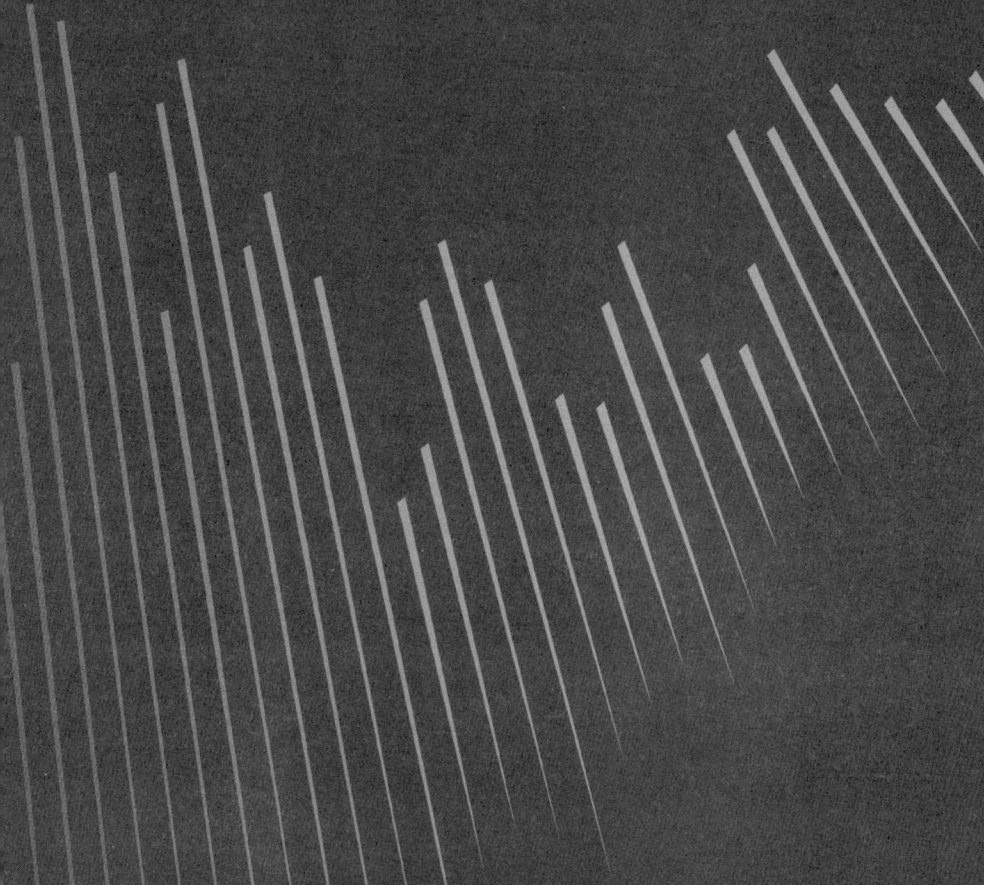

14
기업 지배구조
Corporate governance

이번 장에서는 기업의 사회적 책임과 그것이 사회에 미치는 영향에 대해 더 자세히 살펴본다. 기업의 사회적 책임이 어떻게 작동하는지 이해하기 위해서는 기업이 어떻게 운영되는지에 대한 기본적인 이해가 필요하다.

사업주가 자신의 사업을 법인화하기로 결정하면, 새로운 법적실체인 기업이 만들어진다. 이때 법적으로 사업의 자산은 사업주가 아닌 기업이 소유하게 되며, 사업주는 해당 기업의 주식을 받게 된다. 이 주식을 통해 사업주는 기업과 그 자산을 통제하고 자신이 적합하다고 생각하는 방식으로 기업을 운영할 수 있다.

기업의 지배구조는 주주, 이사회, 그리고 경영자 세 가지로 구성된다. 기업의 주식에는 중요한 정책에 대해 투표하고 이사회를 선출할 수 있는 의결권이 부여된다. 이사회의 역할은 주주를 대신하여 경영자를 감독하는 것이다. 이사회는 최고경영자를 비롯한 다른 임원들을 임명하고, 인수, 기업 매각, 배당금 지급 등과 같은 주요 결정과 정책을 승인한다.

비상장기업의 경우, 한 사람이나 소수의 집단이 주주, 이사회, 경영자의 역할을 모두 수행할 수 있다. 예를 들어, 엑스(X, 과

거의 트위터)는 과거 상장기업이었으나 최근 일론 머스크가 상당한 지분을 보유하게 됨으로써, 비상장기업으로 전환되었다. 머스크는 현재 엑스의 소유주이자 유일한 이사, 그리고 최고경영자이다.[1] 인수 후 머스크는 엑스의 이사회를 해체했고, 모든 임원과 절반 이상의 직원을 해고하는 등 기업운영에 큰 변화를 가져왔다.[2] 이러한 변화의 결과, 머스크는 명확히 엑스를 소유하고 통제하고 있다.

마틴 립톤 변호사와 같은 주주 자본주의 비평가는 주주가 '기업을 소유'하는 것이 아니라 '기업의 주식을 소유'한다고 주장한다.[3] 이러한 논리는 기업이 법적으로 소유될 수 없는 독립적인 법적실체라는 개념에 기반을 둔 것으로 보인다.[4] 이들은 주주는 '기업을 소유하지 않기 때문에' 기업의 경영자가 주주가치를 극대화할 의무가 없다고 주장한다.

그러나 기업은 본질적으로 기저 사업을 관리하는 일련의 규칙에 불과하다. 기업은 서류상으로, 그리고 우리의 상상 속에서만 존재하며, 사람들이 그 규칙을 준수하기로 동의하는 한에서만 실재한다. 만약 기업이 법인이고 이 법인의 주식을 당신이 모두 소유하고 있다면, 당신은 사실상 그 자산을 소유하고 있는 것이다.

예를 들어, 우리는 일론 머스크가 엑스를 소유하고 있다고 말할 수 있다. 엑스는 가치 있는 자산을 보유하고 있으며, 오직 일론 머스크만이 자신이 원하는 어떤 목적으로든 엑스의 자산을 사용할 수 있다. 그는 엑스의 자산 일부 또는 전부를 매각할 수 있다. 그가 엑스의 주식을 소유하고 있기 때문에 엑스의 자산에 대한 독점적 권리를 가지고 있는 것이다. 만약 주식이 그러한 권리를 부여하지 않는다면, 일론 머스크는 엑스의 주식을 매수하기 위해

430억 달러를 지불하지 않았을 것이다. 아이러니하게도, 마틴 립톤의 법무법인은 430억 달러에 엑스의 지분을 매각한 이전 주주들의 대리인이었다.

상장기업의 소유권과 통제권
Ownership and control at public corporations

기업의 사회적 책임과 관련된 문제들은 상장을 거쳐 주식시장에서 주식이 거래되는 상장기업에게 주로 제기된다. 이는 상장기업의 경우 기업을 소유한 사람, 즉 주주와 기업을 통제하는 최고경영자를 비롯한 다른 경영진 사이에 괴리가 발생할 수 있기 때문이다.[5] 물론 그 최고경영자나 다른 경영진이 주주인 경우도 있겠지만, 그렇다 하더라도 이들은 다른 수백만 명의 다른 주주와 동일한 위치에 있을 뿐이다. 주주는 지리적으로 분산되어 있으며, 대부분은 기업 경영진과 직접적인 접촉이 없다. 주주는 경영자를 직접 감시할 수 없고 이로 인해 경영자는 주주가치를 극대화하기보다는 기업의 자원을 자신들의 사적목적에 사용할지도 모른다.

우리는 공화국과의 비유를 이용하여 상장기업이 어떻게 운영되는지 더 잘 이해할 수 있다.[6] 공화국에서는 국민에 의해 선출된 정치인이 국민을 대신하여 정부기관을 운영하는 관료를 감독하고 지시하며, 공화국 시민을 위해 봉사해야 한다. 마찬가지로, 상장기업의 이사는 주주에 의해 선출되어 최고경영자와 경영진을 감독하고, 경영진이 주주의 부를 극대화하도록 의사결정을 하는지 감시한다. 기업과 공화국의 지배구조는 모두 완벽과는 거리가 멀다. 정치인과 정부 관료는 자신이 봉사해야 할 국민의 이익보다 사적이익을 앞세울 수 있다. 기업 경영진과 이사도 마찬가지일 수 있다. 물론 상장기업은 공화국 내 선거와는 다른 체제가 이러한 문제를 제한할 수 있지만, 그럼에도 여전히 모든 문제를 방지할 수는 없다.

기업의 이사는 법적으로 수탁 대리인(Fiduciary agents)이다. 즉, 자산을 신탁으로 보유하거나 다른 사람을 대신하여 권한을 행사하도록 지정된 사람이다. 이사는 '신인의무(Duty of care)'와 '충실의무(Duty of loyalty)'라는 두 가지 주요 선량한 관리자의 의무를 가진다. 신인의무는 기업의 이사가 정보에 근거한 합리적인 결정을 내리며 사업에 대해 적절한 감독을 수행할 것을 요구한다. 충실의무는 이사가 기업의 이익에 최선이라고 판단한대로 행동할 것을 요구하는데, 이는 자기거래(Self-dealing)가 없어야 함을 의미한다. 즉, 이사는 기업의 안녕을 우선하고, 기업의 경영 및 운영 등을 자신의 이익을 위해 이용해서는 안 된다.

경영판단의 원칙(Business judgment rule)은 이사에 대한 법적보호를 제공한다. 이는 법원이 특별한 사유가 없는 한, 기업 이사회의 의사결정에 이의를 제기하지 않는다는 것을 의미한다. 이사회 구성원이 선의로, 그리고 선량한 관리자의 의무에 따라 행동했다고 가정하기 때문에, 이사회의 의사결정에 불만을 가진 당사자는 그렇지 않다는 것을 증명해야 한다. 이 규칙은 법적 무죄추정의 원칙과 유사하다. 경영판단의 원칙은 경영에 대한 의사결정이 사후에 잘못된 것으로 판명되더라도, 그 결정을 내리는 과정에서 이사회가 명백히 선량한 관리자의 의무를 회피하지 않았다면, 법적으로 위배되지 않음을 의미한다. 기업은 때로 위험을 감수해야 하는 경우도 있으며, 위험을 감수한 결과가 좋지 않을 수도 있다. 만약 나쁜 결과가 수반될 때마다 기업의 이사가 소송을 당하게 된다면, 아무도 이사로서 일하려 하지 않을 것이다.

대리인 문제와 유용
Agency problems and expropriation

상장기업은 소유와 통제가 분리되어 있기 때문에 대리인 문제(Agency problems)와 유용(Expropriation)에 취약하다. 여기서 유용이란, 정당한 소유자의 동의 없이 자산을 점유하거나 사용하는 것을 의미한다. 기업을 운영하는 대리인은 그들에게 임무를 부여한 주주 부의 창출 이외의 목적으로 자산을 사용하는 경우가 있는데, 이는 주주 부의 창출 이외의 목적으로 자산을 유용한 것에 해당한다. 이러한 자산유용은 주주 부의 창출 형태가 아니다. 대리인이 기업의 자산을 유용하면 경영자나 경영자가 선호하는 다른 사람 또는 단체로 주주의 부가 이전되기 때문에, 주주 자본주의의 상호이익이 발생하지 않는다.

일반적으로 경영자가 기업의 자원을 사용하는 목적은 다음 중 하나일 것이다.

1. 기업의 가치를 높이기 위해 지출하고 투자한다.
2. 주주가 소유한 기업의 자원을 유용한다.

사실상 모든 지출에 대한 의사결정은 이 두 가지 범주 중 하나로 분류될 수 있다. 경영자가 기업의 가치를 높이려고 하는가? 만약 경영자가 주주가치를 창출할 것이라고 합리적으로 기대할 수 없는 대안에 자금을 지출하고 있다면, 그 경영자는 기업의 자산을 유용하고 있는 것이다. 기업은 경영자가 아닌 주주의 것이다.

미국 등 선진국에서는 최고경영자나 이사가 소유한 다른 실체로 자금을 빼돌리는 것 같은 노골적 자기거래는 법률로 금지되어 있다. 주주보호를 위한 법적장치가 약한 국가에서는 이런 일들이 발생하는 경우도 있겠으나, 미국을 비롯한 주주보호가 강한 선진국의 경우에는 흔치 않다.[7]

과도한 임원보상과 같은 상대적으로 유용의 정도가 낮은 수준의 자기거래는 법적으로 문제 삼기가 더 어렵다. 경영자는 항상 어떤 지출이 사업에 중요하고 그 비용이 가치 있음을 주장할 수 있다. 최고경영자 또한 엄청난 급여를 받을 만한 가치가 있으며 그렇지 않으면 사임할 것이라고 주장할 수 있다. 화려한 본사 건물이 더 우수한 직원을 유치할 유인이 될 수 있다는 주장도 가능할 것이다. 또한 모두가 최고경영자의 시간이 매우 가치 있다고 동의한다면, 그가 개인 제트기를 타야 한다고 주장할 수도 있다.

2장에서 설명했듯이, 기업의 가치는 이익으로부터 창출되는 현금흐름의 현재가치이며, 이 틀 안에서 기업의 현금흐름은 주주가치를 극대화하는 데 사용되고 다른 목적으로 유용되지 않을 것이라고 가정된다. 누군가 기업의 현금흐름을 유용한다면, 그 유용의 정도에 따라 기업의 주식가치는 하락하거나, 아예 가치가 없어질 수도 있다.

우리는 극단적인 수준의 유용이 주식시장을 파괴할만한 위력을 가지고 있음을 이미 알고 있다. 투자자는 아둔하지 않다. 만약 누군가에 의해 기업의 자산이 유용될 여지가 많다면 투자자가 그 기업의 주주가 되고자 하는 유인은 줄어든다.

여러 연구결과에 따르면, 유용에 대한 법적보호가 강한 국가는 다음과 같은 특성을 나타낸다.

- 많은 수의 상장 시도
- 많은 수의 상장기업
- 상장기업의 더 높은 시장가치
- 투자 자금조달을 위한 많은 주식발행
- 성장기회에 더 민감하게 반응하는 투자[8]

나는 강의에서 학생들에게 2000년경 러시아 기업의 유용을 보여주는 사례연구를 소개한 바 있다. 이 사례는 석유 매장량 대비 석유기업의 시가총액을 비교한다. 엑손모빌(ExxonMobil)과 브리티시 페트롤리엄(British Petroleum)에서는 석유 1배럴당 시가총액이 약 12달러이다. 반면, 러시아 석유기업인 타트네프트(Tatneft)와 가스프롬(Gazprom)에서는 석유 1배럴당 시가총액이 단 0.20달러에 불과하다.

이런 차이는 왜 발생하는가? 당시 러시아 기업의 지배구조는 매우 열악하였고 지금도 나아지지 않았다. 투자자들은 타트네프트와 가스프롬을 통제하던 올리가르히(Oligarchs)가 기업이 창출한 이익의 대부분을 유용할 것이라고 생각했다. 반면, 엑손모빌과 브리티시 페트롤리엄은 훨씬 더 나은 지배구조를 가지고 있다. 두 기업 모두 미국 증권거래소에 주식을 상장했으며, 이들을 관할하는 미국의 법률과 규제기관은 주주의 자산을 유용하는 것이 어렵고 비용이 많이 들도록 만들고 있다.

기관투자자와 기업의 지배구조
Institutional investors and corporate governance

지난 몇 십 년 동안, 주주는 보다 다양한 유형의 투자펀드를 통해 간접적으로 기업을 소유하게 되었다.[9] 나는 수천 개 기업의 주주이지만, 단 한 주의 개별주식도 소유하고 있지 않다. 나는 여러 인덱스펀드의 지분을 소유하고 있으며, 이 펀드가 다시 전 세계의 수천 개 다른 기업의 주식을 소유하고 있는 형태이다.

나는 인덱스펀드에 포함된 기업을 모니터링하거나 그들의 경영 의사결정을 하나하나 확인하지 않는다. 기껏해야 그중 몇 개 기업의 최고경영자 이름 정도만 알 뿐이지, 이들 기업의 본사 중 어느 곳도 방문한 적이 없다. 이는 인덱스펀드와 뮤추얼펀드에 투자하는 대부분의 투자자들도 마찬가지일 것이다.

기술적으로, 내가 투자하는 펀드는 다양한 기업의 주식을 소유하고 있으므로, 공식적으로 펀드 자체가 주주에 해당한다. 이는 이사회 선거와 같은 투표가 필요한 중요한 사안이 생길 때, 펀드가 나를 대신해 투표한다는 것을 의미하고, 여기서 펀드매니저는 나의 수탁대리인으로서 내 최선의 이익을 위해 투표해야 한다.

펀드는 투자한 기업의 투표에 어떻게 접근해야 할까? 수천 명의 사람이 하나의 펀드에 투자할 수 있다. 이런 경우, 펀드에 투자한 우리 모두에게 공통된 점은 무엇일까? 우리 모두는 더 많은 부를 선호한다. 따라서 펀드는 투자자를 위해 최대의 가치를 창출할 이사와 정책에 투표해야만 한다. 이는 투자자에게 가능한 최고의 재무적 수익을 얻도록 해야 하는 펀드매니저의 선량한 관리자의 주의의무에 해당한다. 이론적으로 여기에 별다른 문제가 없어야겠지만, 현실에서는 소유(주주)와 통제(경영자) 사이에 또 다른 계층이 존재한다.[10] 이는 또다시 대리인 문제와 유용의 가능성을 증가시킨다.

    기업 경영자와 마찬가지로, 펀드매니저도 자신의 선호를 우선시할 수 있다. 기업의 투표에 참여할 때, 그들은 충분한 시간과 노력을 들이지 않고 의사결정을 내릴 수도 있다. 한편 사회적 대의를 위해 자신이 선호하나 주주가치를 희생시키는 방향으로 경영자 및 이사에게 압력을 가할 수도 있다. ESG를 둘러싼 많은 논쟁이 이 문제와 관련된 것이다. 일부 펀드매니저는 그들의 의결권을 이용해 기업이 정치적으로 논란의 여지가 있는 많은 환경적·사회적 대의를 추구하도록 압력을 가해왔다.

미주

1. 이는 다소 단순화된 설명이다. 실제로 머스크는 주식의 약 85퍼센트를 소유하고 있으며, 그는 여러 명의 경영진 중 한 명이다. Aimee Picchi, CBS News, "Biden says Elon Musk's foreign investors in Twitter are 'worth being looked at'", 2022년 11월 9일

2. Megan McArdle, Washington Post, "Opinion: How Elon Musk fired Twitter staff and broke nothing", 2023년 2월 19일

3. Martin Lipton, CLS Blue Sky(blog), "Wachtell Lipton discusses purpose, stakeholders, ESG, and sustainable long-term investment", 2019년 12월 24일

4. 1819년 존 마셜(John Marshall) 대법원장의 "기업은 인위적이고 보이지 않으며 만질 수 없는 존재로, 오직 법의 관점에서만 존재한다."는 발언 이후 기업은 법적으로 사업주와 별개의 독립적 실체로 인정된다. Robert Hesson, "Corporations", Econlib 참조. 그러나 주식은 사업주에게 기업에 대한 통제권을 부여한다. 기업이 설립되면 사업주는 제한된 책임이라는 추가적인 이점과 함께 자신들이 적합하다고 생각하는 방식으로 사업을 계속 운영(또는 매각하거나 청산)할 수 있다.

5. 기업에서의 소유와 통제의 분리는 A. A. Berle Jr. and G. C. Means, New York: Macmillan, "The modern corporation and private property", 1932년으로 시작하여 여러 세대의 경제학자들에 의해 연구되어 왔다. 주요 연구로는 Eugene F. Fama and Michael C. Jensen, Journal of Law and Economics 26(2), "Separation of ownership and control", 1983년; Michael C. Jensen and William H. Meckling, Journal of Financial Economics 3(4), "Theory of the firm: managerial behavior, agency costs and ownership structure", 1976년이 있다.

6. 기업을 공화국에 비유할 수 있다는 아이디어는 Paul Gompers, Joy Ishii and Andrew Metrick, Quarterly Journal of Economics 118(1), "Corporate governance and equity prices", 2003년에서 발전되었다.

7. Simeon Djankov et al., Journal of Financial Economics 88(3), "The law and economics of self-dealing", 2008년

8. 예를 들어: Rafael La Porta et al., Journal of Political Economy 106(6),

"Law and finance", 1998년; Rafael La Porta et al., Journal of Finance 52(3), "Legal determinants of external finance", 1997년; Rafael La Porta et al., Journal of Finance 57(3), "Investor protection and corporate valuation", 2002년; R. David McLean, Tianyu Zhang and Mengxin Zhao, Journal of Finance 67(1), "Why does the law matter? Investor protection and Its effects on investment, finance, and growth", 2012년; Simeon Djankov, Rafael La Porta, Florencio Lopez-de-Silanes, Andrei Shleifer, Journal of Financial Economics 88(3), "The law and economics of self-dealing", 2008년

9 Lucian A. Bebchuk, Alma Cohen and Scott Hirst, Journal of Economic Perspectives 31(3), "The agency problems of institutional investors", 2017년; Scott Hirst and Lucian Bebchuk, Boston University Law Review 99(3), "The specter of the giant three", 2019년.

10 기관투자자의 대리인 문제 중 일부는 Bebchuk, Cohen and Hirst, Journal of Economics Perspectives 31(3), "The agency problems of institutional investors", 2017년에서 논의된다.

15
꼬리표 달기로는 현실을 바꿀 수 없다
Labels do not change reality

기업의 사회적 책임(Corporate social responsibility)을 어떻게 정의해야 하는가? 이전 장에서 논의한 바와 같이, 기업 경영진이 기업의 자금을 어떻게 사용할지 결정할 때 그들은 주주가치를 높이기 위해 지출하고 투자하거나, 주주에게 속한 기업의 자원을 유용하는 두 가지 선택을 할 수 있다.

　기업의 지출은 항상 이 두 가지 행동 중 하나에 속한다. '기업의 사회적 책임'이라고 부르는 것도 이 두 가지 중 하나에 해당한다. 이는 환경, 사회, 및 거버넌스(ESG), 지속가능성, 이해관계자 자본주의 등 다양한 기업의 사회적 책임 관련 용어에도 동일하게 적용된다. 기업의 지출은 주주를 위한 가치창출을 의도하거나, 기업, 즉 주주의 자산을 유용하는 형태로 이루어진다. 이 두 가지 경우 이외의 제3의 범주는 없다.

　누구나 기업의 행동을 관찰하고 그것을 사회적으로 책임이 있다거나 ESG의 정신에 부합한다고 꼬리표를 붙일 수는 있다. 이러한 꼬리표는 주관적이기 때문에, 누가 꼬리표를 붙이느냐에 따라 그 판단이 달라진다. 꼬리표는 꼬리표를 붙인 본인의 선호를 반영한다. 그게 전부일 뿐 더 이상의 고상한 의미는 없다. 그러나 유용에 대해 '사회적 책임'이라는 꼬리표를 붙인다고 해서 그것이 유용이라는 사실 자체가 바뀌지는 않는다. 만약 순현재가치가 양(+)인 투자가 기업의 ESG 점수를 낮춘다 해도, 그것은 여전히 주주와 사회를 위해 가치를 창출하는 순현재가치가 양(+)인 투자이다. 어떤 것에 주관적인 꼬리표를 붙인다고 해서 본질이 바뀌지는 않는다.

사회적 대의를 위한 유용도 여전히 유용이다.
Expropriation for a 'social cause' is still expropriation

일정 수준의 자선기부는 기업의 평판에 도움이 될 수 있다. 자선기부는 마케팅 비용으로 분류될 수 있으며, 다른 비용과 마찬가지로 순현재가치가 양(+)인 투자가 될 수 있다. 그러나 자선기부가 일정 수준을 넘어서면 기업에 추가적인 가치를 창출하지 못하고 순현재가치가 음(-)인 투자가 되는 것도 사실이다. 자선기부는 사실상 기업의 주주가 직접 자선단체에 기부하는 것과 다를 바 없다.

종교적 신념이 매우 강한 상장기업의 최고경영자를 가정해 보자. 이 최고경영자는 자신의 종교기관이 사회에 중요하다고 믿는다. 이러한 믿음 아래에 그는 자신의 종교가 성장하고 사람들의 삶에서 더 큰 역할을 하길 원하기 때문에, 기업의 돈 1억 달러를 특정 종교기관에 기부하기로 결정한다. 물론 이 최고경영자는 자신의 기부가 사회적으로 책임 있는 일이라고 믿는다.

한편, 최고경영자가 이 기부가 기업가치를 창출하는 데에 기여하지 않는다고 판단한 경우를 가정해 보자. 그는 이 종교기관이 중요한 사회적 대의라고 믿기 때문에 기부를 하고 싶어 한다. 하지만 그는 이 기부로 인해 기업과 주주가 적어도 1억 달러에 상응하는 재정적인 급부를 얻을 것이라고는 생각하지 않는다. 이는 순현재가치가 음(-)인 지출에 해당한다. 이 기부를 어떻게 볼 것인가?

우리는 이 기부를 그 자체 그대로, 유용이라 부른다.

최고경영자가 기업의 자금을 중요한 사회적 대의를 위해 기부했다고 믿더라도, 그가 주주의 돈을 유용했다는 사실은 변하지 않는다. 최고경영자는 기업의 주주를 위해 가치를 창출하지 못할 것이라는 판단을 했음에도 그는 종교단체에 기부를 한 것이다. 정작 그가 기부한 자금은 자신의 것이 아니라 주주의 것인데도 말이다. 이 최고경영자는 기업의 주주보다 종교기관이 1억 달러를 받을 자격이 있다고 믿고 스스로 기업의 자원을 이전한 것이다. 이는 그저 유용일 뿐이다.

어쩌면 기업의 일부 주주는 이 종교기관에 기부하는 것에 찬성할 수도 있다. 좋다. 그럴 수도 있다. 만약, 이 주주가 기부를 원한다면, 해당 종교기관의 웹사이트를 방문하여 기부 절차를 따르면 된다. 그러나 그런 주주가 존재한다고 하여, 최고경영자가 주주를 대신해 기업의 자산을 기부할 필요는 없다. 또한 일부 주주의 경우에는 그 종교기관의 가치관과 사회적 목표에 동의하지 않을 가능성도 있음에도 불구하고 그러한 주주의 자산 또한 기부된 것이다.

기부에 동의하지 않는 주주라면 그저 주식을 매도하면 된다고 주장할 수도 있다. 하지만 이는 기업의 가치가 이미 기부로 인해 1억 달러 감소했다는 사실을 간과하는 것이며, 이는 이미 주가에 반영되었을 것이다. 더욱이 투자자는 이 기부를 통해 최고경영자가 미래에도 더 많은 유용을 저지를 수 있다고 예측할 수 있으며, 이러한 우려 역시도 주가에 반영될 것이다.

상장기업이 종교기관에 기부하는 것은 흔한 일이 아니다. 기업의 사회적 책임은 종교와 같은 보수적인 대의보다는 진보적인 대의를 지지하는 경향이 있지만, 중요한 것은 수혜자의 성격이 아니다. 이 예시를 통해 강조하고 싶은 기업의 사회적 책임의 문제가 진보적 대의를 선호하기 때문이 아니라, 주주로부터의 유용으로 이어질 수 있다는 점이다. 다음 장에서 몇 가지 구체적인 예를 알아보자.

소규모 사업체에서의 절도
Stealing at a small business

이번에는 다른 예시를 생각해보자. 한 명의 주인과 한 명의 직원이 있는 작은 소매점이 있다. 이 직원은 다양한 사회적 대의에 열정을 가지고 있어 이를 도와주고 한다. 이 직원은 주인의 허락도 구하지 않고 가게의 금전등록기에서 돈을 꺼내 자신이 좋아하는 사회적 대의를 추구하는 비영리단체에 기부한다. 우리는 이를 어떻게 설명할 수 있을까?

직원이 한 일이 절도라는 것에 대해 그다지 이견이 없을 것이다. 우리는 훔친 돈을 어떻게 사용했는지에 따라 절도를 정당화하지 않는다.

이것이 앞서 살펴본 최고경영자의 예와 다른 점이 있을까? 상장기업의 최고경영자와 다르게, 소매점 직원은 이전 장에서 논의된 경영판단의 원칙(Business judgment rule)에 의해 보호받지 못한다. 반면에 상장기업의 최고경영자와 이사는 이런 종류의 기부를 하고도 얼마든지 빠져나갈 수 있으며, 실제로 그렇게 하는 경우도 있다. 하지만 가상의 예시에서 최고경영자와 소매점 직원이 한 일은 윤리적으로든 경제적으로든 본질적으로 같은 것이다. 둘 다 기업 소유주의 현금을 마음대로 기부한 것에 불과하다.

다른 이름의 주주 자본주의
Shareholder capitalism by a different name

최고경영자가 직원에게 그들이 원하는 체육관 회원권을 제공하기로 했다고 가정해보자. 이 최고경영자는 직원이 체육관을 이용하여 건강을 증진시키고, 이런 혜택에 감사할 것이라고 생각했을 것이다. 이는 직원의 행복과 건강증진이라는 장점이 체육관 회원권 구매를 위한 지출보다 크다고 판단했기 때문일 것이다.

이 일을 알게 된 언론은 이 최고경영자를 단순히 기업의 이익에만 초점을 맞추지 않고 직원 및 다른 이해관계자를 배려하는 리더로 칭찬하고, 이 기업은 ESG와 지속가능성 등급에서 높게 평가를 받을 것이다. 경영대학의 교수들은 이 최고경영자를 위대한 리더로서 이익에만 초점을 맞추지 않는 사례로서 이용할 것이다. 이 최고경영자와 기업에 대한 사례연구가 수행될지도 모른다. 나아가 학생들은 도덕적이고 경영트렌드를 잘 알고 있는 경영자로서 그를 언급할 것이다.

문제는 이 최고경영자가 취한 행위는 이익을 추구해야 하는 최고경영자가 할 법한 흔한 일이라는 것이다. 최고경영자라면 기업가치를 높일 수 있는 기회를 찾고 그 기회를 잡아야 한다. 왜 사람들은 이런 것들에 다른 꼬리표를 붙이려 할까?

주주 자본주의를 비판하는 이들은 직원에 대한 혜택과 보상을 늘리는 것을 항상 좋은 것으로 여긴다. 이는 주주보다도 직원이라는 한 집단이 주주의 부를 취할 만한 자격이 있다는 믿음에 기반한다. 많은 비평가는 주주의 자산의 사용과 자신의 믿음이 부합함을 보여주기 위해, 체육관 회원권과 같이 직원이 받는 혜택에 주관적인 꼬리표를 붙인다.

주주 자본주의를 잘 이해하지 못하는 사람이 주주 자본주의가 주주와 다른 이해관계자 사이의 제로섬 게임이 아니라는 것을 배우고는 놀라곤 한다. 다음은 주주가치를 창출할 수 있는 기업행동의 몇 가지 예이다.

- 직원에게 큰 폭의 임금인상과 관대한 혜택을 제공한다.
- 공급업체에게 이익이 되는 장기계약을 체결한다.
- 제품의 가격을 낮춘다.
- 제품의 품질을 개선한다.

이 모든 행동은 주주가치를 파괴하는 좋지 않은 경영 의사결정일 수도 있다. 기업 경영자의 과업은 이러한 다양한 의사결정에 대한 전략을 평가하고, 가치를 창출할 때만 투자하며, 가치가 파괴될 경우에는 투자하지 않는 것이다. 경영자는 기업의 자원을 특정 사회적 가치에 맞게 이용하도록 하는 꼬리표를 따를 필요가 없다.

유용으로서의 행동주의
Activism as expropriation

역사적으로, 행동주의 투자자는 재정적으로 성과가 저조하다고 믿는 기업을 대상으로 삼아왔다. 행동주의자는 그 기업의 주식을 매입한 후, 경영자와 이사회를 설득하여 특정 전략을 추구하거나 기업을 다르게 운영하도록 시도한다. 만약 기업의 경영자가 이를 따르기를 꺼린다면, 행동주의자는 기업의 주주로 하여금 투표를 하도록 제안할 것이다. 이 제안은 새로운 이사진에 대한 것이거나, 기업의 지배 또는 운영방식의 변화에 관한 것일 수 있다. 이러한 유형의 행동주의에서 행동주의 투자자의 이익은 다른 주주의 이익과 함께 움직인다. 투자자는 다른 주주의 이익과 일치하는 재정적 이해관계를 가진다. 행동주의자는 자신의 제안이 채택되면 기업가치가 더 증가할 것이라는 믿음을 가지고 있다. 만일 행동주의자가 성공한다면 행동주의자뿐만 아니라 모든 주주에게 이익이 돌아간다.

전통적 주주 행동주의는 주주가치를 창출한다. 연구결과에 따르면, 잘 알려진 행동주의 투자자가 기업의 상당한 지분을 매입할 때, 주가가 5퍼센트에서 10퍼센트 상승하며 이는 장기적으로도 유지되는 것으로 보고되었다.[1] 이러한 연구결과는 행동주의자가 지속적인 가치를 창출하는 변화를 기업에 가져온다는 것을 시사한다.

그러나 오늘날에는 기업이 이념적 대의를 추구하도록 압력을 가하는 새로운 유형의 행동주의가 등장했다. 전통적 투자자 행동주의와 달리, 이 새로운 이념적 행동주의는 모든 주주에게 이익이 되지는 않는다. 대신, 이들은 자신이 선호하는 이념적 대의를 지지하기 위해 기업의 자원을 유용하려고 하고 결과적으로 주주 가치를 파괴할 수 있다.

예를 들어, 2021년 이산화탄소 배출감소를 목표로 하는 '팔로우 디스(Follow This)'라는 네덜란드 비영리단체는 셰브론(Chevron)에게 스코프(Scope) 3 이산화탄소 배출을 줄이도록 요구하는 주주제안을 제출했다.[2] 스코프 3 배출은 기업 활동의 결과로 발생하였으나 기업이 소유하거나 통제하지 않는 주체로부터 발생하는 이산화탄소를 의미한다. 즉, 스코프 3 배출의 일부는 기업의 고객으로부터 발생하는 이산화탄소 배출이다. 셰브론이 석유기업이라는 것을 고려하면, 고객이 석유를 적게 사용해야만 고객의 이산화탄소 배출을 감소시킬 수 있다. 즉 이러한 주주제안은 셰브론이 궁극적으로 스스로를 파괴하도록 만드는 것이 목표인 것이다.

그럼에도 불구하고, 주주투표에서 셰브론 주주의 과반수가 이 제안을 승인했다. 표면적으로도 이 결과는 당혹스러워 보인다. 이념적 의제를 추진하는 행동주의자는 제쳐두더라도, 왜 누군가가 기업에 투자한 다음 그 기업이 스스로를 파괴하는 것에 찬성한 것일까?

이 제안이 통과된 이유는 셰브론 주주의 대부분이 투자펀드를 통해 간접적으로 주식을 소유하고 있기 때문이다. 앞선 장에서 언급하였듯이, 이러한 제안에 대해 투표하는 것은 펀드의 개별 투자자가 아닌 펀드매니저이다. 세계 3대 펀드매니저인 블랙록, 스테이트 스트리트(State Street), 뱅가드(Vanguard)는 모두 이 제안을 지지하였다.[3]

블랙록, 스테이트 스트리트, 뱅가드를 관리하는 이들은 하나의 이념적 의제를 가지고 있다. 이 세 투자기업 모두 피투자기업에게 이산화탄소 배출을 줄이도록 압력을 가해야 한다는 생각을 공개적으로 지지했지만, 뱅가드는 나중에 이를 철회했다.[4] 셰브론의 사례는 펀드매니저가 투자자의 재무적 수익을 극대화해야 하는 수탁자 의무보다 이념적 의제를 우선시하기로 결정했기 때문에 발생했다. 이 결의로 인해 발생한 셰브론의 가치 감소는 셰브론의 주주로부터 화석연료를 사용하지 않겠다는 이념적 대의로의 유용이다. 이 결의에도 불구하고, 우리는 높은 확률로 화석연료를 계속 사용할 것이고, 이 제안이 구속력이 있는 한 석유는 다른 기업에 의해 계속 생산될 것이다.

셰브론을 공격한 행동주의자와 투자기업은 자신들이 사회를 대표한다고 주장한다. 하지만 실제로 셰브론을 규제하는 것은 선출된 정부이다. 미국 환경보호국(EPA)은 현재 약 170,000개의 현행 규제를 가지고 있으며, 각각은 셰브론이 준수해야 하는 여러 규칙을 포함하고 있다.[5] 고객의 이산화탄소 배출을 줄이는 것은 그중 하나가 아님에도 행동주의자는 이러한 규제를 원한다. 그들은 선거를 통해 이를 얻을 수 없기 때문에, 다른 전략을 시도하고 사회를 대신하여 행동한다고 주장한다. 실제로 많은 행동주의자들은 대다수의 유권자가 원하지 않는 이념적 의제를 추구하고 있다.

사회적 책임 투자 대 사회적 책임 행동주의
Socially responsible investing versus socially responsible activism

사회적 책임 투자와 사회적 책임 행동주의 사이에는 중요한 차이가 있다. 석유가 세상에 해롭다고 생각하여 셰브론에 투자하지 않기로 결정한 투자자는 다른 사람에게 해를 끼치지 않는다.

기업의 경영방식에 동의하지 않는다면, 그 기업에 더 이상 투자하지 않으면 된다. 기업이나 그 기업의 제품을 인정하고 싶지 않은 잠재적 투자자나 이해관계자는 그 기업과 거래하지 않을 자유를 가져야 한다. 이러한 선택의 자유가 자본주의의 본질이다.

투자자는 '사회적 책임' 펀드에 투자하는 것을 선택할 수 있다. 대부분의 사회적 책임 펀드는 사회적·환경적 기준을 사용하여 기업을 선별하지만, 행동주의에 관여하지는 않는다. 이러한 펀드는 주주 자본주의와 충돌하지 않는다. 예를 들어, 블랙록이 만든 'iShares ESG Aware'라는 펀드는 '민간이 보유하거나 논란의 여지가 있는 무기, 담배, 열탄, 오일샌드(oil sands)'와 관련된 기업에는 투자하지 않는다.[6] 투자자가 이러한 유형의 펀드를 원하고, 블랙록이 이들 기업에 투자하여 투자자에게 높은 수익을 제공한다면 이는 자본주의와 완벽히 일치한다. 마찬가지로, 뱅가드의 'Energy ETF'나 스테이트 스트리트의 'SPDR S&P Oil & Gas Exploration ETF'와 같이 화석연료 투자에 집중하는 펀드도 있다. 화석연료 기업이 저평가되어 있다고 믿는 투자자는 이러한 펀드들을 선택할 수 있다. 또 다른 투자자는 인류가 풍부하고 저렴한 화석연료를 이용할 수 있게 하는 것이 사회적으로 책임 있는 일이라고 믿을 수 있다. 화석연료를 사용하지 않고 빈곤에서 탈출한 현대사회는 없었으니 말이다.

　사회적 책임 펀드의 문제점은 꼬리표 달기와 예상되는 투자 성과가 명확한지 여부라고 할 수 있다. '사회적 책임' 또는 '환경을 의식하는'이라는 꼬리표는 매우 주관적이다. 사람마다 건전한 사회 및 환경정책에 대해 이견이 있을 수 있다. 사회적 책임 투자는 '이념 주도 투자(Ideology-driven investing)' 또는 '대의 주도 투자(Cause-driven investing)'라고 부르는 것이 더 정확할 것이다.

　펀드가 사회적·환경적 기준에 따라 기업을 배제한다면, 투자 기회의 범위가 줄어든다. 이러한 제약이 없는 펀드와 비교할 때, 사회적 책임 펀드는 더 적은 투자안 중에서 투자의사결정을 해야만 한다. 따라서 사회적 책임 펀드는 이러한 제약을 두지 않는 다른 펀드보다 성과가 좋지 않을 수 있다. 여러 ESG 펀드를 제공하는 대형 자산운용사인 AQR의 소유주인 클리프 애즈니스가 설명하듯이 말이다.

　　두 투자자가 자산운용사에게 접근할 때, 한 명은 "감수하는 위험에 대해 나의 수익을 극대화 해주세요."라고 말하고 다른 한 명은 "그렇게 하되 다음 제약조건을 따라 주세요."라고 말한다면, 자산운용사가 후자도 전자만큼 수익률을 낼 것이라 장담하는 것은 단순한 거짓말이며 무책임합니다. 단, 그러한 제약조건이 구속력이 없는 경우는 예외입니다.[7]

　어떤 기간에는 사회적 책임 펀드가 다른 펀드보다 성과가 좋을 수 있다. 예를 들어, 석유 관련 주식이 우연히 저조한 성과를 보이는 기간이 있을 것이다. 이런 시기에는 석유 관련 주식을 배제하는 펀드의 성과가 상대적으로 좋을 것이다. 하지만 충분히 긴 기간 동안, 제한된 투자범위에 직면한 사회적 책임 펀드는 그렇지 않은 사회적 책임 펀드에 비해 성과가 저조할 것이다.

주주 자본주의와 ESG라는 이름
Shareholder capitalism and the ESG moniker

ESG 점수와 같은 기업의 사회적 책임 지표의 일부 구성요소는 주주 자본주의와 일관되는 기업에게 더 높은 점수를 줄 수 있다. 예를 들어, 환경규제나 직원 안전규제를 위반하여 벌금을 받은 기업은 더 낮은 ESG 점수를 받을 수 있다. 이는 기업이 규제를 준수해야 한다는 주주 자본주의와 같은 맥락이다. ESG 지지자는 환경 및 기타 규제를 따르는 것이 기업의 평판에 긍정적이고, 많은 비용을 소모하게 하는 소송의 가능성을 줄이기 때문에 주주가치를 높일 수 있다고 주장한다. 이는 맞는 말이지만, 새로울 것은 없다. 즉, ESG가 등장하기 훨씬 전부터 평판의 중요성과 소송을 피하는 것이 중요하다는 점은 이해되어온 사실이다.

MIT의 2022년 연구는 6개 주요 평가기관의 ESG 점수를 조사하였다.[8] 이 연구에 따르면, 이 6개 기관은 ESG 점수를 발행하는 데에 709개의 지표를 이용한다고 보고했다. 이에 따르면 매우 다양한 709개의 지표는 64개의 범주로 나눌 수 있다. 709개 지표 중 일부는 주주가치 극대화를 장려하지만 일부는 그렇지 않았다. ESG를 지지하는 이는 지표 중 일부가 주주가치와 상관관계가 있기 때문에 기업이 더 나은 ESG 등급을 위해 노력하는 것이 주주에게도 긍정적이라고 주장한다. 그러나 이 논리의 문제는 ESG 지표 중 일부가 주주가치를 감소시키는 활동을 장려한다는 것이다. ESG를 추구하는 것이 항상 더 높은 주주가치로 이어진다면, ESG는 단지 주주 자본주의의 다른 이름일 뿐이다.

일반적으로 우리는 다음과 같이 말할 수 있다.

- 기업은 주주가치를 증가시키지만 ESG 점수를 감소시키는 행동을 해야 한다.
- 기업은 주주가치를 감소시키지만 ESG 점수를 증가시키는 행동을 하지 말아야 한다.

ESG 점수는 주주가치와 같은 경제적 결과가 아니다. 주주가치는 상호이익이 되는 거래로 인한 부의 창출을 반영한다. ESG는 누군가가 만들어낸 지표로서, 누구나 ESG 점수를 발행할 수 있고, 여러분과 내가 우리만의 ESG 등급을 발행한다 하더라도 현재 발행되고 있는 것들과 비교해 정당성이 떨어지지는 않을 것이다.

또한, MIT의 연구는 6개의 ESG 점수 간에 상당한 불일치가 있음을 발견했다. 이 연구는 6개 평가기관 모두로부터 점수를 받은 대규모 기업 표본을 조사하였다. 연구결과, -1(완전 불일치)부터 1(완전 일치)까지 범위를 가질 수 있는 6개 ESG 점수 간의 상관관계가 0.31에서 0.78 사이로 나타났다. 연구진 중 한 명은 이러한 결과에 대해 월스트리트 저널 기사에서 다음과 같이 말했다. "다시 말해, 어느 기업에 대해 6개 기관이 모두 동일한 ESG 등급을 부여한 경우는 없었으며, 대부분의 경우 기관 사이의 등급이 일치하지 않았다."[9] 심지어 등급을 매기는 데 사용된 지표의 수도 크게 달랐는데, 한 평가기관은 38개를 사용한 반면 다른 기관은

282개를 사용했다.

    ESG 점수와 평가방법론 간의 불일치는 놀라운 일이 아니다. 무엇이 건전한 환경 및 사회적 정책을 구성하는지는 주관적 판단이기 때문이다. 우리는 6개의 ESG 점수를 평균 내어 단일 등급을 만들 수 있겠지만, 6개의 주관적 수치의 평균을 계산한다고 해서 객관적인 수치를 얻을 수 있는 것은 아니다.

미주

1. Alon Brav, Wei Jiang and Hyunseob Kim, Review of Financial Studies 28(10), "The real effects of hedge fund activism: Productivity, asset allocation, and labor outcomes", 2015년
2. Vivek Ramaswamy, Wall Street Journal, "Shareholders stand up for profit and against ESG at Chevron", 2022년 9월 7일
3. 미주 2)와 동일.
4. Vanguard, Corporate statement, "An update on Vanguard's engagement with the Net Zero Asset Managers Initiative (NAZM)", 2022년 12월 7일
5. 규제에 관한 통계는 다음에서 찾아 볼 수 있다: QuantGov, Mercatus Center at George Mason University, Arlington, VA: https://www.quantgov.org/visuals.
6. BlackRock, "iShares ESG Aware MSCI USA ETF."
7. Cliff Asness, AQR Education, "Virtue is its own reward or one man's floor is another man's ceiling", 2017년 5월 18일.
8. Florian Berg, Julian F. Koelbel and Roberto Rigobon, Review of Finance 26(6), "Aggregate confusion: The divergence of ESG ratings", 2022년
9. Florian Berg, Wall Street Journal, "Why do ESG ratings vary so widely-and how can investors make sense of them?", 2022년 11월 2일

16
기업의 사회적 책임인가, 아니면 정치적 행동주의인가?
Corporate social responsibility or corporate political activism?

사회의 최선의 이익을 위한 정책이나 기업의 행동은 논란의 여지가 없어야 한다. 따라서 명확한 정책 또는 행동은 많은 이들을 설득하는 것이 수월하지만, 기업의 사회적 책임의 경우는 그렇지 않다.

수년간 제시되어 온 다양한 기업의 사회적 책임에 대한 체계는 기업에게 단순한 이윤창출을 뛰어넘어 규제되지 않는 사회적 책임을 설파한다. 그렇다면 그 사회적 책임이 무엇인지는 누가 결정하는가? 사회적으로 책임 있는 행동이 무엇인지에 대해 의견이 다를 수 있다. 그렇다면 누가 사회적 책임의 기준을 정하는가? 이를 정하는 것은 정부도, 그 어떤 선출직도 아니다. 기업의 사회적 책임에 대한 문제는 여기에 있다. 그것은 전적으로 주관적이다. 사회적으로 책임 있는 것과 아닌 것이 무엇인지를 누가 결정하는지가 문제이다.

실제로 선출되지 않은 이들이 사회를 대변한다는 주장을 펴고 결정을 내리고 있다. 그들은 기업이 어떻게 운영되는지 관찰하고 기업의 활동을 사회에 좋거나 나쁜 것으로 분류한다. 이 분류는 어떤 기업 활동이 좋고 나쁜지를 분류하는 사람의 이념적 신념에 기반을 둔다. 현재 이러한 분류를 하는 이들은 진보적인 대의를 선호하는 경향이 있다. 물론 보수주의자도 이런 분류를 할 수 있겠으나, 오늘날의 다양한 사회적 책임 체계는 진보주의자가 선호하는 정책을 장려하는 경향이 있다.[1] 우리가 기업의 사회적 책임이라고 부르는 것은 기업의 정치적 행동주의라고 설명하는 것이 더 적절할지도 모른다.

책임을 지는 것인가, 아니면 이념적 대의를 홍보하는 것인가?
Taking responsibility or promoting ideological causes?

최근 상장기업에 대한 사회적 책임 이니셔티브의 몇 가지 예시를 알아보자. 여기에서 공통된 패턴을 식별할 수 있는지 판단해 보길 바란다. 요점은 이 이니셔티브가 좋거나 나쁘다고 주장하는 것이 아니라, 이들이 공통된 이념적 성향을 가지고 있다는 것이다.

- 대법원이 로 대 웨이드(Roe v. Wade) 판결을 뒤집은 것에 대응하여, 아마존, 뱅크 오브 아메리카, 시티그룹(Citigroup), 골드만삭스(Goldman Sachs), 휴렛팩커드(Hewlett Packard), JP모건 체이스(JPMorgan Chase), 마이크로소프트, 월트 디즈니(Walt Disney), 야후(Yahoo)를 포함한 여러 기업이 낙태가 제한된 주에 거주하는 직원에게 낙태를 위한 교통비를 혜택으로 제공하겠다고 발표했다.[2]
- 코카콜라(Coca-Cola), 마이크로소프트, 캐피털 원(Capital One), 화이자, 시티그룹, 아마존, 스타벅스는 모두 미국 최대

의 성소수자(LGBTQ) 옹호단체인 인권캠페인(Human Rights Campaign)에 기부했다.[3] 이 단체는 특정 선거 후보자를 지지하는데, 이들은 대부분 항상 민주당원이다.[4]

- 2021년, 200개의 기업이 유권자 신분증 법(Voter ID laws)을 비판하는 서한에 서명했다. 서명 기업에는 페이팔(PayPal), 유나이티드 항공(United Airlines), 우버(Uber)가 포함되었는데, 이들은 모두 자사의 서비스를 이용하기 위해 신분증을 요구하는 아이러니가 있다.[5]
- 유나이티드 항공은 향후 10년간 채용할 5,000명의 조종사 중 절반을 여성이나 '유색인종(People of color)'으로 고용하겠다고 발표했다.[6]
- 2020년에 9천만 달러를 모금한 블랙 라이브스 매터(Black Lives Matter)에 아마존, 마이크로소프트, 코카콜라, 에어비앤비(Airbnb)도 기부했다. 이 단체들의 창립자는 스스로를 '훈련받은 마르크스주의자'라고 선언했으며,[7] 경찰 예산 삭감과 같은 논란의 여지가 있는 정책을 옹호했다.[8]

전형적인 공화당원이 이러한 이니셔티브 중 어느 하나라도 지지할까? 많은 민주당원도 이중 일부에 대해서는 유보적 입장을 보인다. 심지어 이러한 대의에 동의하는 주주조차도 자신의 투자금이 이러한 방식으로 쓰이는 것을 원하지 않을 수 있다. 만약 이러한 운동에 기부하고자 하는 주주라면, 직접 기부를 하면 된다. 누군가가 인권캠페인이나 블랙 라이브스 매터에 기부하고 싶다면, 해당 단체의 웹사이트에 방문하여 기부하면 된다.

제대로 기능하는 민주주의에서 일부는 진보적인 사회적 대의를 지지하고, 또 다른 일부는 보수적인 사회적 대의를 지지하며, 또 다른 이들은 그다지 신경 쓰지 않고 어느 쪽도 지지하지 않는다. 그것이 당연하다. 모두는 자유롭게 말하고 '자신의 돈'을 적합하다고 생각하는 대로 사용할 수 있어야 한다. 여기서 문제는 상장기업의 경영진이 이념적 의제를 따르는데 '기업의 자산'을 이용한다는 점이다. 기업의 경영자가 자신이 선호하는 사회적 의제를 위해 주주의 자산을 이용하는 것은 유용의 하나일 뿐이다.

사회적 대의를 위한 유용은 전통적인 유용보다 더 나쁠 수 있다. 전통적인 유용에서는 주주로부터 경영자나 지배 주주에게로 부가 이전되곤 했다. 그러나 사회적 책임과 관련된 유용에서는 주주의 부에 대한 손실뿐만 아니라 많은 주주가 반대하는 이념적 의제에 대한 자금지원도 이루어진다.

금융기관과 이산화탄소 배출
Financial institutions and CO2 emissions

현재 이산화탄소 배출을 규제할지, 그리고 어떻게 규제할지에 대해 의견불일치가 있으며, 이는 매우 정파적인 문제이다. 진보주의자는 화석연료 사용을 제한하는 정책을 선호하는 경향이 있는 반면, 대부분의 공화당원과 일부 온건한 민주당원은 이에 반대한다.[9] 현재 미국에는 이산화탄소 배출을 명시적으로 제한하는 규제가 없다. 물론 그에 대한 규제를 만들 수 있겠으나, 현재 시점에는 존재하지 않는다. 따라서 현재로서는 원하는 만큼 이산화탄소를 배출할 자유가 있다.

그러나 몇몇 펀드매니저와 상장은행은 이 문제에 대해 사실상 규제자로서 스스로 행동하고 있다. 그들은 2050년까지 이산화탄소 배출을 없애는 것을 목표로 명시하는 컨소시엄에 가입했다. 넷제로 자산운용사 이니셔티브(Net Zero Asset Managers Initiative)는 그러한 컨소시엄 중 하나이다. 여기에는 59조 달러 이상의 자산을 운용하는 301개의 펀드매니저를 포함하며,[10] 국제연합이 설립에 역할을 했다. 다음은 넷제로 자산운용사 이니셔티브가 자신의 목적을 설명한 내용이다.

넷제로 자산운용사 이니셔티브는 지구 온난화를 섭씨 1.5도로 제한하려는 전 세계적인 노력에 동참하여, 2050년 또는 그 이전까지 온실가스 배출을 없애는 목표를 지원하고, 이를 위한 투자를 지원하는 자산운용사의 국제적 모임이다.[11]

기후행동 100+(Climate Action 100+)도 이와 비슷한 펀드매니저로 구성된 컨소시엄이다. 여기에는 68조 달러의 자산을 투자한 700개 이상의 투자자가 포함되어 있다.[12] 이 컨소시엄은 이산화탄소 배출량이 큰 166개 기업에 관여한다. 기후행동 100+는 회원들에게 다음과 같이 요구한다.

2050년 또는 그 이전에 온실가스 배출을 없애고 평균 지구 온도 상승을 산업화 이전보다 섭씨 2도 미만으로 낮추고 추가적인 온도 상승을 섭씨 1.5도로 제한하고자 하는 파리협정의 목표에 부합하기 위해, 투자자는 그들이 투자한 기업으로 하여금 이에 대한 전략을 수립해야 한다. 이를 통해 투자자는 그들의 투자위험을 줄이고, 수혜자들에게 계속해서 지속가능한 이익을 확보해야 한다.[13]

두 컨소시엄과 그 회원들은 명백히 정치적 행동주의에 관여하고 있다. 이들 컨소시엄은 그들의 회원들과 국제연합이 선호하는 정책을 강제하려고 하지만, 이 정책은 투표에 의해 결정된 것이 아니다. 파리협정은 미국 기업에게 구속력 있는 법이나 규제가 아니다. 바이든 행정부에서 미국은 파리협정의 서명국이지만, 행정부 단독으로는 법을 제정하거나 조약을 체결할 수 없다. 파리협정은 상원의 비준을 받지 못했기 때문에, 미국에서 아무런 구속력을 갖지 않는다. 정치인들은 파리협정의 목표와 일치하는 법안을 제정할 수 있었지만 그렇게 하지 않기로 선택했으며, 이는 파리협정에 서명한 거의 모든 나라가 마찬가지이다.[14]

이러한 펀드매니저 연합이 효과적이었다는 증거가 있다. 댈러스 연방준비은행이 2022년 석유 및 가스 관련 기업을 대상으로 실시한 설문조사에서는 높은 유가에도 불구하고 상장 석유기업의 투자가 저조한 주요 이유를 물었다. 응답자의 59퍼센트는 투자자로부터의 압력을 주요 이유로 꼽았다.[15] 2021년 유사한 설문조사의 한 응답자는 약 400개의 기관투자자 중 석유와 가스 관련 기업의 투자할 의향이 있는 곳은 단 한 곳뿐이라고 응답했다.[16]

넷제로 뱅킹 얼라이언스(Net-Zero Banking Alliance)는 또 다른 국제연합 이니셔티브로서, 2050년까지 이산화탄소 배출 넷제로에 도달하는 것을 목표로 한다.[17] 이 동맹에는 전 세계 은행 자산의 40퍼센트를 차지하는 41개국 122개 회원은행들이 참여했다. 각 은행이 컨소시엄에 가입할 때 서명하는 헌신 서약서는 다음과 같이 명시하고 있다.

늦어도 2050년까지 이산화탄소 배출의 넷제로를 달성하여 2100년까지 온도 상승을 산업화 이전 수준보다 최대 섭씨 1.5도로 억제하기 위해, 우리의 대출 및 투자 포트폴리오에서 발생하는 모든 운영상 또는 부가적으로 발생하는 온실가스 배출을 다음 세기 중반 또는 그 이전까지 넷제로로 전환한다. 여기서 온실가스 배출은 은행의 스코프 1, 2, 3 배출을 의미한다. 은행의 스코프 3 배출에는 그들 고객의 스코프 1과 2, 그리고 중요하고 정보가 입수가능하다면 스코프 3 배출도 포함되어야 한다.[18]

이 성명은 기본적으로 은행이 화석연료 관련 기업에게 대출을 해서는 안 된다는 것을 의미한다. 14장에서 논의했듯이, 스코프 3 이산화탄소 배출에는 고객의 이산화탄소 배출이 포함된다. 따라서 이 약속은 은행이 자신의 온실가스 배출뿐만 아니라 고객의 배출과 그 고객의 고객에 의한 배출까지 제로로 만들어야 한다고 말하고 있다. 만약 석유기업이 은행의 고객이라면, 그 은행의 스코프 3 배출은 그 석유기업의 제품을 사용하는 고객의 배출까지 반영한다. 석유기업의 스코프 3 이산화탄소 배출을 제로로 만들려면, 이 석유기업은 영업을 중단해야 한다.

적어도 주주 자본주의의 관점에서 볼 때, 사기업인 은행이 이러한 컨소시엄에 가입하는 것에는 문제가 없지만, 상장은행의 경우는 이야기가 다르다. 상장은행은 그들의 경영자가 아니라 주주의 것이다. 이러한 상장은행이 수익성 있는 대출기회를 실행하지 않는 대신에, 기후변화와 같은 정치적 의제를 추구하는 것은 주주가치를 감소시킨다.

공화당 검찰총장들의 조사와 법적조치
Investigations and legal actions by Republican attorneys general

공화당이 집권한 주의 검찰총장(Attorneys general, AGs) 및 다른 공화당 정치인에 의해 주도되는 최근의 법적조치와 조사는 기업의 사회적 책임이라 불리는 많은 것이 사실은 정치적 행동주의라는 것을 보여준다. 총 27개 주가 ESG 투자를 제한하기 위해 법적조치를 취하거나 불만을 제기했다.[19] 이러한 조치는 ESG와 관련된 사회적, 환경적 의제가 좋다 또는 나쁘다기보다는 매우 정파적이라는 것을 나타낸다. 만약 ESG가 이익과 같은 객관적인 지표에 초점을 맞춘다면, 한 국가의 과반수의 주가 이를 제한하기 위해 법적조치를 취하지는 않았을 것이다.

공화당이 집권한 주의 검찰총장의 법적 이의제기의 주된 내용은 주 연금기금의 자금을 담당하는 펀드매니저는 연금 수령자에게 가능한 최고의 재무적 수익을 제공해야 하는 수탁자 의무를 지고 있다는 것이다. 그러나 일부 펀드매니저는 그들이 투자하는 기업이 다양한 사회적 대의를 추구하도록 장려하였고, 이는 재무적 수익을 희생시킬 수 있다. 공화당이 집권한 주의 검찰총장들은 먼저 기업의 사회적 책임과 관련하여 가장 유명하고 열혈한 지지자인 블랙록과 그 최고경영자인 래리 핑크를 지목했다. 블랙록은 세계 최대의 펀드매니저이므로 피투자기업에게 상당한 영향을 미칠 수 있다. 펀드매니저는 법적 주주이므로 기업정책과 이사선임에 관한 주주투표에 참여할 수 있다. 블랙록은 또한 앞서 논의한 두 자산운용사 컨소시엄의 서명자이기도 하다. 19명의 공화당 검찰총장들이 핑크에게 보낸 편지의 내용 중 일부는 다음과 같다.

현재 우리가 알고 있는 사실에 기반하면, 블랙록은 우리 주 시민이 투자한 자금으로 획득한 투표권을 이용하여, 최고의 투자수익이 아닌 다른 목적을 추구하는 것으로 보입니다. 블랙록의 과거 공개서한에 따르면 블랙록은 회석연료의 단계적 폐지를 강요하고, 에너지 가격을 인상시키며, 인플레이션을 유발하고, 미국의 국가안보에 위협을 가하는 파리협정과 같은 국제협정을 준수하도록 하는 데 시민들의 자산을 이용하였습니다. 이러한 협정은 결코 미국상원의 비준을 받지 않았습니다. 어떤 국제협정이 법적효력을 갖는지 결정하는 것은 이 나라의 시민들이 선출한 상원의원이지, 블랙록이 아닙니다.[20]

2023년 3월, 21명의 공화당 검찰총장들은 미국 53대 자산운용사에게도 비슷한 공개서한을 보낸 바 있다. 이 공개서한은 자산운용사가 그들의 의결권을 사용하여 기업에게 2050년까지 이산화탄소 배출제로 목표를 포함한 다양한 ESG 목표를 준수하도록 압력을 가하는 것에 대한 우려를 표명했다. 공개서한에서 논의된 다른 이슈로는 인종 및 성별 할당에 대한 제안사항이나, 공화당에 대한 정치 기부금의 경우 보고되어야 하나 민주당에 대한 기부금은 보고되지 않아도 된다는 제안도 포함된다. 이외에도 낙태를 제한하는 법을 통과시킨 주에서 기업을 운영하는 것이 사업위험을 유발시킨다는 보고서 발행을 요구하는 제안도 있다.

공화당 검찰총장들은 또한 뮤추얼펀드의 성과를 평가하는 기업인 모닝스타(Morningstar)와 그 자회사로 ESG 등급을 발행하는 서스테이널리틱스(Sustainalytics)에 대한 조사를 시작했다.[21] ESG에 초점을 맞춘 펀드매니저는 서스테이널리틱스의 등급을 기반으로 투자를 결정할 정도로 서스테이널리틱스가 발행한 ESG 등급은 중요하다. 검찰총장들은 이스라엘과 거래를 하는 기업은 서스테이널리틱스로부터 더 낮은 ESG 등급을 받았다는 점을 근거로 반이스라엘 편향을 지적하였다. 여기에서 요점은 이스라엘과 같은 논쟁적인 정책에 대하여 어느 한쪽의 편을 들자는 것이 아니라, 이런 사안들이 모두 본질적으로 정치적이기 마련이다는 점이다.

주주 자본주의에서는 이러한 논란이 없다. 펀드매니저의 일은 투자자를 위한 수탁자 역할을 하는 것이다. 펀드의 투자자는 기업가치의 증가로부터 이익을 얻는다. 따라서 펀드매니저는 주주가치를 증가시킬 것이라고 믿는 정책에 투표한다. 여러분과 여러분의 자금을 관리하는 이가 정치적으로 정반대의 성향일 수 있지만, 펀드매니저는 여전히 여러분이 그에게 맡긴 일을 수행할 뿐이다. 이런 의미에서 펀드매니저는 회계사나 치과의사와 다르지 않으며, 단순히 주어진 일을 수행할 뿐이다. 투자자는 자신의 저축이 동의 없이, 심지어 자신이 반대했을지 모르는 사회적·환경적 대의를 부흥시키는 데 사용되는 것을 걱정할 필요가 없다.

기업의 정치적 행동주의의 문제점은 무엇인가?
What's wrong with corporate political activism?

여러분과 내가 함께 하나의 기업을 소유하고 있다고 상상해보자. 나는 기업의 55퍼센트를, 당신은 나머지 45퍼센트를 소유하고 있다. 따라서 나는 기업의 운영을 통제할 수 있다. 나와 당신은 좋은 관계를 유지하고 있고 기업의 운영에 대해 일반적으로 동의하며, 우리의 기업은 성공적으로 성장하고 있다. 그러나 당신과 나는 정치적 문제에 있어서는 정반대의 성향을 가지고 있다.

내가 기업이 수익성을 갖는 것만으로는 충분하지 않고 사회적으로도 책임감을 가져야 한다고 결정했다고 가정하자. 나는 지배주주이므로 사회적 책임이 무엇을 의미하는지 정의할 수 있기 때문에, 기업의 이익 중 일부를 내가 선호하는 이념적 대의에 기부한다. 또한, 정파적인 문제에 대한 기업성명을 발표하고, 나와 견해를 공유하는 초청연사에게 기업을 방문하여 정파적인 문제에 대해 연설해 줄 것을 요청한다. 이러한 행동은 당신에게 귀속된 기업 자산을 사용할 뿐만 아니라, 당신의 신념과 가치에 반하는 이념적 대의를 촉진한다. 이 모든 일이 발생한 이후에도 당신은 나와 계속 파트너십을 유지하고 싶어 할 것인가? 당신은 나와 함께 새로운 사업에 투자하기를 원할까?

이는 상장기업의 경우도 다르지 않다. 경영자가 자신의 이념적 대의를 추진하기 위해 기업의 자산을 사용한다면, 주주를 착취를 하는 것이고, 그 이념에 동의하지 않는 주주에게는 추가적인 피해를 주는 것이다. 기업의 정치적 행동주의가 만연하게 되면, 상장기업에 투자하는 투자자는 점차 줄어들 것이다. 많은 연구에서 기업의 유용(Corporate expropriation)이 많을수록 해당 국가의 주식시장이 취약하다는 결과를 보고하였다.

기업의 정파성(Corporate partisanship)은 선거를 통해 환경 및 사회정책이 결정되어야 하는 우리의 민주주의에 이롭지 않다. 기업이 정파적이라면 사람들은 선거로는 달성할 수 없지만 그들이 선호하는 환경 및 사회적 의제를 위해 기업을 이용할 것이다. 그 결과 선출되지 않은 소수의 인원이 사회에 무엇이 좋고 나쁜지를 결정하게 될 것이다. 이러한 행동은 미국인을 정파적 노선에 따라 더욱 분열시킬 것이다. 반면에 주주 자본주의는 모든 사람을 같은 편에 두며 모든 주주는 기업이 성공할 때 혜택을 받는다.

주주는 정치적으로 다양한 그룹이다. 2022년 갤럽 여론조사에 따르면, 공화당원의 65퍼센트, 민주당원의 61퍼센트, 무소속의 53퍼센트가 주식을 소유하고 있다.[22] 만약 우리가 주주 자본주의의 규칙을 따른다면, 이러한 정치적 견해 차이는 무의미하고, 정치적 성향과 관계없이 주주는 평화롭게 공존할 수 있다. 기업의 목표는 주주가치를 극대화하는 것으로 기업이 잘 운영되면 모든 주주가 이익을 얻는다. 진보적인 주주와 보수적인 주주, 심지어 정치에 관심을 기울이지 않는 주주까지도 +10퍼센트 투자수익률이 -10퍼센트 수익률보다 더 만족스럽다는 데에 동의할 수 있다.

미주

1. 최근의 몇몇 저서에서도 기업이 진보적인 정치 정책을 추구하고 있다는 점을 지적하였다. Stephen R. Soukup, New York: Encounter Books, "The dictatorship of woke capital: How political correctness captured big business", 2021년; Vivek Ramaswamy, New York: Hachette, "Woke, Inc. inside corporate America's social justice scam", 2021년

2. Kate Gibson, CBS News, "These companies are paying for abortion travel", 2022년 7월 2일

3. 이 모든 기업은 2022년 인권캠페인(Human Rights Campaign)의 '플래티넘 파트너(Platinum Partners)'였다.(https://www.hrc.org/corporate-downloads/partners)

4. Human Rights Campaign, Human Rights Campaign News, "Human rights campaign endorses vice president Joe Biden for president", 2020년 5월 6일

5. Civic Alliance, "The right to vote is the cornerstone of our democracy", 2021년 4월 2일

6. United Airlines, Twitter, 2021년 4월 6일(https://twitter.com/united/status/1379426304857141250?lang=en.)

7. John Kass, Chicago Tribune, "Column: What was Marx's position on high-end real estate? ask BLM's Patrisse Khan-Cullors", 2021년 4월 15일

8. Andrew Kerr, Washington Examiner, "Major corporate donors silent on Black Lives Matter's alleged self-dealing", 2022년 6월 3일

9. 예를 들어, 모든 공화당 상원의원과 두 명의 민주당 상원의원(웨스트 버지니아 주의 조 맨친(Joe Manchin)과 몬태나 주의 존 테스터(Jon Tester))은 퇴직연금 펀드매니저가 투자결정을 할 때 기후변화와 다른 ESG 요소들을 고려할 수 있도록 하는 바이든 행정부의 규정에 반대표를 던졌다. Andre Ackerman and Lindsay Wise, Wall Street Journal, "Senate votes 50-46 to reverse ESG rule for retirement Funds", 2023년 3월 1일 참고.

10	Net Zero Asset Managers Initiative, 홈페이지
11	미주 10)과 동일
12	Climate Action 100+, 홈페이지
13	미주 12)와 동일
14	ClimateWatch, Net-Zero Tracker, 홈페이지
15	Federal Reserve Bank of Dallas, "Dallas Fed energy survey", 2022년 3월 23일
16	Federal Reserve Bank of Dallas, "Dallas Fed energy survey", 2021년 6월 23일
17	Net-Zero Banking Alliance, UN-Convened Environment Programme Initiative, 홈페이지
18	Net-Zero Banking Alliance, Commitment Statement
19	Consumers' Research, "Anti-ESG actions and legislation tracker"
20	Mark Brnovich and Doug Peterson, BlackRock, "Letter from the Arizona and Nebraska state attorneys general and others to Laurence D. Fink, CEO", 2022년 8월 4일
21	Ross Kerber, Reuters, "Eighteen U.S. States join Missouri probe into Morningstar ESG", 2022년 8월 17일
22	Lydia Saad and Jeffrey M. Jones, Gallup, "What percentage of Americans own stocks?", 2022년 5월 12일

17
기업의 사회적 책임은
규제실패를 해결하는가?
Does corporate social responsibility remedy regulatory failures?

나는 30만 년도 더 지난 교역에 관한 최초의 유물에 대한 이야기로 이 책을 시작했다. 이 유물 중에는 날카롭게 다듬기에 좋은 화산암 중 하나인 검은 흑요석으로 만든 도구가 있었다. 발굴현장에서는 가장 오래된 산업폐기물의 증거도 발견되었다. 도구를 만들기 위해서는 원하는 모양과 날카로움을 얻을 때까지 흑요석을 깎아내야 했다. 고고학자는 도구 제작자가 남긴 46,000개의 흑요석 조각을 발견하였다.[1] 뒷정리를 미루는 것은 인간의 오랜 역사인가 보다. 이를 염두에 두고, 이제 기업의 사회적 책임에 대한 주장을 살펴보자.

기업의 사회적 책임은 규제로 해결되지 않은 부정적 외부효과를 바로잡을 수 있다. 부정적 외부효과는 두 당사자가 거래를 하면서 발생한 비용의 일부를 거래로부터 혜택을 받지 않는 제3자가 부담하는 것을 의미한다. 환경오염은 고전적인 부정적 외부효과의 예로써, 오염을 만들어내는 기업 주변에 거주하는 주민은 그 기업과의 거래를 통해 이득을 얻지 않음에도 불구하고 오염으로 인한 피해를 입게 된다.

오염을 일으킨 기업의 주주도 역시 오염으로 인해 피해를 입을 수 있고, 오염이 다른 이들에게 해를 끼친다는 사실을 알고 고통 받을 수 있다. 노벨 경제학상 수상자인 경제학자 올리버 하트(Oliver Hart)와 루이지 징갈레스(Luigi Zingales)는 일부 외부효과가 주주에게 미치는 피해가 그 외부효과를 감수하면서 창출된 주주가치보다 클 수 있다는 점을 지적했다.[2] 따라서 오염을 줄이는 것에 비용이 소모되고 이익 및 주주가치를 감소시키지만, 오염이 주주에게 주는 폐해는 오염을 줄이는 과정에서 발생하는 주주가치의 손실보다 더 클 수도 있다. 그러므로 기업이 오염을 줄이면 주주가치는 낮아지지만 주주후생(Shareholder welfare)은 오히려 더 높아진다. 이는 이론적으로는 타당해 보이지만 실제 사회를 설명하는 데에도 도움이 될까?

어떤 외부효과가 상당한 해를 끼친다는 것에 대하여 광범위한 합의가 있더라도, 우리는 왜 그것을 제한하는 규제를 통과시키지 않는가? 나는 하트와 징갈레스의 의견에 동의한다. 주주는 자신의 부를 줄이더라도 일부 외부효과를 줄이는 것을 선호한다. 아무도 독성 폐기물을 강과 호수에 버리는 것을 원하지 않는다. 설령 그것이 저렴한 처리방법이라 해도 말이다. 그러나 이렇게 명백한 외부효과는 대부분 규제대상이 될 것이다. 만약 어떤 외부효과가 규제되지 않는다면, 그것은 아마도 사회의 대부분이 그 규제가 정당하지 않다고 느끼기 때문일 것이다.

또한, 기업의 사회적 책임은 중요한 외부효과와 다른 사회문제를 다루는 데 있어 빈약한 수단이다. 미국에는 3,300만 개 이상의 사업체가 등록되어 있고, 이들은 상장기업이 아니기 때문에 ESG 평가와 기업의 사회적 책임 캠페인의 영향을 덜 받는다.[3]

평균적으로는 미국의 4,200개 상장기업은 대부분의 비상장기업보다 규모가 크지만, 비상장기업을 모두 합친다면 이들도 경제적으로 중요하다.[4]

새로운 규제를 시행하기 어려운가?
Is it difficult to implement new regulations?

새로운 규제를 시행하는 것은 어렵지 않다. 경제의 많은 영역을 다루는 많은 규제가 있어서 기업이 직면하는 규칙과 제한사항이 몇 개인지를 아는 것은 사실상 불가능하기까지 하다. 누구도 연방 규정집(Code of Federal Regulations) 전체를 읽을 수 없으며, 어떤 기업에 대한 규제가 몇 개인지 알고 싶다면, 연방 규정집을 다양한 키워드로 검색할 수 있는 프로그램을 만들어야 할지도 모른다. 2017년 뉴욕 타임즈는 사과 과수원이 얼마나 많은 연방규칙과 제한에 대처해야 하는지에 대해 보도했다.[5] 사과 과수원이 준수해야 하는 연방규칙은 약 12,000개에 이르는 것으로 추정되며, 이들 대부분은 사과 과수원 외의 다른 사업체에도 적용된다. 사과 과수원에만 특화된 규칙은 5,000개가 있다. 이 규칙들은 17개의 규제에서 비롯되며, 각 규제는 평균적으로 294개의 규칙을 포함하고 있다. 이를 전체 경제로 확대해보면, 2022년 말 기준으로 존재하는 1,091,796개의 연방규제에 잠재적으로 수억 개의 규칙과 제한이 포함되어 있을 수 있다.

주정부와 지방정부도 자체적인 규제를 가지고 있다. 미국의 주는 평균적으로 138,841개의 규제를 가지고 있다.[6] 가장 많은 규제를 가진 주는 403,774개를 가진 캘리포니아이고,[7] 가장 적은 규제를 가진 주는 36,612개를 가진 아이다호이다.[8] 캘리포니아의 규제가 너무 많은가, 아니면 아이다호의 규제가 너무 적은가? 여러분이 판단하시기 바란다.

규제를 가장 많이 만들어내는 연방기관은 미국환경보호국(EPA)이다. 미국환경보호국은 현재 약 170,000개의 규제를 가지고 있으며, 이는 다른 어떤 연방기관보다도 많다.[9] 미국환경보호국은 1970년 리처드 닉슨 대통령에 의해 설립된 후 매년 평균 3,000개 이상의 새로운 규제를 만들어 왔다.

민주당은 일반적으로 공화당보다 더 엄격한 환경규제를 원한다. 오바마 대통령의 첫 임기 동안 미국환경보호국은 16,583개의 새로운 규제를 제정했다.[10] 일부 사람들은 이것이 과도하다고 생각했고, 다른 이들은 여전히 충분하지 않다고 생각했다. 트럼프 대통령은 많은 비용을 발생시키는 미국환경보호국의 규칙 100개를 폐지했다.[11] 이 조치는 일부 사람들을 화나게 했지만 다른 이들은 환영했다. 바이든 대통령은 이를 뒤집고 더 많은 규제를 추가하기 위해 노력해 왔다.[12] 이것이 민주주의에서 일이 진행되는 방식이다. 선거는 다수의 선호를 반영하는 규제가 만들어지는 결과를 가져온다.

외부효과가 상당히 해롭다는 것에 다수가 동의하는 상황에서도 우리가 이를 규제하지 못한다는 주장은 설득력이 없다. 오히려 정부기관이 새로운 규제를 시행하는 것은 너무 쉽고, 규제 당국은 그들이 부과하는 규제의 비용을 충분히 고려하지 않는다. 만약 환경에 대한 외부효과가 규제를 받지 않는다면, 이는 보이지 않는 힘이 규제를 막기 때문이 아니라 대다수가 규제를 원하지 않기 때문이다.

기업의 사회적 책임이 이산화탄소 배출로 인한 부정적 외부효과를 바로잡는가?
Does corporate social responsibility correct the negative externalities caused by CO2 emissions?

앞선 장에서는 2050년까지 세계의 이산화탄소 배출량을 0으로 만들고자 하는 펀드매니저와 은행의 컨소시엄에 대해 언급했었다. 이런 움직임은 대부분의 미국인들의 바람과는 달리, 정부정책이 되지 못하는 것을 사실상의 규제로 만들어내고자 하는 노력은 아닌가?

학계에서는 종종 다음과 같이 주장한다. 이산화탄소 배출은 지구온난화를 야기하여 비용을 발생시키지만, 기업은 이러한 배출에 대해 직접적으로 비용을 부담하지 않는데, 이는 배출에 대한 가격이 책정되지 않기 때문이다. 이산화탄소 배출로 인한 사회적 비용이 기업의 현재 이익을 낮추지는 않는다. 따라서 기업의 지구온난화의 비용이 화석연료의 가격에 정확히 반영된다면, 지금보다 더 적은 화석연료를 사용할 것이다. 이러한 사고흐름이 넷제로 캠페인을 설명할 수 있을까? 이는 단순히 시장실패를 바로잡기 위한 수단인가?

이 주장의 문제점은 넷제로 캠페인이 지구온난화의 비용을 화석연료의 가격에 반영하는 것을 목표로 하지 않고, 화석연료의 사용을 완전히 없애고자 한다는 점이다. 화석연료가 부정적인 외부효과를 만들기는 하지만, 저렴하고 신뢰할 수 있는 에너지라는 엄청난 장점도 있다. 따라서 화석연료 사용을 완전히 제거하는 것은 다른 대체자원을 값비싼 가격에 소비하게 함으로써, 사람들이 화석연료에 대해 기꺼이 지불하려는 가격을 훨씬 뛰어넘는 큰 비용을 야기할 수 있다.

대부분의 사람들은 단순히 "기업이 이산화탄소 배출을 줄이기를 원하십니까?"라고 물으면 "예."라고 대답한다. 하지만 대부분은 "기업 이산화탄소의 배출을 줄이는 데에 실제 비용을 지불할 의사가 있습니까?"라는 질문에는 "아니오."라고 대답한다. AP통신-국립여론조사센터 공공문제연구센터(AP-NORC Center for Public Affairs Research)가 2018년에 실시한 설문조사에 따르면, 68퍼센트의 미국인은 지구온난화에 대응하기 위해 매월 전기요금을 10달러 더 내는 것을 꺼린다고 응답했다.[13] 마찬가지로, 2019년 카이저 가족 재단(Kaiser Family Foundation)의 설문조사에서는 응답자의 71퍼센트가 지구온난화에 대응하기 위해 매달 10달러의 세금을 내는 것을 꺼렸고, 74퍼센트가 갤런당 0.25달러의 가솔린 세금의 부과에 대해 반대했다.[14]

2050년까지 순배출제로를 달성하는 데 얼마나 많은 비용이 들까? 정확히 알 수는 없지만, 몇 가지 추정치를 살펴볼 수 있다. 2021년 저널 네이처 기후변화(Nature Climate Change)에 발표된 연구에 따르면, 2050년까지 95퍼센트 배출 감소를 달성하는 데 미국 국내총생산의 11.9퍼센트, 즉 1인당 연간 11,300달러의 비용이 들 수 있다고 한다.[15] 같은 연구에서 2050년까지 60퍼센트라는 좀 더 완화된 감소목표를 달성하는 데에도 여전히 1인당 연간 1,913달러의 비용이 든다고 한다. 최근 뉴질랜드는 2050년까지 온실가스 순배출제로를 달성하기로 약속했다. 뉴질랜드 정부가 고용한 독립 컨설팅기업의 추정치에 따르면, 2050년까지 순배출제로를 달성하는 데 뉴질랜드 국내총생산의 10퍼센트에서 21퍼센트 사이의 비용이 들 수 있다고 한다.[16]

만약 미국만 2050년까지 이산화탄소 배출제로 목표를 달성한다면, 전 세계 기온에 미치는 영향은 미미할 것이다. 국제연합의 기후모델에 따르면, 미국이 즉시 배출제로를 달성하더라도 2100년까지 전 세계 기온에 미치는 영향은 화씨 0.3도에 불과할 것이라고 한다.[17] 그 이유는 시간이 지남에 따라 미국이 전 세계 온실가스 배출에서 차지하는 비중이 줄어들 것으로 예상되며, 인도, 중국, 아프리카가 점점 더 큰 비중을 차지할 것으로 예상하기 때문이다.

기후변화의 비용
The costs of climate change

아마도 펀드매니저나 은행가가 옳고 나머지는 잘못된 것일 수도 있다. 2050년 넷제로 캠페인은 비용이 많이 들 수 있지만, 지구온난화의 비용이 더 클 수도 있다. 만약 그렇다면 우리는 넷제로 캠페인을 따라야 할 것이다. 그렇다면 지구온난화의 영향은 얼마나 크다고 예상되는가? 아무도 정확히는 알지 못하겠으나, 예측모델을 만드는 것은 가능하다. 지구온난화의 영향에 대한 전문가의 추정치를 살펴보자.

국제연합의 2018년 기후 패널 보고서는 이산화탄소 배출을 줄이기 위해 아무것도 하지 않고 지금처럼 살아간다면, 2100년까지 지구온난화로 인한 비용이 전 세계 국내총생산의 2.6퍼센트가 될 것이라고 추정한다.[18] 이것이 얼마나 큰 문제일까? 세계경제는 평균적으로 매년 2퍼센트에서 3퍼센트로 성장한다는 점을 고려하면 가늠이 될 것이다. 만약 지구온난화가 전 세계 국내총생산의

2.6퍼센트의 비용을 발생시킨다면, 이는 약 1년 치의 전 세계 국내총생산 성장과 맞먹는다. 2100년에 살고 있는 사람들은 지구온난화가 없었다면 도달했을 수준에 이르기 위해 1년의 성장이 필요할 것이다. 이는 2100년의 사람들에게는 눈에 띄지도 않는 수준일 것이니 종말이 다가온 것이 사실이 아님은 확실하다.

국제연합의 추정치가 이상한 것은 아닐까? 이 주제에 관한 최근 연구 중 하나는 기온과 국내총생산의 관계에 대해 800개에 달하는 발생 가능한 모델을 만들었다. 이 연구에 따르면, 기후변화가 억제되지 않을 경우 발생할 수 있는 연간 비용은 국제연합이 추정한 2.6퍼센트와 유사한 전 세계 국내총생산의 1퍼센트에서 3퍼센트 사이로 추정된다.[19]

기후가 어떻게 변화하든, 2100년을 살아가는 이들이 지금의 우리보다 훨씬 부유할 가능성도 고려해야 한다. 만약 1인당 국내총생산이 지금부터 2100년까지 연간 2퍼센트씩 성장한다면, 2100년의 전 세계 1인당 국내총생산은 오늘날보다 450퍼센트 더 클 것이다. 이는 2100년에는 평균적으로 오늘날보다 450퍼센트 더 부유하다는 것을 의미한다. 만약 1인당 국내총생산이 연간 3퍼센트씩 성장한다면, 2100년에는 평균적으로 오늘날보다 945퍼센트 더 부유할 것이다. 2100년까지의 기후변화 비용이 국제연합의 추정치인 국내총생산의 2.6퍼센트의 두 배나 세 배가 되더라도, 그때 살고 있는 사람들은 평균적으로 오늘날보다 훨씬 더 높은 생활수준을 가질 것이다.

기후변화와 경제정책에 관한 연구로 2018년 노벨 경제학상을 수상한 윌리엄 노드하우스(William Nordhaus)가 만든 DICE(Dynamic Integrated Model of Climate and the Economy) 모

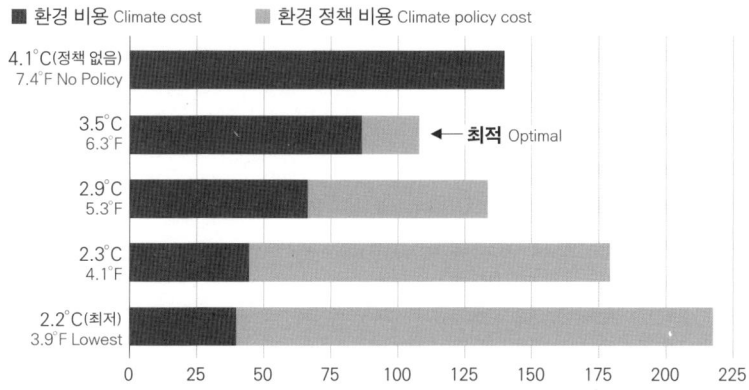

그림 17.1 가장 현명한 기후정책을 찾는 방법: 다양한 기후정책에 따른 2100년의 온도, 기후와 기후정책 비용의 현재가치

출처: Bjorn Lomborg, Wall Street Journal, "A reasonable alternative to COP26 and Preaching Climate Doom", 2021년 11월 10일. (2010년 기준, 단위: 조 달러)

델은 기후변화에 대응하기 위한 다양한 전략의 비용과 이익을 측정하였다.[20] DICE 모델을 사용하면 다양한 시나리오를 입력하여 기후변화의 비용과 기후변화를 완화하기 위한 이산화탄소 배출 감소 비용을 모두 추정할 수 있다. DICE 모델은 2100년의 기후변화 비용이 국제연합의 추정치보다 46퍼센트 더 높을 것으로 가정한다.[21]

코펜하겐 컨센서스 센터의 소장인 비요른 롬보그(Bjorn Lomborg)는 DICE 모델을 사용하여 그림 17.1의 차트를 만들었다.[22] 롬보그의 분석에 따르면, 지구온난화가 상당한 비용을 초래할 가능성이 높지만, 화석연료를 더 비싼 에너지원으로 대체하는 것도 마찬가지로 비용이 든다. 우리의 선택지를 평가할 때는 이 두 가지 비용을 모두 고려해야 한다.

사회가 지금처럼 이산화탄소 배출을 줄이기 위한 노력을

전혀 하지 않으면, 2100년에는 평균 기온이 1900년에 비해 섭씨 4.1도 상승할 것으로 예상되며, 이 정책에 대한 총 비용은 약 140조 달러이다. 이는 최선의 길은 아니지만 최악의 길도 아니다. 화석연료의 사용을 가장 많이 줄이는 경우, 오히려 가장 큰 비용이 발생하는 것으로 나타났다. 이 경우 온도 상승은 섭씨 2.2도로 가장 낮고 2050년에는 순배출량이 0에 가까워지지만, 총 비용은 215조 달러에 이른다.

가장 낮은 비용으로 최적의 결과를 가져오는 방안은 평균 기온이 섭씨 3.5도 상승하고 총 비용은 약 115조 달러가 발생하는 것이다. 이 시나리오에서는 지구온난화의 비용을 반영하여 화석연료 가격을 인상하는 탄소세가 포함되어 있다. 탄소세는 초반에는 적게 부과되지만, 우리가 이산화탄소 배출로부터 자유로운 더 나은 에너지 생산방법을 찾아내면서 점차 인상된다.

DICE 모델은 전 세계가 같은 정책을 따른다고 가정한다. 만약 미국과 유럽이 2050년까지 순배출제로를 목표로 하지만, 중국, 인도, 그리고 나머지 개발도상국들이 계속해서 성장하고 화석연료에 의존한다면, 우리는 여전히 섭씨 4.1도에 가까운 온도상승을 겪게 될 것이다. 그렇게 되면 미국인과 유럽인은 매우 높은 비용을 지불했음에도 아무런 혜택도 받지 못하게 되며, 우리의 후손은 점차 더 가난해지고 여전히 높은 기온의 도전에 직면하게 될 것이다.

나는 특정 방안이 다른 것들보다 낫다고 주장하고자 하는 것이 아니다. 만약 정부정책이 2050년까지 넷제로를 달성하는 것으로 정해진다면, 주주 자본주의 관점에서 기업은 이를 준수해야 마땅하다. 다만 지적하고 싶은 점은, 넷제로는 우리가 원했지만 정치적인 한계 때문에 규제로 만들어 지지 못한 것을 기업에게 사회적 책임으로 요구하는 것이 아니라는 점이다. 또한 이는 국제연합과 금융기관의 현명한 이들이 우리를 구제해 주기 위한 것도 아니다. 오히려 2050 순배출제로 컨소시엄은 선출되지 못한 이가 민주적인 정치과정으로는 선택되지 못한 공공정책을 밀어붙이려는 것에 불과하다.

기후변화에서 멈출 이유가 있는가?
Why stop at climate change?

이산화탄소 배출 문제가 해결되면 이 컨소시엄들은 사라질까? 그렇게 판단할 근거는 없다. 이 컨소시엄들이 화석연료에 대해 사실상의 규제자 역할에 성공한다면, 다른 사회적, 환경적 문제에 대해서도 동일하게 규제자 역할을 자처할 것이다. 따라서 이들은 사라지기보다는 다른 사회적 의제에 초점을 맞춰 나아갈 것이다. 그리고 어느 기업이 자신들의 의제에 반하는 제품이나 서비스를 만들어내면, 그 기업에 대한 자금조달을 막을 것이다. 또한, 어떤 경영자나 최고경영자가 자신들의 의제에 반하는 정치적 견해를 밝히면, 그 기업은 블랙리스트에 올라 자금조달이 어려워질지도 모른다.

　기업의 사회적 책임은 경제와 사회에서 금융기관의 역할을 근본적으로 변화시킬 수 있다. 가치 있는 성장기회를 가진 기업일지라도 국제연합과 금융업계가 이 기업이 사회적으로 책임성이 부족하다고 판단한다면 자금조달이 어려워진다. 하지만 기업이 가치 있는 성장기회를 갖는다는 것은 그 기업의 제품과 서비스가 사회에 가치를 창출한다는 것이다. 만약 기업의 사회적 책임을 주장하는 컨소시엄이 이런 기업의 자금조달을 막는다면, 이는 사실상 사회 위에 군림하고자 하는 것과 다르지 않다. 금융기관 혹은 그 누구든 이런 권력을 갖기를 원하는가?

1인 1표의 종말?
The end of one person, one vote?

민주주의는 결코 완벽하지 않지만, 2050년까지 화석연료를 포기하는 것과 같이 모든 사람에게 영향을 미치는 중대한 결정을 내리기 위해서는 모든 사람이 투표할 기회를 갖는 민주적 과정을 거쳐야 할 것이다. 정치적 투표와 달리 시민 개개인은 기업 투표에서 동등한 목소리를 갖지 않는다.[23] 우리의 정부체제는 1인 1표에 기반하고 있는 반면, 기업의 의결권은 주식 소유 정도에 기반을 둔다. 주식을 소유하지 않은 사람은 기업정책과 이사 선출을 위한 선거에 투표할 수 없다. 미국인의 42퍼센트는 주주가 아니지만, 그들도 사회가 어떻게 규제되고 어떤 에너지원을 사용할 수 있는지에 대해 의견을 낼 자격이 있다.[24]

상황을 더 악화시키는 것은 개별 투자자가 아닌 펀드매니저가 기업의 임원 선출과 주주 제안에 대해 주주로서 투표를 한다는 점이다. 우리는 정부선거에서 래리 핑크가 수백만 명을 대신해 투표하도록 허용하지 않을 것이다. 그러나 블랙록은 주주총회에서 그렇게 하고 있다. 이것이 펀드매니저 컨소시엄이 그렇게 큰 힘을 가지게 된 이유이다. 소수의 펀드매니저가 수백만 주주를 대신하여 투표할 수 있는 구조는 펀드매니저가 수탁자 의무에 충실하게 그들의 투자자에게 가능한 최고의 재무적 수익을 제공하려고 노력하는 경우에는 잘 작동한다. 하지만 공공정책에 관련된 사안이라면 펀드매니저는 많은 주주의 생각과는 다른 본인의 선호에 따라 투표를 할 수도 있다. 대부분의 주주는 투표가 진행되고 있는지, 기업의 투표가 어떻게 작동하는지조차 모르는 경우도 있다.

이러한 모든 이유로, 규제에 대해서는 대의 민주주의가 더 합리적인 접근방식이다. 정부규제는 결코 완벽하지 않으며, 지나치게 많은 규제는 오히려 이익은 창출하지 못한 채 비용만을 발생시킨다는 연구도 많다.[25] 하지만 적어도 정부를 통해서 모든 사람이 투표할 기회를 갖고 사회가 어떻게 규제되어야 하는지에 대해 의견을 낼 수 있어야 할 것이다.

미주

1 Alina Polianskaya, inews, "Humans may have been trading with each other as far back as 300,000 years", 2018년 3월 15일
2 Oliver Hart and Luigi Zingales, Journal of Law, Finance, and Accounting, "Companies should maximize shareholder welfare not market value", 2017년
3 U.S. Chamber of Commerce, "The state of small business now", 2023년 4월 10일
4 세계은행, "Listed domestic companies, total" 세계거래소연맹(World Federation of Exchanges) 데이터베이스의 미국 섹션을 참조.
5 Steven Eder, New York Times, "When picking apples on a farm with 5,000 rules, watch out for the ladder", 2017년 12월 27일
6 규제에 대한 통계는 버지니아 주 알링턴에 있는 조지 메이슨 대학교의 머카투스 센터(Mercatus Center)의 QuantGov에서 수집하였다.(https://www.quantgov.org/state-regdata-definitive-edition)
7 미주 6)과 동일
8 미주 6)과 동일
9 미주 6)과 동일
10 2008년 말에는 144,788개, 2012년 말에는 161,371개의 의 EPA 규제가 있었다. QuantGov(Mercatus Center, https://www.quantgov.org/agency-restrictions)를 참고하라.
11 Nadja Popovich, Livia Albeck-Ripka, and Kendra Pierre-Louis, New York Times, "The Trump administration rolled back more than 100 environmental rules. Here's the full list", 2021년 1월 20일
12 Brookings Center on Regulations and Markets, "Tracking regulatory changes in the Biden era", 2024년 8월 9일
13 Emily Ekins, Cato at Liberty (blog), "68% of Americans wouldn't pay $10 a month in higher electric bills to combat climate change", 2019년 3월 8일
14 Liz Hamel et al., Kaiser Family Foundation, "The Kaiser Family Foundation/Washington Post climate change survey", 2019년 11월

27일

15 Wei Peng et al., Nature Climate Change 11(9), "The surprisingly inexpensive cost of state-driven emission control strategies", 2021년; Bjorn Lomborg, Wall Street Journal, "Biden's climate ambitions are too costly for voters", 2021년 10월 14일

16 Ministry for the Environment, New Zealand Government, "Zero carbon bill economic analysis: A synthesis of economic impacts", 2018년

17 Bjorn Lomborg, The Wall Street Journal Opinion, "Biden's climate ambitions are too costly for voters", 2021년 10월 14일

18 Ove Hoegh-Guldberg et al. and V. Masson-Delmotte et al., Cambridge, UK: Cambridge University Press, "Impacts of 1.5°C global warming on natural and human systems", 2018년

19 12번의 피어리뷰를 거친 연구를 요약한 바이든 행정부의 최근 보고서에 따르면 추정치는 약 2퍼센트로 의견이 모아진다. 실제 비용은 훨씬 더 높을 수 있다. 나의 요점은 미래가 어떨지 논쟁하는 것이 아니라, 약 2퍼센트 정도의 추정치를 바탕으로 정책을 세우는 것이 불합리하지 않다는 것이다. Council of Economic Advisors and Office of Management and Budget, White Paper, "Methodologies and considerations for integrating the physical and transition risks of climate change into macroeconomic forecasting for the president's budget", 2023년 3월 13일; Richard G. Newell, Brian C. Prest and Steven E. Sexton, Journal of Environmental Economics and Management 108, "The GDP-temperature relationship: Implications for climate change damages", 2021년

20 William Nordhaus, American Economic Journal: Economic Policy 10(3), "Projections and uncertainties about climate change in an era of minimal climate policies", 2018년

21 Nordhaus의 'Projections and Uncertainties' 표 3에서 DICE 모델 추정치는 국내총생산의 3.8퍼센트이다. 이는 국제연합의 추정치인 2.6퍼센트보다 46퍼센트 더 높다.

22 Bjorn Lomborg, Wall Street Journal, "A reasonable alternative to COP26 and preaching climate doom", 2021년 11월 10일

23 이 점을 지적해야 한다고 제안해 준 Alex Edmans에게 감사를 표한다.

24 Lydia Saad and Jeffrey M. Jones, Gallup, "What percentage of Americans own stocks?", 2022년 5월 12일
25 Bruce Yandle, Regulation 7, "Bootleggers and baptists: The education of a regulatory economist", 1983년

18
지속가능성의 과거와 현재
Sustainability then and now

> 핵전쟁을 제외하면 앞으로 수십 년간 세계가 직면할 가장 심각한 문제는 인구증가입니다. 실제로 많은 측면에서 급격한 인구증가는 핵전쟁보다 더 위험하고 교묘한 위협입니다. 인구증가는 본질적으로 합리적인 안전장치를 만들기도, 조직적으로 통제하기도 어렵기 때문입니다.[1]
>
> — 로버트 맥나마라 *Robert McNamara*

기업의 사회적 책임에 관한 용어 중 가장 인기 있는 단어 중 하나는 지속가능성(Sustainability)이다. 지속가능한 기업은 무엇일까? 다른 사회적 책임 용어와 마찬가지로, 누가 답변하느냐에 따라 다르다. 더 중요한 질문은 누가 지속가능한지를 결정할 수 있는가이다. 지속가능성이라는 용어는 주로 탄소배출 감소와 같은 환경 문제를 지칭하지만, 인력의 다양성과 같은 다른 사회적 이슈도 포함될 수 있다.

오늘날 기업에서의 지속가능성은 2000년경의 '닷컴 버블'을 연상시킨다. 한 연구에 따르면 당시 기업의 명칭에 '.com'을 추가하면 주가가 크게 상승했다고 한다.[2] 기업이 어떤 사업을 하는지는 중요하게 고려하지 않고 단순히 온라인 존재를 암시하는 것만으로도 시가총액이 수백만 달러 증가했다. 당시 경영대학원을 방문했다면, MBA 학생들이 자신의 인터넷 관련 업무경험을 열심히 설명하려 했을 것이다. 많은 학생들이 인터넷 관련 직종, 특히 스타트업에서 일하기를 희망했다. 몇 년 전만 해도 인터넷 관련 교육이나 연구경험이 전혀 없었던 경영대학 교수는 어느새 온라인에 관한 모든 것들과 온라인이 기업경영을 변화시키는 방식에 대한 전문가가 되어 있었다. 컨설턴트는 갑자기 기업이 새로운 닷컴 세계로 전환하는 것을 돕는 다양한 전문지식을 갖추게 되었다. 오늘날 지속가능성도 비단 이와 다르지 않다.

오늘날의 지속가능성 이데올로기는 인구증가와 경제성장 모두가 지속가능하지 않고 주장하는 예전의 이데올로기로부터 자라났다. 과거의 지속가능성 전문가는 지구상에서 지속가능하게 살 수 있는 인구와 각 개인이 지속가능하게 소비할 수 있는 자원의 양을 파악했다고 생각했다. 이러한 견해는 1960년대와 1970년대에 대중화되었다. 버클리(Berkeley), MIT, 스탠포드(Stanford) 등 엘리트 대학의 학자와 세계경제포럼, 세계은행, 국제연합 등의 국제기구는 이런 견해를 전파했고, 이들은 오늘날에도 지속가능성의 이념을 퍼트리는데 여전히 앞장서고 있다.

이 장에서는 기업경영과 경제에 관련된 지속가능성의 두 가지 요점에 초점을 맞춘다.

- 경제학의 맥락에서 원래의 지속가능성 이데올로기는 잘못된 것으로 입증되었기 때문에 지속가능성의 정의는 반세기동안 크게 변화했다. 그러나 앞서 언급한 기관들을 포함해 원래의 지속가능성 이데올로기를 촉진했던 동일한 기관들은 여전히 새로운 이데올로기를 선도하고 있다.

- 제대로 기능하는 시장경제라면 지속가능한 기업이라는 것이 존재하지 않는다. 창조적 파괴와 경제성장으로 특징지어지는 선진경제에서는 어떤 기업이나 기업관행도 지속가능하지 않다.

원래의 지속가능성 이데올로기
The original sustainability ideology

원래의 지속가능성 이데올로기의 핵심은 세계의 인구가 너무 많다는 것이었다. 이 주장은 1960년대에 대중화되었는데, 당시 세계 인구는 현재의 절반 수준이었다. 많은 전문가는 지구의 자원이 급속히 고갈되고 있다고 주장했다. 인구증가와 경제성장을 모두 종식시키기 위해 새로운 초국가적인 정부가 필요하다고 주장했다. 부유한 국가에서 가난한 국가로 부를 이동시켜 모든 국가 간의 범지구적 평등을 달성해야 한다고 했다. 또한, 이들은 마오 쩌둥이 중국에서 시행했던 정책과 유사한 중앙계획경제와 엄격한 인구통제를 옹호했다.

원래의 지속가능성 이데올로기는 인류에게 심각한 영향을 미쳤다. 이를 근거로 멕시코, 볼리비아, 페루, 인도네시아, 방글라데시에서 수백만 명이 불임시술을 받았다.[3] 이집트, 튀니지, 파키스탄, 대한민국 및 대만에서는 자궁 내 피임기구(Intrauterine devices, IUD)를 더 많이 제공한 보건근로자에게 더 큰 보상이 주어지기도 했다.[4] 인도는 1970년대에 불임시술 캠페인을 시작했는데, 몇몇 인도의 주에서는 불임시술을 받는 사람에게 물, 전기, 의료서비스 및 임금인상 등의 혜택을 제공하였다.[5] 1975년 한 해에만 인도에서 620만 명의 가난한 사람들이 불임시술을 받았다.[6] 이를 위해 세계은행과 국제연합 인구기금(United Nations Population Fund)은 인도에 수백만 달러를 대출해주었다.[7] 1976년 당시 세계은행 총재였던 로버트 맥나마라(Robert McNamara)는 "마침내 인도가 인구문제를 효과적으로 해결하기 위해 움직이고 있다."고 말했다. 세계은행은 인도의 인구통제를 목적으로 총 6,600만 달러를 대출해주었다.[8]

중국은 1979년에 한 자녀 정책을 시행하여 2015년에 종료했다. 이 정책으로 인해 수백만 건의 강제 불임시술과 1억 건에 달하는 강제 낙태가 이루어졌을 것이라고 추정된다.[9] 지방의 관리자는 해당 지역의 낙태와 불임시술 건수에 따라 보상을 받았다.[10] 일부 지역에서는 두 번째 아이를 임신한 여성에게 실직 또는 낙태 중 하나를 선택할 것을 강요했다. 둘째 아이는 태어나더라도 시민권을 얻지 못해 입학이나 식량배급에서 제외되어야 했다.[11] 중국의 한 자녀 정책은 1972년에 출간되고 1973년 다보스 회의에서 세계경제포럼이 홍보했던 『성장의 한계(The Limits to Growth)』라는 책에서 영감을 받은 것이다.[12]

1983년, 국제연합 인구기금은 '인구문제에 대한 인식이나 그 해결책에 가장 탁월한 공헌을 한 개인이나 기관'에게 '인구상(Population Award)'을 수여하기 시작했다.[13] 첫 번째 수상자는 인도의 불임시술 캠페인을 감독한 인디라 간디(Indira Gandhi) 총리와 중국의 한 자녀 정책을 감독한 첸신중(Qian Xinzhong) 보건부 장관이었다.[14] 국제연합은 이보다 훨씬 전부터 인구통제 정책을 촉진해 왔다. 국제연합 인구위원회(UN Population Commission)는 1946년에 설립되었다. 인구위원회의 창립임무 중 하나는 '인구의 규모와 구조, 그리고 그 변화에 영향을 미치기 위해 설계된 정책들'에 대해 국제연합 경제사회이사회(UN Economic and Social Council)에 조언하는 것이었다.[15]

1966년, 미국은 미국 국제개발처(The U.S. Agency for International Development, USAID) 내에 인구국(Office of Population)을 설립했다.[16] 첫 번째 국장인 라이머트 라벤홀트(Reimert Ravenholt) 박사는 미국이 인구통제 목표를 달성하려면 전 세계 가임 여성의 4분의 1이 불임시술을 받아야 한다고 말했다.[17] 빈곤국에 대한 미국의 해외원조는 인구통제와 연계되어 있었다.[18] 세계은행도 대출과 원조를 인구통제와 연계했다.[19] 미국은 국내에서도 인구통제를 추진했지만 특정 인구집단에만 적용했다. 1960년대와 1970년대에 미국 원주민 여성 4명 중 1명이 불임시술을 받았다.[20] 푸에르토리코에서는 연방정부의 자금지원을 받은 불임시술 캠페인이 있었고, 이로 인해 푸에르토리코 여성의 거의 3분의 1이 불임시술을 받았다.[21]

이 모든 것은 나빴지만, 더 악화될 수도 있었다. 만약 세계가 원래의 지속가능성 전문가가 선호했던 정책을 전면적으로 채택했다면, 인구와 경제 모두 1970년대 수준에서 동결되었을 것이다. 세계 인구는 현재의 절반이 되고, 전 세계 1인당 국내총생산은 현재의 12분의 1이 되었을 것이며, 인류는 엄격한 중앙계획경제 속에서 살아가고 있을 것이다.

1990년대에 들어 지속가능성은 지구온난화에 초점을 두되, 다른 진보적인 의제도 포함될 수 있도록 끊임없이 변화하는 이데올로기로 변화했다. 원래의 지속가능성 이데올로기 지지자들은 자신들의 경고에 귀 기울이지 않으면 대규모 기아와 사회적 붕괴가 일어날 것이라고 주장하였으나 이는 거짓으로 판명되었다. 1970년대 이후 세계 인구는 2배 이상 증가했지만, 세계는 더 부유해졌고, 빈곤한 이들은 줄어들었으며, 자원은 더욱 풍부해졌다. 선진국에서는 기아보다 비만이 증가하는 것이 문제로 떠오르고 있다. 그러나 입증되지 않은 지속가능성 이데올로기를 촉진했던 동일한 기관들은 지속가능성 2.0을 정의하고 촉진하는 데 여전히 주도적인 역할을 하고 있다.

세계경제포럼과 성장의 한계
The World Economic Forum and the limits to growth

클라우스 슈밥과 세계경제포럼은 가장 영향력이 큰 새로운 지속가능성 이데올로기의 촉매제 역할을 하고 있다. 세계경제포럼의 노력이 있었기에 기업과 경영대학에서는 지속가능성이 인기를 얻을 수 있었다. 세계경제포럼은 예전의 지속가능성 이데올로기를 퍼뜨렸던 것처럼 새로운 지속가능성 이데올로기를 홍보하기 시작했다.

세계경제포럼은 1973년에 두 번째 연례회의를 개최했다. 여기에 로마클럽(Club of Rome)의 공동 창립자이자 원래의 지속가능성 이데올로기를 주장했던 아우렐리오 페체이(Aurelio Peccei)가 연사로 초청되었다.[22] 그는 『성장의 한계』를 요약했는데, 이 책은 로마클럽이 의뢰한 것이었다.[23] 『성장의 한계』는 MIT 연구팀이 만든 컴퓨터 모델로 생성된 글로벌 경제와 인구에 대한 예측을 설명한다.

이 책은 인구증가로 인한 압박 때문에 100년 이내에 문명이 붕괴될 것이며, 2050년 이전에 식량 및 자원의 급격한 감소가 시작될 것이라고 예측했다. 이러한 결과를 방지하기 위해서는 세계 인구 규모를 통제하고 경제성장을 중단해야 한다고 주장했다.

『성장의 한계』는 1798년에 비슷한 예측을 담은 에세이를 발표한 영국의 성직자이자 경제학자인 토머스 맬서스(Thomas Malthus)의 통찰력을 확장한 것이다.[24] 맬서스는 인구는 기하급수적으로 증가하는 반면, 식량공급은 산술급수적으로 증가한다고 주장했다. 인구는 식량공급보다 훨씬 빠르게 증가하므로, 증가하는 인구는 결국 기아에 빠지게 된다는 것이다. 맬서스가 유명한 에세이를 쓸 당시 세계 인구는 약 10억 명이었다.[25] 『성장의 한계』가 쓰일 때쯤에는 거의 4배 증가하여 38억 5천만 명이 되었다.[26] 그 기간 동안 인류는 더 부유해졌는데, 이는 맬서스의 추론과 모순된다. 『성장의 한계』의 저자들은 이러한 사실을 무시한 채 그들만의 예측을 이어 나간다.

『성장의 한계』가 출판된 지 50년이 지났다. 그들의 예언은 어떻게 되었을까? 1972년 『성장의 한계』가 출판된 이후, 세계 인구는 두 배 이상 증가했다. 그러나 같은 기간 동안 1인당 국내총생산은 12배 증가했다.[27] 지난 50년 동안 인구가 증가하면서 1인당 국내총생산이 감소한 국가는 존재하지 않았다. 미국과 다른 선진국에서는 식량부족이 아닌 비만이 주요 건강문제로 대두되었다. 1970년의 극빈층은 16억 4,000만 명에 이르렀지만, 2022년 말에는 6억 4,800만 명으로 60퍼센트나 감소했다.[28]

『성장의 한계』에서는 지금쯤이면 석유, 천연가스, 주석, 텅스텐, 몰리브덴, 아연을 포함한 여러 중요한 천연자원이 고갈되었을 것이라고 예측했었다. 그러나 이러한 자원 중 어느 것도 고갈되지 않았다. 오히려 50년이 지난 지금, 이러한 자원은 책이 출판되었을 때보다 더 풍부해졌으며, 세계는 아직 중요한 천연자원을 고갈시키지 않았다.

이 모든 결과에도 불구하고, 세계경제포럼은 여전히 『성장의 한계』와 그 아이디어를 홍보하고 있다. 세계경제포럼 웹사이트에서는 페체이의 1973년 연설을 '환경에 대한 선견지명 있는 경고(A prescient warning on the environment)'라고 설명한다.[29] '선견지명이 있는'이라는 단어는 '사물이나 사건이 존재하거나 일어나기 전에 그것들에 대한 지식을 가지고 있는 것'으로 정의된다. 그러나 『성장의 한계』의 예측은 틀렸다.

2022년 6월, 세계경제포럼은 "역성장(Degrowth): 이 경제이론의 배경은 무엇이며 지금 왜 중요한가?"라는 제목의 기사를 발표했다.[30] 이 기사에 따르면, '역성장'은 음(-)의 경제성장을 목표로 하는 것을 의미한다. 다시 말해, 우리는 무기한의 경기침체를 추구해야 한다는 것이다. 이 기사는 기후변화로 인해 '역성장 논쟁이 가속화되었으며' 지구온난화에 대처하기 위한 해결책은 '경제성장은 좋은 것이라는 가정에서 본질적으로 벗어나는 것'이라고 주장한다.

위기의 내용은 변했지만 '해결책'은 여전히 같다는 점에 주목하라. 이전에는 인구위기가 임박했으며 경제에 대한 중앙통제와 개인의 자유 상실이 필요하다고 주장했다. 이제는 지구온난화 위기가 임박했으며, 우리 자신을 구하기 위해 시장경제를 포기하고 개인의 자유를 포기해야 할 수도 있다고 주장한다.

내기: 경제성장은 지속가능한가?
The bet: Is economic growth sustainable?

1977년, 스탠포드 대학의 생물학 교수인 파울 에를리히(Paul Ehrlich)와 캘리포니아 대학 버클리 캠퍼스의 에너지 관련 분야의 교수인 존 홀드런(John Holdren)은 앤 에를리히(Anne Ehrlich)와 함께『생태과학(Ecoscience)』이라는 교과서를 출판했다. 이 책은 지구가 인구를 지탱할 만큼의 자원이 충분하지 않기 때문에 우리는 제로경제성장과 제로인구성장을 추구해야 한다고 주장한다.[31]『생태과학』에서 그들은 다음과 같이 말한다.

> 이제 국민총생산이 영원히 성장할 수 없다는 것은 명백해졌다. 왜 그래야 하는가? 우리가 제로경제성장과 제로인구성장을 추구하지 말아야 이유가 있는가?[32]

이는『성장의 한계』에서의 논리와 같다.『생태과학』에서는 공산주의 중국과 그 한 자녀 정책을 '명백한 성공사례'로 내세웠다.[33] 저자들은 자신들의 생애 동안 세계 인구가 증가해 왔음에도 생활수준은 향상되어 왔다는 사실을 간과했다. 이러한 추세는『생태과학』이 처음 출판된 이후 46년 동안 계속되어 왔다.

파울 에를리히는 1968년에 출판된 또 다른 책,『인구 폭탄(The Population Bomb)』으로 유명하다.[34] 이 책은 1970년대에 수억 명의 사람이 굶어 죽을 것이라고 예측했다. 에를리히는 이 책의 후속 판에서 1980년에 대규모 기아가 발생할 것이라고 예측했다. 1970년 그는 지구의 날을 기념하면서 1980년에서 1989년

사이에 약 40억 명의 사람들, 그중에서 6,500만 명의 미국인이 '대멸종(Great Die-Off)'으로 사라질 것이라고 예측했고,[35] 이로 인해 에를리히는 유명인사가 되었다. 그는 조니 카슨(Johnny Carson)의 투나잇 쇼(Tonight Show)에 20회 이상 출연했다.[36] 에를리히의 인기와 수사는 이 장의 앞부분에서 설명한 불임시술 캠페인과 인구통제 정책과 맞아 떨어졌다.

경제학자인 줄리안 사이먼(Julian Simon)은 에를리히의 주장에 동의하지 않았다. 사이먼은 경제성장이 혁신에 의해 주도되고 더 큰 혁신이 항상 가능하기 때문에 무한정 지속될 수 있다고 생각했다. 사이먼은 인간은 새로운 아이디어를 생각해낼 수 있기 때문에 가장 가치 있는 자원이라고 믿었다. 사이먼은 다음과 같이 말하였다.

> 인간이 기록을 남기기 시작한 이래, 생활수준은 세계 인구 규모와 함께 상승해왔다. 더 나은 삶을 향한 이러한 추세가 무한정 계속되지는 않을 것이라고 볼만한 합당한 경제적 이유는 없어 보인다.[37]

사이먼은 또한 가격이 미래를 내다본다는 것을 알고 있었다. 그는 재무관리 원론을 이해하고 있었던 것이다. 미래의 희소성은 오늘날의 가격에 반영된다. 우리가 미래에 자원의 희소성이 더 커질 것으로 예상한다면, 그 예상은 오늘의 가격에 반영될 것이다. 공급자가 미래에 높은 가격으로 자원을 팔 수 있다는 것을 안다면, 오늘의 낮은 가격에 팔지 않을 것이다. 오늘날 자원의 가격은 판매자가 지금 자원을 파는 것과 미래에 파는 것 사이에서 무차별한 수준에서 형성된다. 따라서 에를리히와 홀드런을 비롯한 지속 가능성 이데올로기 주창자의 주장대로 자원이 고갈되고 있었다면 현재의 자원 가격은 이를 반영하여 매우 높은 수준이어야 하겠지만, 현실은 그렇지 않았다.

높은 가격은 그 가격으로 책정된 자원을 더 큰 양(+)의 순현재가치를 만들어낼 수 있는 투자로 이어진다. 가격은 자본을 사회가 가장 필요로 하는 곳으로 안내한다. 자원의 가격이 높다는 것은 공급에 비해 수요가 높다는 의미이며, 기업은 새로운 자원공급을 개발하고, 자원을 더 효율적으로 사용하는 새로운 방법과 기술을 개발하며, 더 풍부한 대체재를 찾도록 동기부여 된다. 회의론자는 이것이 실제로 얼마나 잘 작동하는지 물을 수 있다. 나는 회의론자에게 우리가 고갈시킨 중요한 자원의 이름을 대보라고 하겠다.

이러한 생각을 바탕으로, 사이먼은 에를리히에게 내기를 제안했다. 에를리히와 그가 선택한 환경운동가 팀은 5가지 천연자원을 선택할 수 있고, 사이먼은 향후 10년 동안 그 자원의 가격이 오르지 않을 것이라는 것에 내기를 걸었다. 존 홀드런이 에를리히의 팀에 합류했다. 그들은 1980년 9월에 내기를 했는데, 5가지 천연자원 모두 10년 동안 가격이 하락해서 에를리히는 내기에서 패배했다. 천연자원의 가격은 평균적으로 57.6퍼센트 하락함에 따라 1999년에 에를리히는 576.07달러를 사이먼에게 지불해야만 했다.[38]

이 결과는 우연이 아니었다. 천연자원은 전반적으로 고갈되기보다는 더 풍부해지고 있었다. 인류 진보(HumanProgress.org) 웹사이트는 '시간 지수(Time index)'로 원자재 가격을 추적한다.

매년 원자재의 명목가격을 명목시간당 소득으로 나눈다. 이는 원자재 한 단위를 획득하는 데 필요한 노동시간을 측정하기 위한 것이다. 오늘날 이 웹사이트가 추적하는 모든 원자재의 시간가격(Time price)은 1980년보다 하락하였는데, 1980년 이후 원자재 시간가격은 평균적으로 72.3퍼센트 하락했다.[39]

지속가능성의 재정의와 ESG의 탄생
Redefining sustainability and the birth of ESG

1990년대에 국제연합과 세계은행은 불임시술과 인구통제에서 방향을 전환하기로 결정했다. 그들은 경제성장이 계속될 수 있지만, 오직 지속가능한 방식으로만 가능하다고 결정했다. 이 후 그들은 '지속가능성 전문가(Sustainability experts)'의 도움을 받아 지속가능성을 재정의하고자 하였다.

    1995년, 국제연합과 세계은행은 지속가능성을 정의하는 것을 목표로 회의를 개최했다. 발표된 회의 자료인 '지속가능성의 정의와 측정: 생물지구물리학적 기초(Defining and Measuring Sustainability: The Biogeophysical Foundations)'에서 다름 아닌 파울 에를리히와 존 홀드런, 그리고 그레첸 C. 데일리(Gretchen C. Daily)가 발제기사를 작성했다. 그들의 기사는 실제로 지속가능성을 어떻게 정의하고 측정해야 하는지에 대해 답하지 않는다. 대신 세계에 너무 많은 인구가 존재하고 세계가 자원을 고갈시키고 있다고 주장한다. 이 기사가 그들의 예전 발언들과 다른 점은 에를리히와 홀드런이 시기에 대해 덜 구체적으로 서술했다는 점이다. 이러한 모호성으로 그들은 현실이 예측한대로 흘러가지 않

으면 목표를 쉽게 바꿀 수 있다.[40]

줄리안 사이먼은 세계은행이나 국제연합으로부터 지속가능한 발전에 대한 그의 견해를 요청받지 않았다. 그러나 내기의 결과는 사이먼이 에를리히와 홀드런보다 이 주제에 대해 훨씬 더 많이 알고 있음을 보여주었다. 에를리히와 홀드런은 20년 이상 지속적인 발전이 불가능하다고 주장해왔지만 이는 틀린 것으로 입증되었다. 그렇다면 왜 국제연합과 세계은행은 에를리히와 홀드런의 견해는 구하면서도 사이먼의 견해는 구하지 않았을까?

사이먼의 세계관에서는 국제연합과 세계은행이 해결해야 할 임박한 전 세계적인 재앙은 없다. 왜냐하면 자본주의가 모든 것을 해결하기 때문이다. 그러나 정부와 자본주의가 해결할 수 없지만 국제연합과 세계은행은 해결할 수 있는 전 세계적인 문제가 있을 것이라는 전제 하에 국제연합과 세계은행이 존재한다. 사이먼의 세계관은 이러한 기관의 중요성과 자금조달에 도움이 되지 않는다.

반면에, 에를리히와 홀드런의 종말론적 예측은 두 조직에 목적에 부여함으로써 도움이 된다. 에를리히와 홀드런이 좋은 경제학자는 아니지만, 적어도 맥아더 재단(MacArthur Foundation)에 따르면 그들은 천재이다. 1990년, 에를리히가 내기에서 졌던 해에, 재단은 그를 맥아더 펠로우(MacArthur Fellow)로 지명하면서 34만 5,000달러를 지급했다. 홀드런은 이미 1981년에 맥아더 펠로우로 지명되었다. 맥아더 재단은 에를리히에게 상을 수여하면서 다음과 같이 언급했다.

에를리히는 생물학 연구의 선구자일 뿐만 아니라 인류 생물학

분야의 과학적 연구와 공공정책 연구를 결합하여 환경문제에 대한 이해를 확장시켰다.[41]

그러나 줄리안 사이먼은 결코 맥아더 펠로우로 지명되지 않았다.

오늘날 국제연합과 세계은행은 ESG를 홍보하고 세계에 무엇이 지속가능하고 무엇이 그렇지 않은지 말하는 데 주요한 역할을 한다. 국제연합은 2050년까지 이산화탄소 순배출제로 의제를 강제하려는 펀드매니저와 은행가 컨소시엄을 형성하는 데 중심적인 역할을 했다.

ESG라는 용어도 국제연합을 거슬러 올라가면 그 시작을 찾을 수 있다. 기업은 국제연합이 선호하는 사회적·환경적 목표를 달성하기 위해 노력해야 한다는 주장은 당시 국제연합 사무총장이었던 코피 아난(Kofi Annan)이 1999년의 다보스 세계경제포럼 회의에서 주장한 것이다.[42] 이 아이디어는 결국 ESG라는 용어의 탄생으로 이어졌다. 이후 국제연합이 발표한 '책임 투자 원칙(Principles for responsible investment)'은 펀드매니저에게 '투자분석과 의사결정 과정에 ESG 이슈를 반영하고, 투자 대상 기업이 적절히 ESG에 관한 공시를 하도록 요구하며, 투자업계가 이러한 원칙을 받아들이고 이행되도록 촉진'할 것을 권장한다.[43]

세계은행은 지속가능성에 대한 글로벌 프로그램과 국가별 ESG 데이터 제공을 통해 자신의 역할을 수행한다. 또한 금융기관이 국가 부채를 평가할 때 세계은행의 ESG 지표를 고려하도록 장려한다.[44] 세계은행이 추구하는 환경 및 사회정책을 달성하기 위해 노력하지 않는 국가는 차입비용이 높아지게 된다. 다행히도 인구통제와 빈곤층에 대한 불임정책은 세계은행의 현재 지표에 포함되어 있지 않다.

우리는 세계경제포럼, 국제연합, 세계은행이 우리의 환경 및 사회정책에 이렇게 많은 영향력을 발휘하는 것이 과연 올바른 것인지에 대해 따져 보아야 한다. 이러한 기관을 운영하는 관료는 그 누구에 의해서도 선출되지 않으며, 선거를 통해 그들을 물러나게 할 수 없다. 클라우스 슈밥은 52년 동안 세계경제포럼의 수장을 맡고 있는데, 이는 피델 카스트로가 쿠바를 통치한 기간보다 더 길다. 이 모든 기관은 기본적 인권을 존중하지 않는 정책을 촉진해 온 역사를 가지고 있다. 정부가 시민에게 강제 불임시술과 낙태를 하도록 만드는 것보다 더 나쁜 것이 있을까?

'지속가능한 비즈니스'는 모순된 말이다
'Sustainable business' is an oxymoron

오늘날 국제연합, 세계은행, 세계경제포럼은 기업경영에서 지속가능성을 촉진하는 데 앞장서고 있다. 그러나 현대의 기업경영에 지속가능성이라는 단어를 덧붙이는 것은 어색하다. 만약 우리가 원래의 지속가능성 이데올로기를 믿는다면, 경제성장은 지속가능하지 않다. 그렇다면 경제와 기업은 성장하면서 동시에 지속가능할 수 없다는 문제에 봉착한다. 만약 사이먼과 같은 많은 경제학자가 믿는 것과 같이, 경제성장이 무한정 계속될 수 있다면 경영에 있어 지속가능성을 고민해서 쓸 필요가 없다. 지속가능한 경제성장은 끊임없이 생성되고 파괴되는 기업경영과 그 관행을 필요로 한다. 즉, 장기적으로 지속가능한 것은 없다.

6장에서 논의한 것과 같이 장기적인 경제성장은 혁신에 의해 주도된다. 혁신이 없으면 장기적인 경제성장 또한 없다. 혁신은 새로운 것이 오래된 것을 대체함을 의미한다. 경제학자 조셉 슘페터(Joseph Schumpeter)는 80년 전에 창조적 파괴가 자본주의의 핵심적인 사실이자 중요한 추진력이라고 설명했다. 신생기업이 오래된 기업을 파괴하고, 기업 내에서는 새로운 프로세스가 오래된 것을 대체한다. 경제는 그 안에서 창조적 파괴가 지속적으로 일어나는 경우에만 계속 성장할 수 있다. 기업이나 비즈니스 프로세스에 '지속가능한'이라는 꼬리표를 붙이는 것은 특정한 기업과 비즈니스 프로세스만이 지속될 수 있고, 다른 것은 그럴 수 없다는 것을 의미한다. 또한 지속가능하다는 꼬리표를 붙이는 사람만이 어느 것이 지속가능한지를 알 수 있다고 주장하는 것이다. 그러나 성장하는 경제에서 어떤 기업이나 경영관행도 무기한 지속되지 않는다. 결국 모든 것은 어떤 면에서 더 나은 것, 예를 들면 더 나은 품질, 가격, 유통의 용이성, 또는 시장에서 자유로운 결정을 내리는 고객의 결정에 따라 다른 기준으로 대체되는 것이다.

현재 풍력이나 태양력 기술과 같은 '녹색 에너지(Green energy)' 기업에게 지속가능성이라는 명칭이 붙여지고 있다. 그러나 이러한 기업이 파산하는 것은 드문 일이 아니다. 솔린드라(Solyndra)를 기억하는가? 이 태양에너지 기업은 오바마 행정부로부터 5억 3,500만 달러의 연방 대출보증을 받았었다. 이는 지속가능한 기업으로 여겨졌지만, 생존을 위해 연방 보조금이 필요했고 결국 파산했다. 솔린드라는 오바마 행정부로부터 보조금을 받았지만 결국 파산한 23개의 '지속가능한 에너지(Sustainable energy)' 기업 중 하나인 것이다.[45] 만약 기업경영이 지속가능하다면, 이들은 왜 보조금이 필요하고, 왜 이 보조금을 받고서도 파산한 것일까?

무언가를 지속가능하다고 부른다고 해서 정말 지속가능하게 되는 것은 아니다. 지속적인 이익을 내지 못하는 기업은 수명이 짧다. 그들이 태양 전지판을 만들든, 풍차를 세우든, 석유를 퍼 올리든 상관없다. 아이러니하게도, 지속 불가능한 사업으로 여겨지는 엑손모빌은 매년 수십억 달러의 세금을 납부하고 있다. 이 세금은 보조금이 없으면 지속가능하지 않은 풍력 및 태양 에너지 관련 기업을 지원하기 위해 사용되고 있다. 나는 태양 및 풍력 에너지 관련 기업을 비난하고자 하는 것이 결코 아니다. 이들 중 일부는 훌륭한 기업으로 성장할 수 있고 그렇지 못할 수도 있다. 높은 실패 가능성은 모든 혁신적인 기업이나 사업부문의 기본적인 특징이다. 풍력과 태양에너지 분야에 종사하는 기업에 지속가능성이라는 꼬리표가 붙은 것은 세계가 풍력이나 태양열을 이용하기 원하는 사람들 때문이다

우리는 미래 세대가 어떤 에너지를 사용할지 전혀 알 수 없다. 향후 100년 동안 에너지 생산에 어떤 혁신이 일어날지 아무도 모른다. 아마도 미래는 원자력발전을 선호할 수도 있다. 또는 부작용 없이 화석연료를 사용하는 방법을 찾을 수도 있다. 아니면 아직 아무도 생각하지 못한 대안이 나올 수도 있다. 우리가 에너지를 생산하는 모든 가능한 방법을 발견했다고 생각하는가? 이것이 많은 경제학자가 개별 기업과 산업에 보조금을 주는 대신 탄소세를 선호하는 이유이다.[46] 탄소세는 기업들로 하여금 이산화탄소 배출을 줄이도록 장려하지만, 그 방법을 지시하지는 않는다. 이는 이윤을 추구하는 기업이 스스로 가장 효율적인 해결책을 찾도록 장려한다. 그 해결책은 결국 풍력과 태양에너지일 수도 있

고, 다른 것일 수도 있다.

　　기업의 단기적 생존가능성에 대해 알고 싶다면, 파산가능성을 추정하는 모델을 사용할 수 있다.[47] 이 모델은 일관된 이익을 창출하는 기업의 생존가능성이 당연히 더 높다는 것을 보여준다. 창조적 파괴가 일어나는 성장하는 경제에서는 어떤 기업도 장기적으로는 생존하지 못할 것이다.

자본주의는 지속가능하다
Capitalism is sustainable

원래의 지속가능성 이데올로기를 진지하게 받아들여 보자. 우리는 공급량과 소모율에 대한 정보를 알 수 있는 희소한 자원을 갖고 있다. 우리는 이 두 변수를 이용해서 언제 그 자원이 고갈될지 예측해 볼 수 있다.

　　예를 들어, 우리에게 500만 단위의 자원이 있고 매년 100만 단위의 자원을 사용한다면, 자원은 5년 안에 고갈될 것이다. 사회는 이를 어떻게 다루어야 할까? 도움이 될 수 있는 네 가지 정책은 다음과 같다.

1. 제품이 사회에 더 큰 가치를 창출할 때에만 자원을 사용한다.
2. 더 풍부한 대체재를 찾으려고 노력한다.
3. 자원을 더 효율적으로 사용할 수 있는 기술개발에 투자한다. 예를 들어, 매년 100만 단위를 사용하는 대신, 새로운 기술을 통해 50만 단위만 사용할 수 있게 될 수도 있다.
4. 자원의 새로운 공급원을 찾고 개발하려고 노력한다.

이러한 정책은 이윤을 추구하는 기업이 있는 시장경제에서는 자연스러운 것들이다. 기업은 이익을 내기 위해 어떻게 대처해야 할까?

1. 기업은 사회에 더 큰 가치를 창출하는 제품을 만들 수 있을 때만 자원을 사용할 것이다. 다시 말해, 기업은 이익을 낼 수 있을 때만 자원을 사용할 것이다.
2. 기업은 그 자원에 대해 더 낮은 가격의 대체재를 찾아 이익을 늘리려 할 것이다.
3. 기업은 자원을 더 효율적으로 사용하는 방법을 개발하려 할 것이다. 이 또한 이익을 늘릴 수 있다.
4. 기업은 이익을 낼 수 있다면 새로운 공급처를 찾거나 개발하려고 노력할 것이다.

이 목록에는 인구통제, ESG 등급 또는 기타 지속가능성 지표에 대한 언급이 없다는 점에 주목하라. 이들은 희소한 자원을 가장 잘 사용하는 방법에 대한 문제를 해결하는 데 아무런 도움이 되지 않는다. 자본주의는 이미 그 해결책을 위한 올바른 동기를 가지고 있다. 자원을 사용하는 방법과 재앙을 피하는 방법을 이야기해 주는 속칭 전문가는 필요하지 않다. 가격과 인센티브가 그 역할을 한다. 우리는 공산주의의 중앙계획이라는 실험을 통해 사회가 자원을 어떻게 사용해야 하는지를 일부 전문가가 결정하는 것이 결코 제대로 작동되지 않는다는 사실을 과거 경험으로 배웠다. 물리학자 데이비드 도이치(David Deutsch)는 다음과 같이 설명한다.

따라서 재앙을 예방할 수 있는 자원관리 전략은 존재하지 않는다. 하지만 어떤 아이디어는 재앙을 일으킬 수 있은데, 그러한 아이디어 중 악명 높은 한 가지는 미래가 과학적으로 계획될 수 있다고 여기는 것이다.[48]

지속가능성 이데올로기의 핵심에는 혁신에 대한 회의론이 있다. 파울 에를리히, 존 홀드런, 로마클럽 등은 오랫동안 사회, 즉 인간의 마음이 혁신할 수 있는 능력이 실제로 밝혀진 것보다 더 제한적이라고 믿어왔다. 원래의 지속가능성 이데올로기는 본질적으로 인간을 토끼와 같다고 가정한다. 토끼는 한정된 공간에 몰아두게 되면, 모든 식물을 먹어 치우고 결국은 굶어 죽게 된다. 그러나 인간은 토끼와 다르다. 우리는 단순히 소비하는 위장만을 가진 것이 아니라, 창의적으로 생각하는 두뇌와 생산하는 손도 가지고 있다.[49] 인간은 희소성을 반영하는 가격과 이윤을 추구하는 기업이 있는 자본주의 경제에서 살 수 있다. 이러한 자본주의 경제에서 희소성은 올바른 혁신을 도입할 수 있는 기업에게 수익성 있는 기회를 만들어 준다.

혁신은 어디까지 가능할까? 우리는 가능성의 끝에 가까워지고 있는가? 우리가 원자를 결합할 수 있는 모든 경우의 수만큼이나 혁신을 할 수 있다고 지적했던 경제학자 폴 로머의 통찰로 돌아가 보자. 우주의 모든 것은 원자로 만들어져 있다. 원자를 다르게 조합하면 다른 물질이 만들어진다. 로머는 우리에게 이렇게 말한다.

주기율표에는 약 100가지 다른 유형의 원자가 있다. 만약 단순히 원소를 포함하는지 여부만으로 조합을 만들어낸다면, 청동이나 강철과 같이 두 가지 원소만 포함하는 조합은 100×99개가 될 것이다. 네 가지 원소를 가질 수 있는 조합은 100×99×98×97개가 있으며, 이는 9,400만 개 이상이다. 최대 5개의 원소를 사용하면 90억 개 이상이 된다. 수학자는 이러한 조합 수의 증가를 '조합의 폭발(Combinatorial explosion)'이라고 부른다. ······ 원소의 조합을 계속하다 보면, 지구상에 사람의 수는 너무 적고 인류가 나타난 이후로 시간이 너무 짧아서 모든 가능성 중 극히 일부분만을 시도해 볼 수 있었다는 것이 분명해진다.[50]

우리는 혁신의 끝에 가까이 있지 않다. 우리는 아주 초기단계에 있으며, 혁신의 표면 정도에 서 있을지도 모른다. 이익은 우리에게 계속 혁신할 동기를 제공한다. 인류와 경제성장에 대한 위협은 희소한 자원이 아니다. 경제학에 대한 이해가 부족하면서도 견제되지 못한 막대한 권력을 가진 자신만만한 사람이야말로 인류에 대한 진정한 위협이다.

미주

1. International Monetary Fund, Finance & Development 14(2), "Views & comments: McNamara on population", 1977년 6월
2. Michael J. Cooper, Orlin Dimitrov and P. Raghavendra Rau, Journal of Finance 56(6), "A Rose.com by any other name", 2001년
3. Charles Mann, Smithsonian Magazine, "The book that incited a worldwide fear of over-population", 2018년 1월
4. 미주 3)과 동일
5. 미주 3)과 동일
6. Chelsea Follett, National Interest, "The cruel truth about population control", 2019년 6월 13일
7. 미주6)과 동일
8. Chelsea Follett, Cato Institute Policy Analysis, "Neo-Malthusianism and coercive population control in China and India: Overpopulation concerns often result in coercion", 2020년 7월 21일
9. Charles Mann, Smithsonian Magazine, "The book that incited a worldwide fear of over-population", 2018년 1월
10. 미주 8)과 동일
11. 내 아내는 중국 하얼빈에서 자랐다. 그녀에게는 그런 선택을 강요받은 친척들이 있다.
12. Susan Greenhalgh, China Quarterly 182, "Missile science, population science: The origins of China's one-child policy", 2005년
13. United Nations Population Fund, United Nations Population Award.
14. 미주 8)과 동일
15. United Nations Population Fund, ICPD Library Resource, "Background document on the population programme of the UN", 1994년 3월
16. Robert Zubrin, New Atlantis (35), "The Population Control Holocaust", 2012년
17. 미주 16)과 동일
18. 미주 16)과 동일

19	미주 16)과 동일
20	미주 6)과 동일
21	Robert Zubrin, New Atlantis (35), "The population control holocaust", 2012년
22	세계경제포럼의 연도별 역사는 다음에서 확인할 수 있다.(https://widgets.weforum.org/history/1973.html)
23	Donella H. Meadows et al., New York: Basic Books, "The limits to growth: The 30-year update", 1972년
24	Thomas Malthus, London: J. Johnson, "An essay on the principle of population", 1798년
25	Giovanni Federico and Antonio Tena Junguito, VoxEU, "How many people on earth? World population 1800-1938", 2023년 2월 20일.
26	World Bank data, "Population, Total"
27	1인당 국내총생산 데이터는 세계은행 웹사이트에서 확인할 수 있다. (https://data.worldbank.org/indicator/NY.GDP.PCAP.CD)
28	Our World in Data, "Share of population living in extreme poverty, world, 1820 to 2018"
29	Ceri Parker, World Economic Forum, "The World Economic Forum at 50: A timeline of highlights from Davos and Beyond", 2019년 12월 20일
30	Victoria Masterson, World Economic Forum, "Degrowth: What's behind the economic theory and why does It matter right now?", 2022년 6월 15일
31	Paul R. Ehrlich, Anne H. Ehrlich and John P. Holdren, San Francisco: W. H. Freeman & Co., "Ecoscience: Population, resources, environment", 1977년
32	미주 31)과 동일
33	미주 31)과 동일
34	Paul Ehrlich, New York: Ballantine Books, "The population bomb", 1968년
35	Mark Perry, American Enterprise Institute, "18 spectacularly wrong predictions made around the time of the first Earth Day in 1970, Expect more this year", 2020년 4월 22일
36	Paul Sabin, New Haven, CT: Yale University Press, "The bet: Paul

Ehrlich, Julian Simon, and our gamble over earth's future", 2013년

37　Darryl James, Robert H. Smith School of Business, University of Maryland, "Simon says: meet the Smith School economist who took on the Doomsayers and won", 2016년 1월 13일

38　미주 36)과 동일

39　1980-2018년의 통계치는 HumanProgess.org의 Simon Abundance Index, 'Time Price'에서 확인할 수 있다.(https://www.humanprogress.org/ simonproject/)

40　John P. Holdren, Gretchen C. Daily, and Paul R. Ehrlich, Mohan Munasinghe and Walter Shearer(Washington: World Bank), "The meaning of sustainability: Biogeophysical aspects in defining and measuring sustainability: The Biogeophysical foundations", 1995년

41　Paul R. Ehrlich, MacArthur Foundation, "MacArthur Fellows Program", 1990년 8월 1일

42　Elizabeth Pollman, Institute for Law and Economics Research Paper(22-23), "The origins and consequences of the ESG moniker", 2022년

43　Principles for Responsible Investment, "What are the principles for responsible investment?"

44　World Bank, "Sovereign ESG Data Framework"(https://esgdata.worldbank.org/) 또한 다음을 참조하면 된다: World Bank, "Global program on sustainability: Overview"

45　Ray Cordato, John Locke Foundation, "Obama's green energy failure list", 2012년 10월 30일

46　28명의 노벨 경제학상 수상자를 포함한 3,500명 이상의 경제학자들이 글로벌 기후변화에 대한 정책 권고 성명에 서명했다. "Economists' statement on carbon dividends: Organized by the climate leadership council" 참조

47　고전적인 파산위험 측정방법으로 Altman의 Z-score와 Ohlson의 O-Score가 있다. Edward I. Altman, Journal of Finance 23(4), "Financial ratios, discriminant analysis and the prediction of corporate bankruptcy", 1968년; James A. Ohlson, Journal of Accounting Research, "Financial ratios and the probabilistic prediction of bankruptcy", 1980년

48　Florian Habermann and Felix Bernhard Fischer, Journal of Business

Ethics 182(1), "Corporate social performance and the likelihood of bankruptcy: Evidence from a period of economic upswing", 2023년

49 David Deutsch, London: Penguin Books, "The beginning of infinity", 2011년

50 Julian Simon이 40년 전에 이 점을 지적했다. Julian Simon, Washington Post, "And now, the good news: Life on earth is improving", 1980년 7월 13일

Conclusion

결론

자본주의는 살아남을 수 있는가? 아니다. 나는 그럴 수 없다고 생각한다.[1]

— 조셉 슘페터 *Joseph Schumpeter*

주주 자본주의를 옹호하는 것은 다른 모든 이들을 희생시켜 주주만을 부유하게 만들고자 하는 것이 아니다. 이는 제로섬 게임과도, 월스트리트와도 아무런 관련이 없다. 주주 자본주의는 상호이익이 되는 거래에 관한 것이다. 상호이익이 되는 거래는 좋은 것이며, 더 많은 거래가 이루어질수록 더 좋다. 이는 전문화, 혁신, 그리고 경제성장으로 이어진다.

상호이익이 되는 거래는 자연스럽게 일어난다. 두 당사자는 각자가 이익을 얻을 것으로 기대하지 않으면 당사자들은 거래에 동의하지 않는다. 사람은 태초부터 이러한 방식으로 거래해왔으며, 가장 오래된 거래에 대한 유물은 30만 년 이상 된 것이다. 분명히 거래는 우리 종의 생존에 중요하다. 다른 사람과 거래할 수 없다면 얼마나 오래 생존할 수 있을 것이라 예상하는가?

거래는 전문화를 가능하게 한다. 우리가 필요로 하는 모든 것을 직접 만드는 대신, 한 가지 생산에 집중하고 나머지는 거래를 통해 얻는다. 전문화의 결과로 사회는 더 많은 양질의 상품과 서비스를 갖게 된다.

기업은 특정 상품이나 서비스의 거래를 전문으로 하는 개인 또는 집단이다. 주식회사는 사람이 사업에 투자하도록 장려하기 위해 특정한 법적보호를 받도록 하는 현대적 기업의 형태이다. 기업이 더 많아지면 상호이익이 되는 거래의 기회도 많아져 그 결과 모두가 혜택을 얻게 된다.

　　주식이 공개적으로 거래되는 주식회사는 수백만 명의 주주를 가질 수 있는데, 이러한 경우에는 주주가 집단적으로 사업을 운영할 수 없다. 그들은 기업운영을 대신할 전문 경영진을 고용하게 된다. 최고경영자를 비롯하여 기업 경영진은 주주를 위해 일하는 직원이다. 모든 주주는 공통적으로 더 많은 부를 선호하기 때문에 기업 경영진의 의무는 주주가치를 극대화하는 것이고, 이것이 실제로 이루어지는 것이 주주 자본주의이다. 이는 기업 경영진에게 명확하고 단일한 목표를 제시해 준다.

　　주주 자본주의에 대한 많은 비판은 주주가치 극대화를 목표로 기업을 운영한다는 것이 무엇을 의미하는지에 대한 오해에서 비롯된다. 주주 자본주의에 대한 흔한 비판 중 하나는 경영자가 고객, 공급업체, 직원과 같은 다른 이해관계자를 간과한다는 점인데, 이는 잘못된 편견이다. 이해관계자는 자신에게 이익이 되지 않으면 기업과 거래하지 않는다. 자유가 보장된 사회에서 거래는 선택사항으로 두 당사자는 상호이익이 되는 경우에만 거래에 동의한다.

　　주주 자본주의에 대한 또 다른 흔한 비판은 경영자가 단기적 이익에 초점을 둔다는 것이다. 이를 주장하는 이들은 주주를 위한 부의 창출이 단기이익을 극대화하는 것을 의미한다고 생각한다. 하지만 주의 깊은 학생이라면 재무관리 원론 수업을 들은 지 몇

주 만에 이 주장이 어디에서 잘못되었는지 바로 알 수 있을 것이다. 주주 자본주의에서 경영자의 일은 주주가치를 극대화하는 것이며, 이는 기업의 예상되는 모든 미래이익의 함수이다. 기업가치는 오늘의 이익보다는 장기적인 이익에 달려 있다. 기업은 단기이익을 줄이더라도 장기이익을 늘리는 투자를 계속해 나간다.

주주 자본주의는 경영자가 기업의 장기적 성공에 집중하도록 요구한다. 그렇다면 주주 자본주의는 경제라는 큰 그림 속에 어떻게 맞아 들어갈까? 모든 사회가 직면하고 있는 중심적인 문제는 대체용도가 있는 희소한 자원을 어떻게 가장 잘 활용할 것인가 하는 것이다. 우리는 어떤 상품과 서비스를 만들어야 하는가? 그리고 마찬가지로 중요한 것은, 어떤 상품과 서비스를 만들지 말아야 하는가? 이익은 우리에게 그 해답을 제공한다. 이익은 소비자가 상품이나 서비스에 대해 기꺼이 지불하려는 금액에서 그 상품이나 서비스를 만드는 데 드는 비용을 뺀 것을 의미한다. 이익은 기업이 창출한 것의 가치가 사용한 자원의 가치보다 크다는 것을 나타낸다. 기업이 이익을 낼 때, 경제는 성장하고 사회는 더 부유해 진다. 기업이 이익추구에 기반하여 운영될 때, 사회는 사실상 '사용되는 자원보다 더 가치 있는 상품과 서비스를 만드는 데에만 자원을 사용하라.'는 규칙에 따라 움직인다.

이익을 내는 것은 쉽지 않기 때문에 많은 기업은 종종 손실을 기록하고, 그 기업의 주주는 그 손실을 부담한다. 주주 자본주의는 이 사실을 인정한다. 기업이 성공할 때 주주가 부유해지는 만큼 기업이 실패할 때 주주가 손실을 부담하는 것도 중요하다. 주주는 그들의 기업이 사회에 이익이 되는 상품과 서비스를 창출할 때만 더 부유해져야 한다. 만약 기업이 가치 있는 자원을 사용하여 그보다 더 큰 가치의 상품과 서비스를 만들지 못한다면, 그 기업은 사회에 해를 끼치는 것이다. 재정적 손실은 기업이 그러한 낭비를 멈추게 하는 역할을 한다.

기업이 단기적으로 손실을 내더라도 미래에 이익을 낼 가능성이 있다면 여전히 가치가 있을 수 있다. 그러나 장기적으로 기업이 지속적으로 수익성이 없다면, 이는 경제의 다른 곳에서 보다 잘 사용될 수 있는 자원을 기업이 낭비하고 있다는 것이다. 그러한 기업이 사라지는 것이 주주와 사회 모두에게 더 이롭다.

따라서 주주 자본주의는 '친기업적(Pro-business)'이라고 할 수 있지만, 어떤 '특정 기업(Particular business)'을 선호하지는 않는다. 주주 자본주의는 가치 있는 성장기회를 가진 기업이 투자하고 성장하도록 장려하며, 동시에 그렇지 못한 기업은 도태되어 자연스럽게 사라지도록 유도한다. 결국 모든 기업은 사라진다. 주주 자본주의는 이를 인정한다. 건강한 경제에서는 항상 기업이 탄생하고 사라진다.

주주 자본주의를 지지하는 주장이 다른 어떤 기관에 반대하는 것은 아니다. 정부, 대학을 비롯한 학교, 교회, 그리고 여러 유형의 비영리단체는 모두 사회에서 긍정적인 역할을 할 수 있다. 주주 자본주의는 이에 대해 다른 견해를 제시하지 않는다. 진보적인 정치적 견해를 가진 이들도 여전히 주주 자본주의를 지지할 수 있다. 진보적 세금, 강력한 사회안전망, 엄격한 환경규제를 지지하는 이들이 주주 자본주의를 지지하지 못할 이유가 없다. 주주 자본주의를 지지하는 것은 이러한 것들에 반대하는 주장이 아니다. 주주 자본주의에서는 기업은 이익을 추구하고, 다른 기관은 기업이 잘할 수 없는 일을 하는 것이 사회에 보다 이롭다고 인식된다.

기업의 사회적 책임
Corporate social responsibility

기업의 사회적 책임은 개인이나 집단이 기업 및 기업관행에 부여하는 이념적 명칭이다. 이는 이념적 꼬리표 붙이기일 뿐 그 이상도 이하도 아니다. 무엇이 사회적으로 책임 있는 것인지를 누가 결정하는가? 사실 누구나 할 수 있다. 우리는 사회적 책임이 있다는 것을 결정하기 위해 선거를 하지 않는다. 자신이 사회를 대변한다고 주장하고 꼬리표와 강령을 발표하는 것은 누구든 할 수 있는 일이다. 기업의 사회적 책임은 선출되지도 않은 이들이 사회에 꼬리표를 붙이고 규칙을 정해야 한다고 주장하는 것에 불과하다.

기업의 자산이 주주를 위한 부의 창출 이외의 목적으로 사용될 때, 이는 일종의 유용이다. 유용을 '사회적으로 책임이 있는 것'으로 꼬리표 붙인다고 해서 본질이 바뀌지는 않는다. 만약 기업이 기업의 가치를 낮추지만 이사, 최고경영자, 또는 대주주에게 재정적 이익을 주는 거래에 관여한다면, 이는 미국을 비롯한 대부분의 국가에서 불법에 해당할 것이다. 그러나 우리는 이념적 의제에 자금을 지원하는 유용에 대해 눈감고 있다. 이익을 만들어낼 수 있을 자원을 빼돌리는 기업관행은 주주를 보다 가난하게 만들 뿐만 아니라 상품, 서비스, 일자리, 세수를 줄임으로써 다른 이해관계자에게도 영향을 미칠 수 있다.

기업에 대한 사회적 책임을 주장하는 선언은 민주주의를 해칠 수 있다. 이는 법규와는 다른 방식으로 제품, 서비스, 기업관행에 제한을 둘 수 있다. 우리의 규제과정은 완벽과는 거리가 멀지만, 적어도 법률과 규제는 투표로 선출된 공직자들로부터 나온다.

많은 기업이 사회적 책임에 대한 선언을 따르게 되면 이는 사실상의 규제와 같다. 그렇게 되면 사회는 시민이 투표한 정부의 법률과 규제가 아닌, 기업의 사회적 책임 명령에 의해 통치된다.

결국에는 어떻게 되는가?
What happens in the end?

모든 것이 어떻게 전개될지는 알 수 없다. 하지만 우리는 과거로부터 배운 바가 있으며, 우리는 계속 올바른 일을 해내왔다. 오랫동안 경제성장이나 생활수준을 크게 변화시킬 만한 의미 있는 혁신은 나타나지 않았다. 1800년의 인류는 기원전 100,000년의 인류보다 물질적으로 크게 나은 삶을 살지 못했다.[2] 그 기간 동안 1인당 소비량은 동일했다. 사회와 시간에 따라 약간의 차이가 있었을 수 있지만, 생활수준의 상승 추세는 없었다. 1인당 국내총생산은 대부분 변하지 않았으며, 석기시대에 살던 사람들은 1800년에 살던 사람들과 같은 기대수명을 가졌다.

1800년경 영국에서 모든 것이 변하기 시작했다. 혁신에 의해 주도된 경제성장이 시작되었다. 오늘날 일부 선진국의 시민은 1800년대에 살았던 사람들보다 20배 이상 부유하다.[3]

경제성장이 1800년경에 시작된 이유와 왜 영국에서 시작되었는지는 여전히 어려운 질문이다. 일부 경제·역사학자들은 재산권과 영국 보통법이 중요한 역할을 했다고 주장한다. 다른 이들은 혁신이 수 세기 동안 소규모로 일어났고, 1800년경에 임계질량에 도달했을 뿐이라고 주장한다. 또 다른 이들은 이 시기에 세계화, 산업 연구소, 그리고 현대 기업의 융합을 원인으로 지적한다.[4] 이러한 설명들은 상호배타적이지 않으므로, 아마도 모두 어느 정도 역할을 했을 것이다.

우리가 알고 있는 것은 지속적인 경제성장에는 자본주의가 필요하다는 것이다. 이를 반박할 만한 사례는 없다. 산업혁명 이후 성장과 번영을 이룬 모든 지역은 어떤 형태로든 자본주의를 받아들였는데, 여기에는 서유럽, 미국, 2차 세계대전 이후의 일본과 대한민국, 싱가포르, 홍콩, 그리고 개혁을 시행한 후의 중국이 포함된다. 반면, 자본주의를 종식시키려 했던 모든 지역, 예를 들면 소련, 마오의 중국, 동독, 북한 등은 자본주의 경제만큼의 경제성장을 누리지 못했다. 이러한 사례는 우리가 경제성장을 원한다면 자본주의가 필요하다는 것을 말해준다.

그렇다면 왜 조셉 슘페터는 자본주의가 결국 살아남지 못할 것으로 예측했을까? 자본주의는 부를 창출하고, 부는 슘페터가 속했던 지식인 계층을 만들어냈다. 이 계층은 주로 나를 포함해 학계, 언론매체, 정부, 그리고 다양한 비영리단체에 종사하는 이들로 구성된다. 지식인 계층의 구성원은 진보적 견해를 가지거나 자본주의를 좋아하지 않는 경향이 있다. 이러한 지식인은 장 자크 루소(Jean Jacques Rousseau)의 『불평등론(Discourse on Inequality)』이 출판된 1775년 이후로 자본주의를 공격해 왔다.

그 패턴은 항상 비슷한데, 지식인은 자본주의가 문제를 만들어내고 자신이 그 해결책을 가지고 있다고 주장한다. 그 해결책은 항상 어느 정도의 권위주의적 통제를 필요로 한다. 카를 마르크스(Karl Marx)와 그의 추종자는 하나의 예이다. 공산주의자는 자본주의가 지속 불가능하며 결국 경제와 사회를 붕괴시킬 것이라고 주장했다. 그들은 공산주의가 유일한 해결책이라고 믿었고, 일부 국가는 이 길을 택했고 그 과정에서 수백만 명의 자국민을 죽음으로 몰았다. 성공한 공산주의 국가의 사례는 없으며, 다행히도 세계는 대체로 공산주의에서 벗어났다.

그다음에는 원래의 지속가능성 이데올로기가 등장했다. 이는 스탠포드, 버클리, MIT의 과학자와 국제연합, 세계은행, 세계경제포럼을 포함한 주요 국제기구들에 의해 홍보되었다. 이들은 세계인구가 현재의 절반이었을 때 이미 과잉상태라고 주장했고, 경제성장이 중단되어야 한다고 했다. 그들은 자신들의 경고에 귀 기울이지 않으면 대규모 기아가 발생하고 사회가 붕괴될 것이라고 주장했다. 수십 년 동안 계속해서 공포가 조장되어 왔고, 수백만 건의 강제 낙태와 불임시술이 이어졌다. 만약 세계가 이 이데올로기를 완전히 받아들였다면, 세계 인구는 현재의 절반이 되었을 것이고, 엄격한 중앙계획체제에 의해 통제되고 있을 것이다.

지식인 계층은 이제 기업을 조종하는 쪽으로 옮겨갔다. 여기서도 다시 자본주의가 지속 불가능하고 온갖 문제를 야기시킨다고 주장한다. 이들은 적절하고 다양성에 부합하는 노동력이 무엇인지, 공정한 임금과 공정거래가 무엇인지, 지구에 좋고 나쁜 것이 무엇인지, 우리가 어떤 연료를 사용해야 하는지, 최고경영자가 얼마나 벌어야 하는지, 기업이 얼마나 투자해야 하는지와 같은 모든 문제에 대한 답을 갖고 있기 때문에 자신들이 기업을 주도해야 한다고 주장한다. 오늘날의 지식인은, 그들의 선배들과 마찬가지로, 좋은 아이디어를 갖고 있다고 믿으며 중요한 인물이 되고 싶어 한다. 그러나 이들의 통치 기록에는 전체주의, 대량 기아, 강제 불임시술과 같은 온갖 끔찍한 것이 포함되어 있다.

완벽한 체제란 존재하지 않겠지만, 민주주의와 자유무역이 우리에게는 최선인 것 같다. 우리는 지식인 또는 그 어떤 선출되지 않은 자에게 우리를 통치하도록 하는 엄청난 역할을 부여하지 않기 위해, 색다른 방안이나 해결책을 필요로 하지 않는다. 대신 우리는 민주주의와 자유무역을 보호하며 가능한 오랫동안 슘페터가 틀렸다는 것을 증명하려고 노력하면 그만이다.

미주

1. Joseph A. Schumpeter, New York: Harper & Brothers, "Capitalism, socialism and democracy", 1942년
2. Gregory Clark, Princeton, NJ: Princeton University Press, "A farewell to Alms", 2007년
3. Max Roser et al., Our World in Data, "Economic growth", 특히, 'Gross domestic product (GDP) by world region'라는 그래프를 보면 서구 파생국(Western Offshoots: 미국, 캐나다, 뉴질랜드, 호주)은 이 기간 동안 1인당 국내총생산이 21배 성장했다.
4. J. Bradford DeLong, London: Profile Books, "Slouching towards utopia: The economic history of the Twentieth century", 2020년

해제 1

주주 자본주의와
시장경제 원리

김우진 서울대학교 경영(전문)대학(원) 교수

최근 전 세계적으로 ESG 및 지속가능성에 대한 관심이 고조되면서, 전통적인 주주 자본주의는 더 이상 유효하지 않다는 인식이 확산되고 있다. 이 책은 이러한 흐름에 정식으로 반론을 제기하면서, 주주 자본주의야 말로 애덤 스미스(Adam Smith) 이래 근대국가의 경제 운영방식으로 자리를 잡은 시장경제 원리에 가장 충실한 제도임을 설파한다.

이 책의 저자의 기본적인 문제의식은 시카고 학파의 태두인 밀턴 프리드먼(Milton Friedman)의 주장과 거의 동일하다. 프리드먼은 1970년 그의 유명한 뉴욕타임스 기고문 "기업의 사회적 책임은 이윤 창출이다"라는 글에서, 최고경영자들이 스스로 중요하다고 생각하는 사회적 아젠다에 회사의 자금을 지출하는 행위를 비판하면서 이러한 행위는 주식회사의 다양한 구성원들에게 사실상 조세를 부과하는 효과가 있음을 지적하였다. 예컨대, 특정 기업의 최고경영자가 북극곰의 멸종에 대해 지대한 관심이 있어서 기업의 사회적 책임의 일환으로 북극곰 멸종 저지 운동 비정부기구(NGO)에 기업 돈으로 기부를 했다고 하자. 만약 이 자금의 재원이 배당을 줄여서 나온 것이면 이는 주주의 돈이고, 임금을 줄여서 나온 것이면 직원의 돈이며, 가격을 올려서 나온 것이면 소비자의 돈인 것이다. 여기서 오해하지 말아야 할 것은, 프리드먼이 어떠한 형태의 사회적 책임도 부정하는 것은 아니라는 점이다. 프리드먼이 경계하는 것은 '기업'의 사회적 책임이지, '개인'의 사회적 책임은 얼마든지 장려될 수 있다. 프리드먼의 주장은 기업(법인)은 인간(투자자)의 편의를 위해 인류가 고안한 가상의 제도에 불과하므로, 사회적 책임을 지는 주체는 궁극적으로는 기업을 구성하는 개개인(주주, 채권자, 근로자, 소비자 등)이라는 것이다. 그런데 각 개인들은 사회적 아젠다에 대한 관심도가 사안에 따라 모두 다르다. 어떤 개인은 북극곰이 중요하다고 생각하는 반면, 또 다른 개인은 저개발국가의 아동복지가 중요하다고 생각할 수 있다. 이 경우 주주에게는 배당, 근로자에게는 임금, 소비자에게는 가격할인 등을 제공함으로써 각 개인이 자신이 선호하는 사회적 아젠다에 대해 스스로 책임을 질 수 있게 하자는 것이 프리드먼의 주장이다. 앞서 북극곰 보호단체에 기부를 한 기업의 주주가 북극곰에는 관심이 없고 저개발국가 아동복지에 관심이 있다면, 해당 기업의 최고경영자는 본인의 관심사를 위해 주주의 이익을 희생 내지 강탈했다는 것이다.

저자는 이 논리를 좀 더 발전시켜서 이러한 사회적 아젠다들은 정치과정을 통해 우선순위가 정해져야 하며, 정부 등 공적 기관을 통해 조세로 재원을 조달하고, 정부지출을 통해 집행되어야 함을 강조한다. 본인이 좋아하지 않는 의제라고 하더라도, 정치과정을 통해 (다수의) 국민들이 원하는 의제는 기꺼이 따라야 한다고 받아들인다. 다만, 기업 최고경영자의 사회적 책임 활동은 이러한 정치과정을 거치지 않았으므로, 사실상 구성원들의 자산에 대한 유용(Expropriation)이라고까지 주장한다.

주주 자본주의의 본질

제1부에서는 개인의 이윤 추구가 어떻게 사회적인 가치창출로 연결되며, 주주 자본주의가 어떻게 이를 촉진할 수 있는지 비교적 알기 쉽게 설명한다. 저자에 따르면 인류는 수십만 년 전부터 물건의 교환 등 거래를 통해 상호의 이익을 증진해 왔다. 거래가 일어났다는 사실 자체가 바로 양쪽에 이익이 되기 때문인 것이다.

만약 거래조건에 일방 당사자가 불만이 있으면 거래가 일어나지 않았을 것이다. 부동산 거래가 일어났다는 것은 매도인과 매도인이 가격에 합의했기 때문이며, 양 당사자가 거래를 통해 이익을 본다고 생각하기 때문이다.

사실 동서양을 막론하고 중세까지만 해도 공공연한 이윤 추구는 인류가 공인하는 품격 있는 공동체적 가치가 아니었다. 구약 성경에서는 개인 간에 이자의 수취를 죄악시하였고, 이슬람 문화권에서는 지금까지도 공식적인 이자 수취를 금지하고 있다. 동양에서는 사농공상 관념이 오랫동안 사회를 지배해 왔으며, 19세기까지만 해도 과거 등을 통한 관료사회 진출이 개인의 영달과 사회의 발전에 기여하는 거의 유일한 통로로 여겨져 왔다.

그러나 1776년 애덤 스미스는 『국부론』에서 개인의 사적인 이익 추구(Self-interest)의 사회적 유용성을 지적하였다. 개인이 자신의 이익을 추구한다는 영어 표현인 'Self-interest'는 다소 부정적인 의미인 이기심(Selfishness)과는 뉘앙스가 다르다. 'Self-interest'는 남의 이익을 해하면서 자신의 이익을 추구한다는 것이 아니고, 정해진 규칙 하에서 타인에게 (직접) 피해를 주지 않으면서 자신의 이익을 추구하는 것을 의미한다. 애덤 스미스는 사회구성원들이 필수적인 재화와 서비스를 생산하고 소비할 수 있는 근본적인 이유는 타인에 대한 배려나 이타심이 아니고, 자신의 이윤을 극대화하고자 하는 동기임을 인류 최초로 간파한 것이다.

주주 자본주의는 이러한 사적인 이익 추구를 공동의 사적인 이익 추구로 확대한 것과 다름이 없다. 기술 발전에 따라 사업수행에 필요한 자금의 규모가 커졌고, 개인의 자금으로는 부족하기에 주식회사 제도를 통해 여러 명의 주주로부터 자금을 조달하게 된 것이다. 어떻게 보면 동업자의 수가 N으로 확대된 사업형태로 볼 수 있다. 각 주주는 출자한 지분 비율대로 해당 기업의 이윤에 대한 1/N의 청구권을 보유한다. 10주 보유한 주주는 해당 주식수 만큼 배당을 받고, 20퍼센트 보유한 주주는 해당 주식수 만큼 배당을 받은 것이다. 즉, 보유한 주식수 만큼 공평하게 대우받는 것이다.

한편, 경제가 지속적으로 성장하기 위해서는 생산과정에서의 혁신이 일어나야 한다. 혁신이란, 기존 제품을 더 적은 비용으로, 더 효율적으로 생산하거나, 아예 없던 제품 또는 서비스를 새로 내놓는 것을 의미한다. 그런데, 이러한 혁신의 원동력 역시 (주주들의) 사적인 이익 추구에서 비롯된다는 것이다. 몇 년 전에 알파고가 이세돌 9단을 이겼을 때 전 국민이 충격을 받았던 적이 있다. 당시 상당수의 언론에서는 정부의 적극적인 인공지능(AI) 개발지원을 촉구하기도 했다. 그런데 당시 필자는 기고를 통해 알파고는 미국항공우주국(NASA)이 만든 것이 아님을 지적한 바 있다. 주지하다시피 알파고는 구글이 만든 것이다. 구글이 인류의 행복한 미래를 위해 알파고를 만들었겠는가, 아니면 더 많은 이윤을 창출하기 위해 알파고를 만들었겠는가? 저자는 의문의 여지없이 후자라는 것을 지적하고 있는 것이다.

또한 저자는 경제 전반이 '지속적으로' 성장하기 위해서는 개별 기업은 끊임없이 '도태'될 수밖에 없음을 지적하며, '지속가능성'이라는 개념 자체에 의문을 제기한다. 슘페터가 제시한 '창조적 파괴'의 과정에서는 기존 제품 및 생산과정은 새로운 제품 및 생산과정에 의해 끊임없는 위협을 받는다. 이 과정에서 창조적 파괴 및 혁신이 일어나며, 기존 제품 및 생산과정은 도태된다. 따라서 개별 기업은 지속 가능하기 어렵다는 것이 저자의 주장이다.

이러한 혁신이 끊임없이 일어나려면, 지속적인 자금조달이 일어나야 하는데, 주주 자본주의는 이런 혁신활동에 대한 자금공급 기능도 수행한다. 벤처 캐피탈에 자금을 투자하는 이유, 기업공개(IPO) 기업에 자금을 투자하는 이유는 혁신의 성과를 공유하고자 하는 사적인 이윤 추구 동기에서 비롯된다는 것이다. 물론 이 과정에서 실패하는 기업도 있다. 사실 통계적으로 보면 실패하는 기업이 더 많다. 이러한 불확실성은 분산투자(Diversification)를 통해 어느 정도 관리할 수 있는데, 저자는 구체적인 예제를 통해 정규 재무관리 수업시간에 몇 시간에 걸쳐 다루는 분산투자 효과를 아주 쉽게 설명하고 있다. 이와 같이 혁신에 대한 투자를 통해 이윤을 추구하고자 하는 투자자들이 있기에 혁신이 가능한 것이다.

1부의 마지막에서는 마오쩌둥 치하의 중국과 소비에트 계획경제의 마트 사례를 제시하며, 현실 사회주의가 경제 사회적으로 얼마나 국민들을 피폐하게 했는지 다시 한번 강조한다.

주주 자본주의와 자본비용

1부의 논의에서 매우 중요한 개념은 순현재가치(Net Present Value, NPV)와 자본비용(Cost of capital)이다. 기업의 투자는 순현재가치가 양(+)일 때만 정당화된다. 순현재가치가 양(+)이라는 것은 기업이 벌어들이는 수익(Return on equity, ROE)이 자본비용을 초과한다는 것이다. 이 경우, 해당 자원이 사회적으로도 유용하게 쓰였다고 볼 수 있다.

이 논의는 현재 금융당국에서 강력히 추진 중인 밸류업 정책과도 매우 밀접한 관련이 있다. 국내 밸류업 정책은 일본 증권거래소의 Actions to Implement Management Conscious of Cost of Capital and Stock Price를 벤치마킹한 것으로 알려져 있다. 그런데, 정책의 제목에서 알 수 있듯이 일본은 자본비용을 전면에 내세우고 있다. 그동안 일본과 한국의 경영진들은 자본비용을 아예 무시해 온 것이 사실이다. 자본비용은 기업 입장에서는 비용이지만, 투자자 입장에서는 요구수익률이다. 자본비용은 '사회적' 비용처럼 무슨 추상적인 개념이 아니고, 투자자들이 해당 투자로부터 얻고자 하는 몇 퍼센트의 구체적인 수익률이다.

한국의 상장기업에는 대부분 지배주주들이 존재하기 때문에 일반주주들에게 배당 또는 주가 상승을 통한 수익을 되돌려주지 않아도 경영진으로서의 지위유지에 큰 문제가 없었다. 반면, 미국의 상장기업은 대부분 전문경영진 체제이기 때문에, 자본비용을 무시하는 최고경영자는 그 지위를 유지하기 어렵다. 자본비용을 하회하는 수준의 투자를 계속하다가는 이사회에서 경질될 가능성이 농후하다. 반면 한국은 자본비용을 거의 0으로 간주해 왔기 때문에, 손익분기만 넘으면, 즉 흑자 전환만 하면 괜찮은 것으로 인식하는 경향이 있다. 그러나, 흑자 전환은 이제 수익률이 겨우 마이너스를 면했다는 의미이다. 투자자들이 요구하는 수익률(예컨대, 10퍼센트)을 맞추기 위해서는 훨씬 더 많은 수익을 내야 하는 것이다. 그만큼의 수익을 내지 못한다면, 해당 투자는 진행하지 않는 것이 합리적이다.

일본 정책 당국의 입장은 앞으로는 자본비용을 인식한 경영을 하라는 것이다. 자본이 비싸다는 인식하에 투자를 선별적으로 진행하고 주가에도 관심을 가지라는 것이다. 반면, 한국의 밸류업

정책 논의에서는 자본비용에 대한 강조가 일본보다는 상대적으로 덜한데, 앞으로는 이에 대한 보다 활발한 논의가 있기를 기대한다.

주주 자본주의 대 이해관계자 자본주의

제2부에서는 새롭게 대두되고 있는 이해관계자 자본주의가 주주 자본주의와 양립할 수 없는 개념인지에 대한 설명을 자세히 제시하고 있다. 저자의 기본 관점은 다양한 이해관계자들은 자발적인 의사에 따라 생산·소비 과정에 참여하는데, 이들의 이익을 고려하지 않고서는 주주의 이익을 극대화할 수 없다는 것이다. 즉, 주주 자본주의와 이해관계자 자본주의는 양립 가능하다는 것이다.

주식회사를 구성하는 다양한 이해관계자들은 각각 자발적인 계약에 따라 생산·소비 과정에 참여한다. 만약 임금수준이 낮다고 판단되면, 근로자는 해당 직장을 떠날 것이다. 현재 근로자가 해당 기업에 근무하고 있다는 사실은 다른 직장보다 현 직장이 더 낫다고 판단하기 때문이다. 만약 생산품이 품질에 비해 가격이 비싸다고 판단되면, 소비자는 해당 물건을 구매하지 않을 것이다. 소비자가 물건을 구매했다는 사실은 해당 물건이 가성비가 있다고 판단하기 때문인 것이다. 이처럼 기업이 생존하기 위해서는 근로자, 소비자 등 이해관계자를 만족시킬 수밖에 없다. 그런데 근로자, 소비자를 만족시키는 이유는 그들에 대한 배려가 아니고, 바로 기업의 주인인 주주들의 이익을 극대화하고자 하는 동기에서 비롯된다는 것이 저자의 주장이다. 즉, 별도로 이해관계자를 배려하지 않아도, 주주의 이익을 극대화하기 위해서는 이해관계자들이 배려될 수밖에 없다는 것이다.

이러한 저자의 주장은 각 이해관계자가 해당 기업이 아닌 다른 대안을 가지고 있다는 전제하에 성립한다. 즉, 근로자는 이 기업이 싫으면 다른 기업으로 이직할 수 있어야 하고, 소비자는 이 물건이 싫으면 다른 물건을 살 수 있어야 위의 논리가 성립한다. 최근 국내에서도 이직이 일반화되고 있고, 제조업의 발달로 수많은 대체제가 존재함을 고려하면 어느 정도 이러한 전제가 성립된다고 볼 수 있다.

단기 대 장기

이어서 저자는 주주 자본주의가 단기이익만을 추구함으로써 장기적인 지속가능성을 경시한다는 비판에 대한 반론을 제기한다. 재무이론적으로 현재의 주가는 미래의 모든 현금흐름을 투자자의 요구수익률로 할인한 값이다. 따라서 주주 이익 극대화를 위해서는 장기이익을 무시할 수 없다. 실증 연구결과에 따르면, 투자자들은 단기이익보다는 오히려 장기이익에 대해 너무 낙관적인 판단을 한다고 한다. 예컨대, 테슬라처럼 매출 성장이 빠르고, 투자를 많이 하는 기업의 주가가 상대적으로 높은데, 이런 기업이 장기이익을 훼손하면서, 단기이익을 추구하고 있다고 보기는 어렵다. 이러한 기업은 현재 주가가 과대평가됨으로 인해 장기 수익률은 오히려 안 좋은 것으로 실증 연구결과 나타나고 있다. 따라서, 경영진들이 현재의 주가를 올리기 위해 단기이익에 집착한다는 세간의 주장은 설득력이 없다는 것이다. 오히려 미래에 대한 장밋빛 전망이 현재의 주가를 과도하게 상승시키는 요인이 될 수 있다.

투자 대 배당

사회 전체적으로는 기업이 배당하는 것보다 투자하는 것이 더 낫다는 정치권의 인식에 대해서도 저자는 반론을 제기한다. 기업의 목표는 주주 이익의 극대화이며, 이는 순현재가치가 양(+)인 모든 투자기회를 실행함으로써 달성할 수 있다. 만약 어떤 기업이 투자를 안 하고 있다면, 이는 양(+)의 순현재가치를 시현할 수 있는 투자기회가 없다는 뜻이다. 만약 이런 기업에서 투자를 한다면, 오히려 자본비용보다 못한 수익을 냄으로써 기업가치에 악영향을 미칠 수 있다. 즉, 모든 투자가 무조건 좋은 것은 아니며, 이 역시 자본비용과 자본수익성의 상대적인 관계에 따라 결정된다.

일반적으로 배당이나 자기주식 매입을 통해 주주에게 환원된 현금은 소비에 쓰일 것이라고 생각하는 경향이 있으나, 주주들은 해당 금액을 다른 기업, 특히 수익성이 좋은 기업에 재투자할 수 있다. 즉, 주주에 대한 환원을 통해 사회의 자원이 보다 더 수익성이 높은 투자기회 또는 산업으로 이동할 수 있는 것이다. 이것이 바로 행동주의 투자자들이 강조하는 자본 재배치(Capital reallocation)인 것이다.

자기주식 매입과 주가

미국이나 한국이나, 자기주식 매입의 효과에 대해서는 많은 오해가 있다. 정치권이나 언론에서 인식하는 자기주식 매입의 효과는 다음과 같다. 기업이 자기주식 매입을 하게 되면, 유통 주식 수가 감소하여, 주당순이익이 증가하고 따라서 주가가 상승한다고 설명하는 식이다. 이러한 설명은 자기주식 매입 이후에도 시가총액이 동일하게 유지된다는 암묵적인 전제를 하고 있다. 그런데, 자기주식 매입은 공짜로 되는 게 아니다. 매입한 자기주식만큼 기업에서 현금이 유출되는 것이다. 따라서 유출된 현금 규모만큼 주주 환원이 일어나고, 기업의 시가총액이 감소하며, 주가는 변하지 않는다. 여기서 중요한 점은 주가가 오르지 않더라도 주주 환원은 일어난다는 점이다. 흔히 자기주식 매입을 통해 주가가 오르면 주주 환원이라고 설명하는 기사들이 있는데, 이는 정확하지 않다.

이러한 오해는 미국에서도 일어나지만 한국에서 특히 심한데, 그 이유는 자기주식 매입 이후에도 거래소가 발표하는 시가총액에 변함이 없기 때문이다. 매입된 자기주식 또는 금고주는 상법상 의결권·배당권이 없으며, 회계적으로는 자본차감 계정이다. 따라서 자기주식은 미발행 주식으로 보는 것이 자본시장 선진국들의 일반적인 인식이며, 이에 따라 자기주식 매입 즉시 시가총액에서 제외한다. 자기주식 매입분만큼 현금이 유출되었기 때문이다. 그런데, 한국에서는 아직도 실무계 및 일부 학계에서 소위 '자산설'이 지지를 받으면서, 발행기업의 자기주식을 마치 다른 기업의 주식처럼 취급하고 있다. 심지어 기업이 보유한 자기주식을 지배주주 측 지분으로 인정하는 규정도 있을 정도이다. 이러한 관행은 글로벌 스탠더드에 전혀 맞지 않으므로 매입 자기주식은 시가총액에서 바로 제외하도록 조기에 시정될 필요가 있다.

주주 자본주의와 대리인 문제

미국 상장기업은 대부분 창업 세대가 지나면 전문경영인 체제로 전환하므로, 경영진은 보유 지분에 의해서 지위를 유지하지 않는다. 지분이 없거나, 매우 적으므로 전문경영인은 기업가치에 대해 별로 신경 안 쓰고 본인의 보수, 연임 등에만 관심이 있는 소위

대리인 문제(Agency problem)가 발생한다.

미국 상장기업의 대리인 문제는 주로 고액보수, 전용항공기 사적사용 등의 형태로 나타난다. 반면, 한국과 같이 투자자에 대한 법적인 보호가 취약한 나라에서는 지배주주가 상장기업과는 별도의 개인기업을 세워서 다양한 내부거래를 통해 상장기업의 이익이 개인기업으로 이전되는 자기거래(Self-dealing)가 횡행한다.

저자의 이러한 지적은 대외적으로 시장경제를 홍보하고 지향하는 국내 재계 및 경제단체에 큰 시사점을 제공한다. 진정한 시장경제는 당연히 주주 간 공평한 대우 또는 주주에 대한 충실의무를 함축하며, 일부 주주가 다른 주주의 이익을 침해하는 자기거래를 용인하지 않는다. 계열사 간 손익거래, 분할·합병 등 자본거래를 통해 지배주주의 이익을 추구하고 일반주주의 이익을 침해하는 국내 자본시장 관행은 시장경제가 추구하는 바가 전혀 아니므로, 앞으로 이러한 행태는 근절되어야 함을 명심할 필요가 있다.

주주 자본주의와 ESG

제1부과 제2부에서 주주 자본주의와 시장경제 원리에 대한 기본적인 논리를 제공한 다음, 제3부에서는 ESG에 대한 저자의 솔직한 생각을 여과 없이 드러내고 있다. 저자의 기본 입장은 앞서 서술한 바와 같이, 다양한 ESG 아젠다에 대한 최고경영자의 기부 등 사회공헌 활동은 정치과정을 통해 사회적인 정당성을 부여받는 절차를 결여하였으므로, 관련 이해관계자들의 자산을 침탈하는 행위로 본다. 특히, 지구온난화 등 기후변화 이슈도 미국 의회

또는 정부가 정식 승인한 적이 없음을 근거로 자율적인 온실가스 감축노력의 필요성을 인정하지 않는다.

그런데 이와 같은 다소 극단적인 반ESG 주장에 대해서는 시장경제주의자인 필자도 동의하기 어렵다. 저자도 인정하고 있듯이 시장에서의 실패가 일어나는 분야 중 대표적인 것이 외부성 또는 외부효과(Externality)이다. 외부효과란 타 경제주체에게 의도하지 않은 이익 또는 손해를 끼침에도 불구하고 이에 대한 사적인 보상이 없는 경우를 일컫는다. 양(+)의 외부효과의 대표적인 경우는 교과서에서 흔히 소개되는 과수원과 양봉업자 사례가 있다. 양봉업자의 꿀벌로 인해 과수원이 잘 되는데, 양봉업자는 이에 대한 대가를 과수원으로부터 받지 않으므로, 사회적으로 적정한 양보다 더 적게 꿀벌을 생산한다는 것이다. 음(-)의 외부효과의 대표적인 사례는 공해 등 환경문제를 들 수 있다. 오폐수를 방류하는 기업은 인근 주민에게 피해를 끼침에도 불구하고 (이에 대한 공적제재가 없는 한) 폐수를 무단 방류할 것이고, 무단 방류량은 사회적으로 최적인 수준보다 더 많이 일어나게 된다. 이러한 외부효과를 방지하기 위해 정부가 개입하게 되는데, 무단 방류에 따른 금전적, 비금전적 제재를 통해 방류량을 통제하는 것이다. 이러한 방식을 처음 제안한 경제학자 피구의 이름을 따서 피구세(Pigouvian Tax)라고 부르기도 한다. 즉, 피구세는 세수확보 목적이 아니라, 음(-)의 외부효과를 일으키는 특정한 행위를 억제하기 위해서 부과하는 것이다.

저자에 의하면, 공해문제는 정치과정을 통해 도입된 피구세 등의 규제를 통해 해결 가능하므로, 이를 통하지 않은 자발적인 온실가스 감축노력은 주식회사의 이해관계자들에게 부적절한 사실상의 세금을 부과한다는 것이다. 그런데, 이러한 저자의 주장은 최근의 기후변화는 전세계적인 현상인데 이를 효과적으로 규율할 수 있는 전 지구적인 공적인 정부 또는 정치체계가 부재하다는 점을 간과하고 있다. 각국 정부는 온실가스 배출에 대해 서로 이해관계가 다른데, 이를 강제로 조율할 수 있는 국제기구는 없다. 아직도 진행 중인 우크라이나-러시아 전쟁, 중동전쟁 등을 보아도 국가 간 갈등은 대개 무력으로 해결되는 경향이 있으며, 따라서 국제 피구세 등을 통해 온실가스 감축을 기대하기는 어렵다. 매년 되풀이되는 미세먼지는 우리 국민들의 삶에 지대한 영향을 미치고 있음에도 원인으로 지목되는 중국과 이에 대해 협상을 했다는 이야기는 들어본 적이 없다.

저자는 과거 일부 지식인들이 제기했던 인구증가에 따른 지구 파멸론이 지금에 와서는 거의 괴담 수준이었음을 지적하며, 지식인들이 주장하고 시도했던 다양한 인구증가 억제정책이 오히려 개인의 자유와 인권을 침해하는 부작용만 야기했다고 주장한다. 이처럼 인구증가에 따른 자원고갈 등의 전 지구적 문제는 사실상 발생하지 않았으므로, 지구온난화 문제도 이 분야에서 신사업기회를 노리는 기업들(및 주주들)의 이윤 추구 동기에 의해 자연스럽게 해결될 수 있을 것이라는 낙관론을 편다. 필자도 저자의 주장이 맞기를 바라지만, 지구온난화의 영향은 가상의 상황이 아니고 우리 모두가 피부로 느끼는 현실적인 문제이다. 2024년 여름의 기록적인 폭염은 우리의 일상생활에 지대한 영향을 미치고 있다. 이 폭염이 시장경제원리에 따라 자연스럽게 사라졌으면 좋겠지만, 이번에는 그렇지 않을 것 같아서 심히 우려된다.

주주 자본주의에 대한 변론

저자는 이 책에서 개인의 사적인 이윤 추구 동기와 시장에서의 자율적인 거래를 통한 가격형성 및 이에 따른 자원배분 등 시장경제의 기본원리를 알기 쉽게 설명하면서 이를 주주 자본주의의 기본적인 논거로 활용하고 있다. 일각에서 비판하듯이 주주 자본주의는 주주의 이익을 위해 다른 이해관계자들의 이익을 해치는 것이 아니다. 자율적인 거래환경 하에서 이해관계자들을 만족시키지 않고서는 기업이 성공할 수 없다는 것이 저자의 핵심주장이다.

저자는 한 발 더 나아가, 전 지구적인 온난화 문제마저도 시장을 통해 해결되거나, 정치과정을 통해 억제될 수 있다고 주장하지만, 국가 간 이해충돌 및 규범력 있는 국제기구의 부재를 고려할 때 이러한 주장까지는 선뜻 받아들이기 어렵다. 노벨 경제학 수상자인 하드코어 경제학자 올리버 하트 교수조차도 이러한 심각한 외부효과를 해결하기 위해 전통적인 주주가치 극대화에서 주주복지 또는 효용극대화로 경제주체의 목적함수를 변경하여, 기업의 사회적 책임을 정당화하려는 이론적인 노력을 기울이고 있는 상황이다.

과도한 주주이익의 추구로 음(-)의 외부효과가 발생하여 지구온난화 등의 문제가 발생한 점은 부인할 수 없다. 그러나, 이에 대한 반작용으로 주주 자본주의를 버리고, 이해관계자 이익 극대화를 기업의 목표로 해야 한다는 주장 역시 합리적이라고 보기는 어렵다. 혁신의 원동력은 이윤 추구라는 점은 인정해야 한다. 성과에 대한 보상이 없으면 누가 열심히 일할 것인가? 성적에 대한 평가가 없으면 누가 공부를 할 것인가? 서울의 택시기사 보수를 완전 월급제로 전환하여 성과 보수를 축소하자 택시 공급이 감소했다는 사실을 상기할 필요가 있다.

    국내 모든 기업이 이윤 추구를 포기하고 사회적 기업으로 전환한다면 대한민국 경제는 과연 굴러갈 것인가? 빈대를 잡으려고 초가삼간을 태울 수는 없는 것 아닌가?

해제 2

주주의 마음을 읽지 못한
주주 자본주의 변론

김우찬 고려대학교 경영대학 교수

총평

기업의 사회적 책임, 지속가능 경영, ESG와 같은 개념들이 넘쳐나는 가운데, 우리는 종종 우리 경제의 근간을 이루는 주주 자본주의의 중요성을 잊게 된다. 하지만 우리 경제가 성장하고 개인의 삶이 풍요로워지는 데 가장 중요한 요인은 주주 자본주의 체제를 갖추고 있기 때문이다. 저자는 재무경제학을 기반으로 이 점을 매우 설득력 있게 설명한다. 더 나아가, 다원적 이해관계자 자본주의의 허구성과 위험성도 명쾌하게 지적한다.

그러나 저자는 주주 자본주의가 가져올 수 있는 다양한 폐해에 대해서는 거의 언급하지 않으며, 미국 보수층의 지지를 받지 못하는 온실가스 배출감축, 인종 및 성의 다양성 확대, 낙태 종업원 보호와 같은 이슈들에 대해서는 주식 가치에 미치는 영향이나 주주 동의 여부를 따져보지 않고, 이를 기업 자금의 유용이나 편향된 정치행위로 간주한다. 저자가 특정 정치적 입장을 표명하는 것으로 자칫 오해를 받을 수 있는 대목이다.

제1부

저자는 제1부에서 주주 자본주의의 이점을 설명하기 위해 재무경제 원론과 경제원론에서 다루는 기본 개념들을 친절하게 풀어낸다. 이를 통해 이윤 추구가 어떻게 다른 이해관계자들에게도 도움을 주는지(제1장), 왜 이윤 추구가 희소자원의 효율적 배분을 가져오는지(제3장), 그리고 왜 이윤 추구와 주식시장의 존재가 경제 성장에 필수적인 혁신을 촉진하는지를 설명한다(제5장). 또한, 성장을 위해 창조적 파괴 과정이 불가피한 이유를 명확히 한다(제6장). 마지막으로, 이윤 추구 동기가 존재하지 않는 공산주의 국가들의 경험을 통해 이윤 추구의 중요성을 다시금 강조한다(제7장). 비록 당연하게 여겨질 수 있는 이야기들이지만, 많은 사람들이 잊고 있었던 주주 자본주의의 이점을 다시 일깨워주었다는 점에서 상당한 의의가 있다고 본다.

하지만 저자는 논의를 전개하면서 생산요소 시장과 상품 시장이 상당히 경쟁적인 시장이라는 전제를 암묵적으로 깔고 있다. 또한, 부정적 외부효과(Negative externality)와 같은 시장실패(Market failure)를 교정하기 위한 정부규제와 사회적 약자를 보호하기 위한 각종 법령도 적절하게 갖춰져 있다는 가정을 하고 있다. 그러나 이는 단지 가정에 불과하며, 현실에서는 이와 다를 수 있다. 이러한 가정들이 깨졌을 때 어떤 반론이 가능한지에 대해서는 아래에서 구체적으로 다룬다.

제2부

거래의 자발성만으로 주주 자본주의를 변론할 수 있는가? 제8장에서 저자는 기업이 주주 이익만을 추구하더라도 다른 이해관계자들 역시 기업과의 거래를 통해 이익을 얻을 수밖에 없음을 강조한다. 자발적인 거래는 거래 당사자 모두에게 이익이 되기 마련이기 때문에, 이해관계자들이 기업과 자발적으로 거래했다면 그들 또한 이익을 얻을 수밖에 없다는 것이 그 논거다. 저자는 이러한 논리를 이해하지 못하는 것을 '이해관계자 오류(Stakeholder fallacy)'라고 명명한다.

하지만 이에 대해서는 두 가지 측면에서 반론이 제기될 수 있다. 첫째, 어떤 거래가 물리적으로 강제되지 않았다고 해서 그것이 자발적인 거래로 간주될 수는 없다는 점이다. 만약 그 거래가 한쪽 당사자에게 사실상 유일한 선택지였다면, 그 거래는 자발적이라기보다는 강제된 것으로 볼 수 있다. 예를 들어, 하루 15시간씩 높이 1.5m 남짓한 다락방에서 일하는 봉제공장에 취업할지 아니면 굶어 죽을지를 선택해야 하는 여성 노동자가 봉제공장에 취업했다고 해서, 이를 진정한 자발적 거래로 볼 수 있을지 의문이다. 또 다른 예로, 원청기업가 터무니없이 낮은 단가를 제시했을 때, 이를 수용하거나 공장 문을 닫아야 하는 상황에 놓인 중소기업 사장이 결국 납품하기로 결정했다고 해서 이를 자발적인 거래로 간주할 수 있을지 역시 의문이다.

둘째, 위의 두 거래를 설령 자발적인 거래로 인정하더라도, 주주의 이익이 늘어날 때 이해관계자의 이익도 함께 늘어나기보다는 두 이익이 얼마든지 상충할 수 있다는 반론이 제기될 수 있다. 예를 들어, 여성 노동자가 더 열악한 환경에서 일할수록 봉제공장의 대주주는 더 많은 이익을 얻을 수 있으며, 중소기업이 더 낮은 단가에 납품할수록 원청기업의 대주주 역시 더 큰 이익을 얻을 수 있다. 만약 생산요소와 상품에 대한 수요가 상당히 경쟁적이라면 이러한 이해 상충 관계를 크게 걱정할 필요가 없겠지만, 현실은 그렇지 않다. 현실에서는 공급 독점기업뿐만 아니라 수요 독점기업들도 충분히 존재할 수 있기 때문이다.

따라서 생산요소 시장과 상품시장이 경쟁적이지 않은 현실에서 거래의 자발성만을 내세워 주주 자본주의를 변호하려면, 종업원, 하청기업, 고객 등 이해관계자의 이익을 보호하는 법령이 충분히 갖춰져 있다는 전제가 필요하다. 그러나 실제로는 이러한 법령이 제대로 마련되지 않은 경우가 많다. 기업의 경영자와 대주주들이 이러한 법령 도입을 막기 위해 강력한 로비를 펼치는 경우가 많으며, 그 결과 이해관계자의 이익을 보호하는 법령은 허점투성이일 때가 많다. 이러한 현실을 무시한 채 거래의 자발성만을 근거로 주주 자본주의를 변호하는 것은 또 다른 오류를 범하는 것이라 할 수 있다.

제9장에서 저자는 다원적 이해관계자주의(Pluralistic stakeholderism)가 가진 가장 치명적인 문제점을 명확하게 지적하고 있다. 즉, 기업의 경영자가 섬겨야 할 주인이 너무 많아지면, 경영자가 어느 특정 주인에게도 충성하지 않고 결국 자기 자신에게만 충성하게 되는 문제가 발생할 수 있다는 점을 잘 설명하고 있다. 이 내용은 루시안 벱척(Lucian Bebchuk) 교수와 로베르토 탈라리타(Roberto Tallarita) 교수가 다원적 이해관계자주의의 허구성과 위험성을 다룬 2020년 논문 「이해관계자 거버넌스의 환상적인 약속(The Illusory Promise of Stakeholder Governance)」에서 자세히 다룬 바 있다.[1]

단기주의 오류와 투자는 좋고 주주 환원은 나쁘다는 오류

제10장부터 제13장까지 저자는 단기 차익만을 노리는 주주들 때문에 경영자들이 장기적 안목의 투자를 하지 못한다는 주장과 투자는 무조건 좋고, 배당 등 주주 환원은 무조건 나쁘다는 주장이 얼마나 근거 없는 망상에 불과한지를 설득력 있게 잘 설명하고 있다. 그리고, 전자의 주장을 믿는 오류를 단기주의 오류(Short-term fallacy)로 명하고, 후자를 믿는 오류를 투자는 좋고 주주 환원

---

1   Bebchuk, Lucian A. and Roberto Tallarita, Cornell Law Review 106, "The illusory promise of stakeholder governance", 2020년

은 나쁘다는 오류(Investment-good/payout-bad fallacy)로 명했다.

물론, 이 또한 새로운 내용이 전혀 아니다. 저자가 밝혔듯이 재무경제학 개론(Finance 101 또는 102)만 제대로 공부했다면 누구나 쉽게 추리할 수 있는 내용이다. 특히, 단기주의 오류와 관련해서는 이미 루시안 뱁척 교수가 2021년 하버드 비즈니스 리뷰(Harvard Business Review)에 기고한 글 "Don't let the short-termism bogeyman scare you"에서 이 문제를 강도 높게 비판한 바 있으며, 마크 로(Mark Roe) 교수 역시 2022년에 출간한 자신의 책 『Missing the Target』을 통해 이 주제에 대해 심도 있게 다룬 바 있다.² 필자도 최근 한겨레 칼럼을 통해 그 문제점을 지적한 바 있다.³

우리나라 경제단체는 단기주의와 투자 좋음·배당 나쁨의 신봉자

저자는 이러한 오류의 원흉으로 클라우스 슈밥과 그가 창립한 세계경제포럼(WEF)을 꼽았다. 하지만 우리나라 경제단체들도 만만치 않다. 아주 오래전부터 유사한 주장을 펼쳐왔고, 최근 들어서는 주주행동주의에 대한 반대 논거로도 활용하고 있다. 언론은 이를 무비판적으로 보도하고 있으며, 이는 정치인들과 관료들의 사고방식에도 영향을 미치고 있다. 관련 기사들을 살펴보자.

---

2 Bebchuk, Lucian A, Harvard Business Review 99.1, "Don't let the short-termism bogeyman scare you", 2021년; Roe, Mark J., Oxford University Press, "Missing the target: Why stock-market short-termism is not the problem", 2020년
3 김우찬, 한겨레, "주주가 단기 차익만 노린다는 언어도단", 2024년 6월 30일

행동주의 펀드의 가장 큰 단점이라면 단기 또는 초단기적 차익 실현을 목적으로 하는 데 있다. 행동주의 펀드의 '단기실적주의'는 세계적으로 공통적인 현상이며 단기 차익을 위해 기업의 경쟁력, 고용창출 따위에는 관심이 없고 오로지 짧은 시간에 최대의 이익을 추구하는 것을 목적으로 하는 경우가 대다수이다. 결국 기업의 지속가능성, 장기적 이익을 추구하는 일반 주주의 이익을 훼손하고 기업의 연구·개발, 투자, 고용이 줄어 기업의 발전을 저해할 가능성이 크다.[4]

올해 주주총회를 앞두고 행동주의 펀드를 비롯해 주주들의 배당확대 목소리가 거세지면서 상장사들은 자기주식 소각 규모와 배당 지급액을 크게 늘리고 있다. 행동주의 펀드의 과도한 요구로 상장사들이 투자보다는 배당에 더 주력할 경우 기업 경쟁력에 마이너스 요인이 될 수 있다[5]는 분석도 나온다.

이복현 금융감독원장이 행동주의펀드 대표들을 만나 "기업에 단기 수익만 추구하는 무리한 요구 대신 장기 성장전략을 적극 제시하라."고 당부했다. 기업과 주주 투자자가 상생하고, 함께 성장하는 선순환 구조에 기여하라는 얘기다.[6]

---

4 이준기, 이데일리, "행동주의 펀드 대응하려면…재계, "리스크 요인 점검이 우선"", 2023년 2월 20일
5 강민우, 강인선, 원호섭, 매일경제, "상장사 순이익 쪼그라드는데 주주압박에 자사주 소각 2조", 2023년 2월 24일
6 선한결, 한국경제, "이복현, 행동주의펀드 대표들 소집…"단기수익만 쫓지 말라"", 2024년 4월 18일

첫 번째 기사의 인터뷰 대상자는 단기주의 오류를 범하고 있다. 주주 행동주의 펀드는 단기 투자자가 아니지만 설사 단기 투자자일지라도 단순히 주식의 보유기간으로 주식 투자의 단기성을 판단해서는 안 되는데 그렇게 했기 때문이다. 주식의 본질가치는 주식을 보유한 자가 받을 모든 미래 현금흐름의 현재가치로 결정된다. 이 때문에 현재의 주가는 기업의 성장잠재력에 의해 결정된다고 해도 과언이 아니다. 기업공개 당시 이윤이 없거나 미미해도 공모가가 장부가치의 몇 배로 책정되는 것이 그 좋은 증거다. 미래 성장 전망에 따라 오늘의 주가가 결정된다면, 주주는 장기적인 안목으로 투자의사 결정을 하면서도 보유기간이 짧아질 수 있다. 예를 들어, 오늘은 주가가 미래 성장 전망을 충분히 반영하지 못해 주식을 매수하고, 내일은 주가가 이를 과도하게 반영해 주식을 매도할 수 있는 것이다. 주식시장의 가격 결정 원리를 조금이라도 이해하고 있다면, 이러한 투자자들을 단기 성과에 집착하는 투자자로 치부해서는 안 된다.

두 번째 기사에서 소개된 분석은 투자 좋음·배당 나쁨의 오류를 범하고 있다. 주주행동주의 펀드는 마땅한 투자처가 없음에도 불구하고 수년간 현금을 쌓아놓은 기업을 대상으로 주주 환원을 요구하지, 유망한 투자처가 있는 기업을 대상으로 그러한 요구를 하지 않는다. 무리한 주주 환원 요구는 주가를 떨어뜨려 종국적으로 주식을 팔아야 하는 행동주의 펀드 입장에서 오히려 손해이기 때문이다. 미국 기업을 대상으로 진행된 한 연구결과에 따르면 대상 기업의 주가와 수익성은 행동주의를 개시한 지 5년이 지나도 그 전에 비해 높은 것으로 조사되었다.[7] 또 다른 연구에 따르면 주

---

[7] Bebchuk, Lucian A., Alon Brav, and Wei Jiang, Columbia Law Review 115, "The long-term effects of hedge fund activism", 2015년

주 행동주의는 대상 기업의 구조조정을 촉진하고, 이 과정에서 매각된 공장, 특허 등이 매각 후 다른 기업에 의해 더 효율적으로 활용되고 있음을 보여주었다.[8] 성장잠재력을 잠식하기보다는 오히려 이를 높이는 쪽으로 작동한다는 의미이다.

세 번째 기사는 금융감독원장 발언을 전한 기사다. 우리나라 정책당국자들의 시각도 단기주의의 오류와 투자 좋음·배당 나쁨의 오류로부터 자유롭지 못하다는 것을 잘 보여주고 있다.

단기업적주의 해법은 경영자의 주식 장기보유

저자의 의도인지는 모르겠지만, 주식 투자자들의 비합리성에 대해서는 전혀 언급하지 않았다. 그러나 주식 투자자들이 모두 합리적인 것은 아니며, 이들의 비합리적인 투자 행태가 심할 경우 주가가 본질가치에서 벗어날 수 있다는 점은 잘 알려진 사실이다. 특히, 공매도가 금지되어 있고 개인투자자의 비중이 매우 높은 우리나라에서는 이러한 현상이 더 두드러질 수 있다. 하지만 이 때문에 경영자들이 주가의 단기적인 움직임에 신경 쓸 필요는 전혀 없다. 경영자 보상을 장기 성과에 연동시키면 손쉽게 해결될 문제이기 때문이다. 즉, 경영자 보상의 상당 부분을 주식으로 지급하되, 이를 통해 취득한 주식을 의무적으로 장기간 보유하도록 한다

---

[8] Brav, Alon, Wei Jiang, and Hyunseob Kim, The Review of Financial Studies 28(10), "The real effects of hedge fund activism: Productivity, asset allocation, and labor outcomes", 2015년; Brav, Alon, Wei Jiang, Song Ma, and Xuan Tian. Journal of Financial Economics 130(2), "How does hedge fund activism reshape corporate innovation?", 2018년

면, 경영자들은 자연스럽게 장기적인 안목으로 기업을 운영하게 될 것이다. 만약 경영자들이 단기 성과에 집착하고 있다면, 이는 주주의 잘못이 아니라 기업의 잘못된 보상체계에 그 원인이 있다고 할 수 있다.

제3부

온실가스 배출량 감축은 항상 음(-)의 순현재가치 값만 갖는가?

저자는 제14장에서 기업 거버넌스(Corporate governance)의 기본을 설명한 후, 제15장부터 이해관계자주의의 문제점을 본격적으로 다룬다. 우선 저자는 이해관계자를 위한 기업정책도 순현재가치(Net Present Value) 기준에 따라 결정되어야 한다고 강조한다. 예를 들어, 기업 자금으로 종교단체에 기부하는 것은 기부 시점에 이미 음(-)의 순현재가치를 가진다는 것을 경영자가 알고 있었을 것이므로, 이는 주주에 대한 선관주의 의무(Fiduciary duty) 위반이자 기업 자금 유용(Expropriation)에 해당된다고 지적한다. 반면, 종업원에게 높은 임금과 복지혜택을 제공하거나, 하청기업과 장기 계약을 맺거나, 상품의 판매가를 낮추고 품질을 높이는 것은, 이러한 결정이 이루어질 당시 경영자가 그것이 양(+)의 순현재가치를 가진다고 믿었다면, 이는 주주 자본주의의 한 형태일 뿐이라고 강조한다. 즉, 주주 이외의 이해관계자 후생을 고려할 수 있지만, 이것은 어디까지나 주주 이익을 극대화하는 범위 내에서만 이루어져야 한다는 도구주의적 이해관계자주의(Instrumental stakeholderism)에 대해서는 문제 삼지 않는다.

그런데 저자는 유독 온실가스 배출량 감축문제에 있어서는 동일한 잣대를 적용하지 않고 있다. 온실가스 감축이 양(+)의 순현재가치를 가질 수 있음에도 불구하고, 이 가능성을 언급하지 않는다. 따라서 저자는 온실가스 감축을 위한 화석연료 생산 또는 사용 축소를 종교단체에 대한 기부금과 마찬가지로 주주에 대한 선관주의 의무 위반이자 기업 자금의 유용으로 보고 있다. 온실가스 배출량 감축이 현재와 가까운 미래의 현금흐름을 감소시킬 수 있지만, 먼 미래의 현금흐름을 증가시켜 현재의 주식가치를 오히려 더 높일 수 있다는 점을 언급하지 않는다. 하지만, 현실적으로 원청기업들이 자신의 스코프 3 감축을 위해 하청 기업들에게 스코프 1, 2 감축을 요구하고 있으며, EU의 탄소국경조정제도(CBAM)가 2026년에 시행될 예정이라는 점을 감안할 때, 온실가스 배출량 감축을 위한 노력은 양(+)의 순현재가치를 가질 가능성이 매우 높다.

　블랙록은 온실가스 감축에 진심이었던 것이 아니고 돈에 진심이었다. 저자는 온실가스 배출감축을 기업 자금의 유용으로 간주하는 만큼, 온실가스 배출감축을 위해 경영자를 압박하는 펀드 운용사들의 주주행동주의에 대해서도 매우 비판적이다. 특히 블랙록, 스테이트 스트리트, 뱅가드 등 인덱스펀드 운용사를 거명하면서, 이들 기업의 운영역들이 자신들의 이데올로기를 실현하기 위해 고객인 펀드 투자자의 이익을 침해하고 있다고 주장한다. 저자는 이러한 행위가 또 다른 형태의 선관주의 의무 위반에 해당한다고 지적하고 있다.

　하지만 이들 인덱스펀드 운용역들이 자신의 이데올로기를 관철하기 위해 주주 행동주의를 펼쳤다고 보기는 어렵다. 오히려 고객의 수요에 충실하려는 의도로 주주 행동주의를 전개했다고 보는 것이 더 정확한 진단일 것이다. 예를 들어, 블랙록 최고경영자 래리 핑크가 온실가스 배출량 감축 필요성을 강조하는 공개서한을 투자 대상기업에게 보내고, 탄소집약도 높은 기업의 이사 선임에 적극적으로 반대했던 2020년과 탄소중립 연도 공개를 요구하는 주주제안에 블랙록이 적극적으로 찬성표를 던진 2021년은 전세계적으로 기후위기에 대한 투자자들의 관심이 최고조에 이른 때였다. 반면, 2022년에 블랙록이 화석연료 투자를 마다하지 않겠다고 선언하고, 탄소중립 관련 주주제안에 대한 찬성 입장을 철회하거나 소극적인 태도를 보이기 시작한 시기는 미국 공화당이 집권한 각 주 정부가 블랙록을 주정부 공무원 또는 교사연금 운용사 리스트에서 배제하기 시작한 때와 일치한다. 블랙록은 탄소중립이라는 이데올로기에 진심이 있었기보다는 개인 고객이든 기관 고객이든 이들 수요에 맞춰 돈을 버는데 진심이 있었을 뿐이다.

**온실가스 감축은 편향된 정치행위인가
아니면 주주 뜻에 충실히 따른 것인가?**

저자는 제16장에서 기업의 각종 인사관리 정책이나 기부행위가 진보적인 정치행위에 해당될 수 있음을 비판한다. 그리고 그 예로 낙태 금지 주에 근무하는 여성 종업원에게 낙태 출장비용을 지원하는 것, 성소수자(LGBTQ) 단체에 기부하는 것, 여성 또는 유색인종 할당제를 도입하는 것 등을 들고 있다. 이러한 정책들은 주로 민주당 지지자들이 선호하는 것으로, 일부 사람들에게만 지지를 받는 편향적인 정책들이므로, 최고경영자가 이를 위해 기업 자금을 사용하는 것은 기업 자금의 유용에 해당한다고 비판한다. 이와 같은 주장은 미국 대통령 선거를 앞두고 공화당 경선에 출마한 바 있는 비벡 라마스와미(Vivek Ramaswamy)가 2021년에 출간한 자신의 책 『워크 주식회사(Woke, Inc.)』에서도 유사하게 제기되었다. 라마스와미에 따르면, 최고경영자가 기업 자원을 활용해 정치행위를 하는 것은 1인 1표의 원칙에 기반한 민주주의에 반하는 행위다.[9]

하지만 이들 정책이 다루는 문제도 기업 사정에 따라서는 재무적 중요성(Materiality)이 매우 높은 문제일 수 있고, 이들 정책이 주주에게 이익이 되는 양(+)의 순현재가치를 가질 가능성도 충분히 존재한다. 또한, 미국 최고경영자에 대한 보상이 대부분 주식 보상이고, 이 때문에 기업가치에 반하는 정책을 무리하게 밀어붙일 유인이 없다는 점을 감안하면 이들 정책이 결코 주주이익을 침해하는 정책이 아님을 추론할 수 있지만 저자는 이 점에 대해 특별한 언급이 없다.

저자는 기후위기 극복을 위한 펀드 운용사, 은행, 유엔의 온실가스 배출감축 노력조차도 편향된 정치행위로 규정한다. 즉, Net Zero Asset Managers 컨소시엄이나 기후행동(Climate Action) 100+처럼 투자대상 기업의 온실가스 배출량 감축을 위해 주주권을 적극적으로 행사하는 기관투자자들의 모임, 또는 Net Zero Banking Alliance처럼 화석연료 기업에 대한 대출을 줄이는 은행들의 모임, 그리고 이러한 활동을 지지하는 유엔의 태도조차도 정치적으로 편향된 것으로 본다. 하지만 이러한 활동이 가능한 것은 이들 펀드 운용기업의 투자자들과 은행의 주주들이 이러

---

[9] Ramaswamy, Vivek, Hachette UK, "Woke, Inc.: Inside corporate America's social justice scam", 2021년

한 노력을 용인하거나 지지했기 때문이라고 보는 것이 타당하지 않을까? 만약 이러한 노력이 주주나 투자자들의 의사에 반하는 것이었다면, 투자자금이 빠져나가고 주가가 떨어졌을 것이며, 결과적으로 펀드 운영역들과 은행장들이 개인적으로 큰 경제적 손실을 보았을 것이기 때문이다.

기후위기 대응 방안으로 '세이 온 클라이밋(Say on Climate)' 제도가 있다. 이 제도는 기업이 단순히 탄소중립 목표 연도를 제시하거나 온실가스 배출량을 공시하는 것에 그치지 않고, 향후 5년간의 구체적인 온실가스 배출량 감축계획을 수립하고 이에 대해 정기적으로 주주들의 권고적 찬반 표결을 받는 것을 의미한다. 이 제도는 2020년 주주들의 요구로 스페인 공항 운영기업인 아에나(Aena)가 처음 도입한 이후, 유럽을 중심으로 자발적으로 도입하는 기업들이 점차 늘어나고 있다. 만약 이 제도가 더 많은 기업에 도입된다면, 기업의 온실가스 배출량 감축노력은 더 이상 진보적인 최고경영자의 편향된 정치행위로 간주될 수 없을 것이다. 오히려 이는 주주의 뜻에 충실히 따르는 주주 친화적 행위로 평가받아야 할 것이다.

주주 동의를 받았다면 경영자는 주식의 가치가 아니라 주주의 후생을 극대화할 수 있다

저자는 제17장에서 외부 불경제는 기업이 해결할 문제가 아니라 정부가 규제를 통해 해결할 문제임을 강조한다. 맞는 말이다. 하지만 정부가 이해관계 집단에 포섭되어 꼭 필요한 규제를 내놓지 못하는 상황이라면 이러한 주장은 너무 순진하거나 무책임하게 들릴 수 있다. 또, 외부 불경제가 국경을 뛰어넘어 지구 전체에 영향을 미치는 경우에는 정부 규제를 통한 해결은 처음부터

기대하기 어렵다. 예를 들어, 온실가스 배출문제는 세계 각국이 협력하여 탄소세를 부과하면 해결될 수 있다. 하지만 각국 정부가 다른 나라의 탄소세 부과에 무임승차(Free-riding)하려는 집단행동(Collective action)의 딜레마에 빠지면, 결국 어느 나라도 탄소세를 부과하지 않게 되고, 문제는 해결되지 않은 채 남아 있게 된다.

올리버 하트(Oliver Hart)와 루이지 징갈레스(Luigi Zingales) 교수는 자신들의 2017년도 논문 "Companies should maximize shareholder welfare not market value"를 통해 정부실패(Government failure) 상황에서 두 가지 조건이 추가로 성립된다면 경영자는 기업의 주식가치가 떨어지더라도 외부 불경제를 스스로 내재화해야 한다고 주장한다.[10] 첫 번째 조건은 주주의 동의가 있어야 한다는 것이다. 기업의 주식가치가 떨어지는 만큼 당연히 있어야 할 조건이다. 문제는 동의해줄 주주가 과연 얼마나 많이 있을 지인데 하트와 징갈레스에 따르면 주주는 단순히 돈을 버는 것만을 생각하지 않고, 기후위기를 포함한 다양한 환경문제와 사회적 이슈에도 깊은 관심을 가지고 있으며, 본인이 중요하게 여기는 가치를 위해서라면 경제적 손실도 기꺼이 감수할 수 있기 때문에 동의해줄 주주가 충분히 있다고 본다. 이러한 경우, 경영자는 주식의 시장가치를 극대화하는 대신 주주후생(Shareholder welfare)을 극대화하게 된다. 주주로부터 동의를 구하려면 적절한 절차가 필요한데, 앞서 설명한 세이온 클라이밋(Say on Climate)

---

[10] Hart, Oliver, and Luigi Zingales, ECGI-Finance Working Paper 521, "Companies should maximize shareholder welfare not market value", 2017년

제도는 온실가스 배출량 감축에 관해 주주로부터 동의를 구하는 절차에 해당된다.

두 번째 조건은 해당 외부 불경제가 기업의 생산활동 자체로부터 초래되어야 한다는 점이다. 만약 외부 불경제가 기업의 생산활동과 직접적으로 관련이 없다면, 밀턴 프리드먼의 주장대로 기업이 그 문제 해결을 위해 직접 비용을 지불하는 것보다는, 이 기업으로부터 급여를 받는 임직원이나 배당금을 받은 주주가 개인적으로 그 문제해결을 위해 비용을 지불할지 결정하는 것이 더 바람직하다.[11] 그러나 온실가스 배출과 같이 외부 불경제가 기업의 생산활동으로부터 직접 비롯된 것이라면, 이 기업이 배출량을 직접 줄이는 것이 임직원이나 주주가 개인적으로 줄이는 것보다 훨씬 더 효과적이다.

알렉스 애드먼스(Alex Edmans)는 자신의 2021년 저서 『Grow the pie』에서 이를 비교우위의 원칙(Principle of comparative advantage)이라 표현한다.[12] 비교우위의 원칙은 기업이 다른 기관에 비해 해당 활동으로 더 많은 사회적 가치를 창출할 수 있어야 한다는 원칙이다. 예를 들어, 노숙자들에게 식사를 제공하는 봉사

---

11 Friedman, Milton, New York Times Magazine, "The social responsibility of business is to increase its profits", 1970년 9월 13일
12 Edmans, Alex, Cambridge University Press, "Grow the pie: How great companies deliver both purpose and profit-updated and revised", 2021년: 저자는 사회적 가치를 효과적으로 창출하고 이 과정에서 이윤이 늘어나도록 할 수 있는 세가지 원칙을 제시했는데 비교우위의 원칙 이외에 배수의 원칙(Principle of multiplication)과 중요성의 원칙(Principle of materiality)을 제시했다.

활동은 애플(Apple)이 하는 것보다 전문 봉사단체가 하는 것이 더 효과적이다. 이들 단체는 노숙자들이 어디에 있는지, 어떤 음식이 필요한지 더 잘 알고 있기 때문이다. 따라서 이 경우 애플이 직접 식사를 제공하기보다는, 종업원에게 더 높은 보수를 지급하거나 투자자에게 더 높은 이윤을 돌려줘서 이들이 전문 봉사단체에 기부할 수 있도록 하는 것이 더 효과적이다. 반면, 기업이 직접 통제할 수 있는 영역은 그 기업의 비교우위 영역에 해당한다. 예를 들어, 애플 제품의 포장은 애플이 결정한다. 따라서 제품 포장에서 플라스틱 사용을 최소화하는 일은 애플이 가장 높은 비교우위를 가질 수밖에 없다. 또한, 전문성이 요구되는 영역에서는 그 전문성을 가진 기관이 비교우위를 갖는다. 예를 들어, 의료 봉사단체는 약품을 개발도상국의 공항까지 운반할 수 있지만, 이를 각지의 환자들에게 전달하는 데 있어서는 오히려 코카콜라(Coca-Cola)가 비교우위를 가진다. 이는 전 세계 어디에서나 코카콜라가 팔리지 않는 곳이 없기 때문이다.

기후위기 비용산출의 함정

저자는 제17장에서 기후위기로 인해 발생하는 다양한 비용(기후위기 비용)뿐만 아니라 온실가스 배출을 감축하기 위한 경제적 비용(기후위기 극복 비용)도 함께 고려해야 한다고 강조하며, 이와 관련된 여러 연구를 소개한다. 그런데 이들 연구들은 공통적으로 기후위기 비용이든 이를 극복하기 위한 비용이든 모두 현재가치로 계산한 후 비교하고 있다. 이러한 접근은 현세대의 입장에서는 합리적일 수 있지만, 미래세대의 입장에서도 과연 합리적인지에 대해서는 의문이 제기된다.

기후위기 극복비용은 대부분 가까운 장래에 지불되지만 기후위기 비용(기후위기 극복에 따른 편익과 동일)은 대부분 먼 장래에 발생한다. 아주 간단하게 탄소중립 실현을 위해 10년 후에 부담해야 하는 기후위기 극복비용이 100이고, 이런 비용을 전혀 지불하지 않아 50년 후에 부담해야 하는 기후위기 비용이 100이며, 현재가치를 산출하는 적정 할인율이 5퍼센트라고 가정하자. 이 경우, 기후위기 극복비용의 현재가치는 61이고, 기후위기 비용은 8.7이 된다. 이 두 수치만 비교하면 기후위기를 극복하기 위해 비용을 지불할 필요가 없다는 결론에 이르게 된다. 그러나 이 결론대로 위기 극복을 위해 한 푼도 지불하지 않고 50년이 지나면 어떻게 될까? 기후위기를 극복할 기회는 상실되고, 그 결과로 기후위기 비용 100을 고스란히 감내해야 한다. 50년 전에 내린 현세대의 결정에 동의할 미래 세대는 아마도 없을 것이다.

인구위기 vs. 기후위기

저자는 제18장에서 인구의 폭발적 증가로 인한 자원고갈 문제를 해결하기 위해 산아제한을 주장했던 1960년대의 인구위기론이 얼마나 허구적이었는지를 자세히 다룬다. 그리고 당시 이 주장을 주창했던 세계경제포럼(WEF), 세계은행(World Bank), 국제연합(UN)이 현재의 기후위기론도 주창하고 있다는 점을 강조한다. 비록 인구위기가 현실화되지 않았기 때문에 기후위기도 현실화되지 않을 것이라고 명시적으로 언급하지는 않았지만, 그런 의도로 기술한 것으로 보인다. 그러나 인구위기가 현실화되지 않았다고 해서, 그리고 두 위기론을 주창하는 기관이 동일하다고 해서 기후위기마저 허구라는 결론을 내릴 수는 없다.

해제 3
주주 자본주의라는 이상

이우종 서울대학교 경영대학 교수

저자의 명성에 걸맞는 명료한 글이다. 두 단락으로 요약하면 다음과 같다. 주주 자본주의에 대한 비난은 오해에서 비롯된 것이다. 첫째, 기업의 이해관계자들은 손실이 발생하는 거래를 회피하기 때문에, 기업의 영업활동은 자연스럽게 주주와 이해관계자 모두에게 이익이 되는 거래를 기반으로 한다. 즉, 주주의 이익을 창출하는 과정에서 이해관계자의 이익도 함께 창출될 수 있으므로, 이해관계자 자본주의를 구분하여 이해할 실익이 없다. 둘째, 주주 자본주의는 이익 창출이라는 명확한 경영 목표를 제시하여 소유와 경영이 분리된 기업 조직의 효율적 운영지침을 제공한다. 셋째, 기업이 이익을 창출한다는 것은 사용된 자원의 가치보다 생산된 가치가 크다는 의미이므로, 이는 사회적으로도 자원의 낭비를 막는 바람직한 일이다. 이러한 장점들로 인해, 주주 자본주의를 내재화한 주식회사들은 전문화, 혁신, 그리고 경제성장을 견인해 왔다.

이해관계자 자본주의는 설익은 주장이다. 첫째, 기업의 목적을 이익 창출로 규정한 법적규범에 어긋난다. 기업의 자원을 이익 창출 이외의 목적에 사용하는 것은 법적으로 수탈이며 배임에 해당한다. 창출된 가치의 분배가 제로섬 게임이라면, 이해관계자를 우선 고려하는 것은 제도적으로 허용되지 않는다. 반면, 가치의 분배가 상호이익이 되는 상황에서는 주주와 이해관계자의 이익을 동시에 추구할 수 있으므로, 이 경우의 이해관계자 자본주의는 주주 자본주의와 다르지 않다. 둘째, 이해관계자를 우선적으로 고려하는 기업경영은 기업 목표를 분산시켜 운영의 비효율성을 초래한다. 자원의 낭비로 이어지므로 사회적으로 바람직하지 않다. 셋째, 이해관계자 자본주의를 주장하는 펀드나 기관투자자들이 주주가치 극대화와 무관하게 의결권을 행사하는 것은 민주주의 원칙에 위배된다. 수탁자가 위탁받은 자원으로 위탁 목적과 무관한 목표를 추구하는 것은 탄핵의 대상이다.

　이 책은 주주 자본주의의 당위성을 강조하면서, 이 체계가 오랜 시간 동안 잘 기능해왔다는 점을 역설하고 있다. 자본시장 제도와 이를 뒷받침하는 주류 재무경제학에 익숙한 독자라면 큰 저항없이 받아들일 수 있는 논지들이다. 그럼에도 불구하고, 미국의 주류 재무경제학자의 자신감과 확신이 다소 이질적으로 느껴지는 이유는 무엇일까?

상호이익이 되는 거래라는 이상

저자의 설명에 따르면, 이해관계자와 주주 간의 상호이익이 되는 거래에서 이해관계자들은 기꺼이 거래에 참여하며, 이러한 거래를 통해 주주들도 지속 가능한 이익을 창출할 수 있다. 즉, 주주의 이익을 추구하는 과정에서 이해관계자의 이익도 함께 창출된다는 것이다. 저자는 "이해관계자들은 이익을 얻지 못하면 기업과 거래하지 않는다."고 단언한다.

　그러나 주주와 이해관계자간 상호이익의 상대적 크기는 어떠한가? 공급자, 소비자, 노동자를 생각해보자. 이 세 그룹의 이해관계자들은 각각 제품 및 서비스 시장과 노동시장에 참여하는 주체들이다. 기업이 자본시장에서 주주와 채권자와 거래하듯이, 이들도 각자의 시장에서 기업과 거래한다. 공급자와 소비자는 제품이나 서비스를 납품하거나 구매하고, 노동자는 인적자원을 제공하면서 기업의 이익 창출 프로세스가 가동된다. 하지만 이들이 항상 기대하는 수준의 이익을 얻는 것은 아니다. 각각의 시장이 항상 효율적으로 작동하는 것은 아니기 때문이다.

완전경쟁은 시장이 효율적으로 작동하기 위한 전제조건이다. 그러나 경쟁이 불완전하면, 이익이 제한되는 시장 참여자가 생기게 된다. 예를 들어, 공급이나 수요가 제한된 독과점 제품시장에서는 공급자와 소비자의 잉여가 축소되고, 수요가 중층적인 이중 노동시장에서는 노동자의 잉여가 감소한다. 불완전한 경쟁 상황에서 축소된 이해관계자의 잉여의 일부는 거래의 상대방인 기업으로 이전된다. 이런 상황에서도 납품이 끊기면 즉시 영업이 어려워지는 공급자, 생활 필수재를 소비해야 하는 소비자, 생계 때문에 퇴사를 선택하기 어려운 노동자는 거래를 중단할 수 없다. 마지못해 시장에 남아 소비와 공급에 참여하는 것은 주어진 제약 속에서의 합리적 결정이다. 따라서 이해관계자들이 '기꺼이' 거래에 참여한다는 전제는 절반의 진실일 뿐이다. 주주의 이익을 극대화하는 활동이 항상 이해관계자의 이익을 극대화하는 결과를 가져오지는 않는다.

우리 시장은 충분히 경쟁적인가? 이해관계자들이 기꺼이 거래에 참여하고 있는가? 대기업에 납품하는 중소기업들이나 재취업이 어려운 노동자들이 이익이 제한된 거래에 계속 참여하는 것은, 그들이 선택할 수 있는 대안이 부족하기 때문은 아닌가? 이해관계자들에게 대안이 부족한 상황에서, 주주의 이익을 극대화하려는 노력은 이해관계자들에게 약탈적일 수 있다. 이해관계자 자본주의를 옹호하는 이들은 비효율적인 시장에서 협상력이 강한 기업들에게 두 가지를 요구한다. 첫째, 이전된 잉여가 불공정한 시장실패의 결과임을 인지할 것. 둘째, 그 잉여를 일부 공유할 것. 불완전하고 불공정한 경쟁은 주주와 이해관계자 간의 가치 분배

문제를 제로섬 게임으로 만들고, 제로섬 게임은 지속 가능하지 않기 때문이다.

학계의 실증 문헌들은 이에 대한 증거를 제시한다. 최근의 한 연구에 따르면, 재벌 기업들은 납품업체의 비용 구조에 대한 정보를 바탕으로 마진율을 관리해온 것으로 나타났다.[1] 즉, 재벌 기업들은 거대 납품처라는 협상력을 이용해 공급자들의 잉여를 이전 받아온 것이다. 그럼에도 불구하고 공급자들은 자발적으로 이 거래관계를 유지했다. 그만한 대안이 없기 때문이다. 재벌 기업이 자사의 주주가치를 극대화하는 과정에서 협상력을 이용해 공급자의 이익을 이전받았다면, 이는 납품기업 주주들의 부를 수탈한 것이라 할 수 있다.

한 가지 흥미로운 사실은, 정부가 이러한 문제를 해소하고자 2010년에 이를 금지하는 규제를 발표한 이후, 공급자와 소비자 간의 잉여 이전현상이 현저히 감소했다는 점이다. 규제가 효과적이었다는 사실은 두 가지 중요한 시사점을 제공한다. 첫째, 정부는 잉여 이전문제가 사회적으로 바람직하지 않은 현상임을 인지했다는 점이다. 둘째, 이러한 시장의 실패가 규제를 통해 일부라도 시정될 수 있었다는 것이다.

주주 자본주의가 제공하는 인센티브는 종종 경제 시스템의 지속가능성을 위협한다. 이해관계자의 입장에서는 불공정한 분배라고 하더라도, 손실이 아닌 한, 혹은 때로는 단기적인 손실을 감

---

[1] Liu, Y., W. Kim, and J. Lee, Asia-Pacific Journal of Financial Studies 52(6), "Control beyond ownership: Open-book accounting in unbalanced supply chain networks", 2023년

수하면서까지도 영업의 지속성을 위해 거래를 계속할 수밖에 없는 경우가 있다. 주주에게 최선인 것이 항상 이해관계자에게도 최선인 것은 아니다. 따라서 주주 자본주의가 이해관계자들을 위해서도 최선이라는 주장은 완전한 진실이 아니다.

혁신이 경제성장을 견인할 것이라는 이상

이해관계자에게 분배되는 부의 상대적 크기를 제한함에도 불구하고, 절대적 크기를 증가시킬 수 있다면, 주주 자본주의는 이해관계자들로부터 용인될 수 있다. 주주 자본주의는 항상 혁신과 성장을 견인하고 있는가?

저자는 공산주의와 시장실패의 도전을 극복해낸 자본주의의 힘의 원천은 공정하고 치열한 경쟁에 있다고 주장한다.[2] 저자가 여러 차례 언급하듯이, 자본주의에서 지속가능성이란 일종의 자기모순이다. 치열한 경쟁 속에서 경쟁력이 낮은 기업들은 퇴출되는 것이 불가피하다. 이러한 자기 검증과정을 반복하면서 자본주

---

[2] 이 책에서 자본주의의 경쟁력을 기술하는 부분은 본서의 핵심 맥락(주주 자본주의의 우월성)과 다소 동떨어져 있다. 이는 저자가 기업에 대한 ESG 요구를 자본주의와 민주주의에 대한 이념적 도전으로 간주하는 과정에서 생긴 비약이다. 저자의 설명처럼 이해관계자 자본주의의 작동원리 중 일부(예: 기관투자자의 이산화탄소 감축 주주제안 등)는 민주주의 작동원리에 완전히 합치하지 않을 수 있지만, 여전히 자본주의적(예: 가치창출 인센티브의 존재)이다. 즉, ESG 요구는 자본주의 내에서 새로운 형태의 가치 창출을 촉진할 수 있는 요소로 작용할 수 있으며, 이를 단순히 이념적 도전으로만 해석하는 것은 자본주의의 다층적 작동방식을 간과하는 것일 수 있다.

의는 혁신의 인센티브를 제공하고, 이를 통해 성장하게 된다. 따라서 우리 시장에서 공정한 경쟁이 보장되고 있는지, 그로 인해 혁신이 창출되고 있는지, 그리고 창출된 혁신의 과실이 경제성장으로 이어지고 있는지를 검토하는 것이 중요하다.

시장이 공정하고 치열한 경쟁을 보장하는가에 대한 의문을 제기할 때, 2024년 8월 현재 시가총액 기준 미국의 상위 10대 기업 목록을 살펴보는 것은 흥미롭다. 이 목록에는 애플, 마이크로소프트, 알파벳(구글), 아마존, 엔비디아, 메타(페이스북), 테슬라, 버크셔 해서웨이, 일라이 릴리, 비자가 포함되어 있다. 그러나 10개 기업 중 2010년 기준 탑10 목록에 들어 있던 기업은 마이크로소프트(2위), 알파벳(4위), 애플(5위) 단 3개사뿐이다. 2000년으로 거슬러 올라가면, 상위 10대 기업 중 마이크로소프트(1위)만이 남아 있다.

저자의 주장처럼 자본주의 시장에서의 치열한 경쟁이 실제로 작동하고 있음을 보여준다. 시장의 지속적인 변화를 통해 경쟁력이 낮은 기업들은 도태되고, 새로운 혁신을 주도하는 기업들이 부상하며 시장을 주도하고 있다는 점에서, 자본주의가 혁신과 성장을 촉진하고 있다.

2024년 8월 현재, 코스피 시가총액 상위 10대 대장주는 삼성전자, 하이닉스, LG에너지솔루션, 삼성바이오로직스, 현대차, 셀트리온, 기아, KB금융, 신한지주, 포스코홀딩스로 구성되어 있다. 2020년의 상위 10대 대장주 목록과 비교해 보면 삼성전자(1위), 하이닉스(2위), 삼성바이오로직스(3위), 현대차(5위), 셀트리온(6위), LG화학(9위)의 6개 기업이 여전히 상위권에 남아 있다. 2010년의 목록에서는 삼성전자(1위), 현대차(2위), 포스코(3위),

LG화학(4위), 현대모비스(5위), 신한금융그룹(6위), KB금융(9위)의 7개 기업이 포함되어 있다. 더 거슬러 올라가 2000년의 목록에도 삼성전자(1위), 현대차(2위), 포스코(3위), 국민은행(6위)가 여전히 상위권에 있다. 특히, 삼성전자는 1989년부터 시가총액 1위를 차지한 이후 30년이 넘는 기간 동안 그 자리를 지켜오고 있다. 현대차와 포스코 역시 1990년대 초 중반 국내외 시장확장을 기반으로 상위권에 오른 이후, 오랜 기간 대장주 지위를 유지해왔다.

한국 시장에서 상위권을 차지하는 기업들의 지배력은 매우 견고하다. 이는 한편으로는 해당 기업들의 경쟁력을 반영하는 것이지만, 다른 한편으로는 시장의 경쟁과 혁신의 역동성이 제한적일 수 있음을 시사한다. 대장주들이 오랫동안 그 지위를 유지할 수 있는 이유는 여러 가지가 있지만, 그중 핵심적인 요인은 대기업에 집중된 산업구조이다. 이런 구조에서는 대기업과 중소기업 간의 혁신 동력 차이가 확연하다. 대기업들은 혁신을 위한 투자여력, 혁신을 창출하는 인적자원, 그리고 이를 무형자산으로 전환하는 전문성 등 모든 영역의 혁신역량에서 우위가 있다.

삼성전자의 경쟁력은 방대한 특허 포트폴리오에서 명확하게 드러난다. 삼성전자는 현재 24만 건 이상의 특허를 보유하고 있으며, 매년 1만 6000개 이상의 특허를 추가하고 있다. 이러한 특허권은 등록자의 권리를 일정 기간 보호하여 혁신을 장려하는 수단이지만, 특허가 특허를 재생산하는 구조에서는 가용자원의 절대적 규모에 따라 혁신의 속도와 질이 크게 좌우된다.

이와 같은 상황에서 대기업들은 기존의 자원과 특허를 바탕으로 더 큰 혁신을 재창출할 수 있는 능력을 갖추게 되며, 이는 시장에서의 지배력을 더욱 강화하는 결과를 낳는다. 대기업 중심의 혁신 구조에서는 중소기업들이 그 격차를 좁히기 어려우며, 경제의 역동성 역시 제한될 수밖에 없다.

유럽 기업의 대기업 집단을 분석한 연구에서는, 대기업 집단에 속한 기업들이 다른 기업들보다 더 많은 수의 특허를 출원한다는 사실을 보고하였다.[3] 주목할 만한 사실은, 이러한 특허 출원 차이가 같은 기업 집단 내에서 지식을 공유하기 때문이 아니라, 집단 내 다른 기업을 지원할 수 있는 가용 내부자원의 차이에 기인한다는 점이다. 대기업 집단이 보유한 자본, 인적자원, 기술적 인프라 등의 내부자원이 혁신활동을 촉진하는 데 배타적인 경쟁력이 된다는 것을 의미한다. 한국에서도 유사한 결과가 보고되고 있다. 대기업의 연구개발비 지출은 중소기업에 비해 더 지속적이고, 더 높은 수익을 창출하며, 미래의 특허 출원으로 이어질 가능성이 높았다.[4] 한국 기업들이 미국에 등록하는 거의 모든 특허를 상위 100대 기업들이 보유하고 있으며, 특허 피인용 횟수에서 상위 10대 기업들이 차지하는 비중은 약 95퍼센트에 달한다. 이러한 혁신역량의 집중도는 매출과 고용의 집중도보다 훨씬 높은 것이다. 이는 한국 대기업들이 혁신의 핵심동력을 장악하고 있으며, 이들이 특허와 같은 무형자산을 통해 기술적 우위를 유지하고 있음을 보여준다.[5] 대규모 기업집단이 보유한 방대한 특허는

---

[3] Belenzon, S., and T. Berkovitz, Management Science 56(3), "Innovation in business groups", 2010년

[4] 박선현, 선우희연, 이우종, 중소기업연구 43(1), "소규모 기업은 왜 쉽게 성장하지 못하는가? 기업규모별 연구개발 활동의 비교분석", 2021년

[5] 이지홍, 경제논집 63(1), "한국 기업의 특허 활동과 집중도", 2024년

결과적으로 중소기업들의 시장진입을 지연시키는 결과를 초래한다.[6]

혁신의 배타성은 경제성장의 동력을 훼손할 수 있다. 47개국의 데이터를 분석한 2021년 연구에서는, 소수의 성공적인 기업들에게 자원이 집중된 시장에서는 자원의 배분이 비효율적으로 이루어지고, 시장진입이나 혁신활동이 저조해지며, 결국 경제성장이 더디다는 사실을 발견했다. 이는 소수의 기업이 혁신과 자원을 독점함으로써, 전체 경제의 역동성을 약화시키고, 장기적인 성장 잠재력을 저해할 수 있음을 시사한다.[7]

자본주의가 항상 혁신과 성장을 견인할 수 있는 것은 아니다. 앞서 언급된 연구와 사례들은 소수의 대기업이 자본과 혁신자원을 독점하면서, 오히려 시장의 역동성을 저해하고 경제성장을 둔화시킬 수 있음을 보여준다. 혁신의 성과가 일부 대기업에 집중되고, 중소기업의 시장진입과 성장이 제한되는 상황에서는, 자본주의가 기대한 대로 혁신이 전 경제에 걸쳐 광범위하게 확산되고 성장으로 이어지는 자본주의의 성공신화가 재현되기 어려울 수 있다.

---

[6] 김세희, 서울대학교 경영대학 박사학위논문, "Chaebol group affiliation, patenting activity, and product market concentration", 2023년

[7] Bae, K.-H., W. Bailey, and J. Kang, Journal of Financial Economics 140(2), "Why is stock market concentration bad for the economy?", 2021년

불평등이라는 부산물

주주와 이해관계자 간 부의 상대적 분배문제는 사회적 불평등의 문제이기도 하다. 자본주의 체제에서 주생산 요소로서의 자본과 노동 간의 분배 정의는 오랫동안 정치경제학과 노동경제학의 핵심주제였다. 토마 피케티는 그의 연구에서 역사적으로 소득 불평등이 증가해왔으며, 이는 자본과 노동 간의 불균형한 소득분배에 기인한 것임을 실증적으로 보여주었다.[8]

피케티의 연구에 따르면, 자본 소유자에게 집중된 소득이 시간이 지남에 따라 노동소득보다 더 빠르게 증가하면서, 소득 불평등이 심화되었다. 주주의 이익을 극대화시키려는 노력은 노동과 자본 간의 소득 분배문제를 악화하는데 기여할 수 있으며, 이로 인해 발생하는 불평등은 사회적, 경제적으로 부정적인 효과를 초래할 수 있다. 우리나라에서도 자본소득분배율(즉, 노동대비 자본에게 돌아가는 소득의 비율)이 2000년 이후 지속적으로 증가해왔다.[9]

주주 자본주의를 포함한 여러 법규범은 자본의 수익률을 극대화하는데 기여하였다. 그러나 결과적으로 소득불균형을 확대하는데 기여했다는 것도 부인하기 어렵다. 주주 자본주의를 적극적으로 실현하는 것의 사회적, 경제적 비용 또한 더 적극적으로 인지할 필요가 있다.

---

8 Piketty, T., Belknap Press, "Capital in the Twenty-First Century", 2014년
9 주상영, 전수민, 사회경제평론 43, "노동소득분배율의 측정: 한국에 적합한 대안의 모색", 2014년

이상적 자본주의를 위한 혁신

주주 자본주의가 주식회사 제도와 더불어 기능적으로 진화해온 만큼, 이 균형을 뒤흔들려는 섣부른 시도는 위험할 수 있다. 그러나 저자가 주장하듯, 기존의 질서를 대체할 수 있는 더 우월한 질서를 찾아내는 것이 혁신의 본질이라면, 기업의 사회적 책임이라는 새로운 질서가 지속적인 공동체의 발전을 위해 혁신으로 기능하면서 주주 우선주의에 균열이 생기는 것을 굳이 회피할 이유가 없다. 이러한 시도는 단순한 이상에 그치지 않고, 우리 사회가 직면한 다양한 도전과제를 해결하는 데 기여할 수 있는 새로운 방향성을 제시할 수도 있다.

학계의 두 가지 논의가 주주 자본주의의 재편을 심도 있게 검토하고 있다. 이 두 주장은 주주 자본주의를 전적으로 부인하지 않으면서도, 이해관계자 자본주의와의 접점을 제시한다. 첫째는 주주의 이익보다는 후생에 초점을 맞추자는 주장이다. 노벨 경제학상 수상자인 올리버 하트와 루이지 징갈레스는 환경오염의 예를 들며, 주주의 관점에서도 외부효과로 인한 비용이 새로 창출된 주주가치를 초과할 수 있다고 지적한다.[10] 만약 기업이 발생시킨 오염물질로 인해 주주의 후생이 위협받는다면, 환경오염을 줄이기 위해 비용을 지출하는 것이 더 나을 수 있다는 것이다.

즉, 주주의 재무적 이익이 아닌 주주 후생을 추구함으로써 기업이 주주가치를 극대화할 수 있다는 주장이다. 이러한 접근은 현

---

10 Hart, O., and L. Zingales, Journal of Law, Finance, and Accounting, "Companies should maximize shareholder welfare not market value", 2017년

재의 질서를 유지하면서도 기업이 사회적 책임을 다할 수 있는 방안을 모색하는데 도움이 된다.[11] 특히 환경문제처럼 주주와 이해관계자의 후생이 동시에 관여될 때, 주주 자본주의와 이해관계자 자본주의는 동일한 목표를 지향하게 된다.

둘째, 주주들의 선호를 반영하여 기업을 경영할 수 있다는 주장이다.[12] 주주들이 이익만을 배타적으로 선호하지 않을 가능성, 즉 주주가 사회적 책임 활동에 대한 선호를 가지고 있다면, 기업이 이해관계자 자본주의를 실현함으로써 주주의 효용을 증가시킬 수 있다는 것이다.[13] 이는 주주의 사회적 책임에 대한 선호를 기업이 반영함으로써 주주 자본주의의 범위 내에서도 이해관계자 자본주의가 구현될 수 있다는 것을 의미한다.

이 접근은 밀턴 프리드먼의 주장을 확장적으로 계승하는 것으로 볼 수 있다. 프리드먼은 기업의 사회적 책임 활동을 주주 개개인의 선호에 맡기고, 기업은 이익을 창출하여 주주에게 돌려줘야 한다고 주장했다. 그러나 주주들의 사회적 책임에 대한 선호를 기업이 정확히 파악하고 반영할 수 있는 운영의 묘를 찾아낸다면,

---

11   저자는 하트와 징갈레스의 주장을 "영리한 주장(clever argument)"이라고 인정하면서도, 결국 그런 오염들은 규제의 대상이 될 것이므로 (규제 이전에) 기업에게 이를 책임지라고 요구하는 것은 "빈약한 수단(poor means)"이라고 주장한다.
12   Pastor, L., R. Stambaugh, and L. Taylor, Journal of Financial Economics 142(2), "Sustainable investing in equilibrium", 2021년
13   주주 이익과 선호를 대조하기 위하여, 각각 value(주주가치)와 values(가치관, 신념)이라는 용어를 사용하기도 한다(Starks, L., The Journal of Finance 78, "Presidential address: Sustainable finance and ESG issues – value versus values", 2023년).

주주 자본주의의 틀 안에서도 이해관계자 자본주의를 실현할 수 있다. 이 경우, 기업은 주주들이 중요하게 여기는 사회적 가치를 함께 고려하여 더 높은 주주 효용을 달성할 수 있다.

이 책의 저자는 위 논의들에 대하여 체계적인 논박을 시도하지는 않는다. 주류 재무경제학의 관점을 견지하면서, 주주 우선주의의 장점을 설득력 있게 나열할 뿐이다. 그러나 저자는 책의 뒷부분에서 기업의 사회적 책임(CSR)이나 ESG라는 흐름을 주도한 국제연합과 세계경제포럼에 대해서만큼은 다소 원색적인 적대감을 드러내기도 한다. 최근 미국에서 벌어지는 이념적 논쟁의 한 단면을 보여준다.[14] 혁신의 과정에서 진통은 필연적이다.[15]

조악한 이상은 구체적인 현실로 구현될 수 없다. 이 책은 사회적 책임을 다하는 기업 조직이라는 이상에 대한 진지한 검열을 담고 있다. 이 책의 성찰이 이념적 논쟁으로 소모되지 않고, 이상적인 자본주의를 위한 혁신으로 승화될 수 있기를 기대한다.

---

[14] Tonello, Harvard Law School Forum on Corporate Governance, "Navigating ESG fatigue in shareholder voting", 2024년(https://corpgov.law.harvard.edu/2024/01/22/navigating-esg-fatigue-in-shareholder-voting/)

[15] 우리나라에서 이해관계자 자본주의를 적극적으로 검토하기 어려운 또 다른 이유는, 아직 제대로 된 주주 자본주의조차 실현되지 않았다는 주장 때문이다. 이는 지배주주에 의한 소액주주의 수탈 문제를 지적하며, 기업법 등 제도의 허점을 개선하고 이로 인한 수탈적 기업 거버넌스 문제를 해소하려는 노력이다. 그러나 이러한 노력은 이해관계자 자본주의와 상호 배타적이지 않다. 이해관계자 자본주의가 부의 공정한 분배를 지향한다는 점에서, 소액주주 보호도 아우를 수 있다.

찾아보기

ㄱ

가격(주가 참조) 27, 28, 35, 36, 42, 46, 48, 49, 62, 81, 82, 88, 96, 99, 109, 121, 127, 136, 139, 140, 142, 154, 155, 165, 167, 180, 188, 193, 216, 235, 245, 250, 266, 267, 268, 272, 275, 276, 295, 296, 297, 301, 308, 317

가능성 8, 46, 48, 60, 61, 71, 75, 95, 118, 127, 141, 142, 161, 163, 207, 213, 222, 248, 249, 273, 274, 276, 277, 286, 300, 316, 320, 322, 336, 340

가스프롬 205

가치(순현재가치 참조) 10, 18, 19, 27, 35, 36, 37, 38, 39, 40, 41, 42, 43, 45, 46, 47, 48, 50, 51, 52, 55, 58, 61, 64, 65, 66, 69, 72, 87, 88, 89, 95, 109, 110, 120, 121, 122, 124, 126, 134, 136, 139, 145, 146, 147, 148, 149, 150, 151, 152, 153, 159, 163, 164, 174, 176, 177, 178, 179, 181, 188, 189, 190, 191, 200, 203, 204, 205, 206, 211, 212, 213, 216, 217, 219, 237, 251, 252, 266, 274, 275, 285, 286, 287, 296, 297, 311, 317, 318, 320, 323, 324, 325, 326, 327, 329, 331, 333, 339, 340, 341

거래 11, 12, 13, 18, 25, 26, 27, 28, 29, 30, 31, 38, 42, 44, 48, 71, 81, 82, 83, 89, 96, 98, 100, 108, 110, 117, 118, 121, 125, 126, 128, 129, 133, 134, 137, 139, 140, 141, 160, 180, 187, 201, 205, 220, 236, 241, 254, 283, 284, 287, 290, 296, 297, 300, 304, 305, 308, 312, 313, 314, 329, 330, 331, 332, 333

거버넌스 131, 314, 319, 341

경영의 실제 135

경영자 12, 13, 14, 17, 39, 40, 41, 42, 43, 49, 50, 51, 52, 69, 95, 99, 110, 111, 127, 133, 134, 136, 142, 145, 146, 151,

152, 153, 154, 155, 161, 165, 171, 173, 176, 177, 181, 187, 190, 193, 199, 200, 201, 203, 204, 207, 215, 216, 217, 230, 233, 237, 251, 284, 285, 313, 314, 318, 319, 320, 323, 324

경영판단의 원칙 202, 214

경쟁 60, 61, 62, 88, 99, 100, 101, 127, 155, 312, 313, 316, 331, 333, 334, 335, 336

경제특구의 설립 105

고객 12, 13, 15, 16, 17, 18, 25, 27, 28, 29, 30, 32, 33, 36, 42, 46, 86, 87, 88, 89, 96, 99, 100, 110, 118, 120, 121, 122, 124, 125, 126, 127, 128, 129, 133, 134, 135, 136, 138, 139, 140, 141, 148, 218, 219, 233, 272, 284, 313, 320, 321

고르바초프 97

고용 12, 14, 28, 42, 48, 88, 89, 108, 121, 124, 125, 134, 177, 183, 193, 229, 246, 284, 316, 336

공급 12, 15, 17, 18, 25, 28, 29, 33, 36, 49, 86, 87, 96, 98, 99, 100, 102, 109, 121, 122, 124, 125, 126, 128, 129, 133, 134, 138, 139, 140, 141, 148, 216, 263, 266, 267, 274, 275, 284, 299, 308, 313, 330, 331, 332

공급업체 12, 13, 15, 16, 17, 18, 25, 28, 29, 33, 36, 46, 49, 86, 87, 96, 98, 99, 121, 122, 124, 125, 126, 128, 129, 133, 134, 138, 139, 140, 141, 148, 216, 284

공동체 8, 98, 104, 297, 339

공산주의 25, 95, 96, 97, 98, 103, 107, 109, 110, 265, 275, 289, 290, 311, 333

공화국 103, 201, 202, 208

공화당 229, 230, 234, 235, 238, 239, 244, 321

공화당 검찰총장들의 조사 234

과거와 현재 257

과학 63, 64, 65, 270, 276, 290

교역 7, 8, 9, 10, 20, 59, 241

교체 85

구성원 65, 95, 202, 289, 295, 296, 297

국내총생산 55, 56, 57, 90, 107, 246, 247, 248, 255, 261, 263, 279, 288, 292

국부론 9, 10, 21, 117, 297

규제 13, 17, 18, 19, 22, 31, 32,

찾아보기 343

88, 121, 128, 129, 141, 205, 219, 222, 225, 227, 230, 231, 232, 241, 242, 243, 244, 245, 251, 252, 253, 254, 286, 287, 288, 306, 312, 323, 332, 340

규제실패 241

그레첸 C. 데일리 268

근로자 108, 259, 295, 296, 301, 302

글렌 허버드 133

금융기관 230, 251, 252, 270

기관투자자 123, 160, 206, 209, 232, 322, 329, 333

기관투자자와 기업의 지배구조 206

기술혁신 16, 58

기업 11, 12, 13, 14, 15, 16, 17, 18, 19, 25, 26, 27, 28, 29, 30, 31, 32, 33, 35, 36, 37, 38, 39, 40, 41, 42, 43, 44, 45, 46, 47, 48, 49, 50, 51, 59, 60, 61, 62, 63, 64, 65, 66, 69, 70, 71, 72, 73, 74, 75, 76, 77, 78, 79, 80, 81, 82, 84, 85, 86, 87, 88, 89, 90, 91, 92, 95, 96, 98, 99, 100, 102, 103, 105, 108, 109, 110, 117, 118, 119, 120, 121, 122, 123, 124, 125, 126, 127, 128,

129, 133, 134, 135, 136, 137, 138, 139, 140, 141, 142, 143, 145, 146, 147, 148, 149, 150, 151, 152, 153, 154, 155, 156, 159, 160, 162, 163, 164, 165, 166, 167, 168, 169, 171, 172, 173, 174, 175, 176, 177, 178, 179, 180, 181, 182, 187, 188, 189, 190, 191, 192, 193, 194, 199, 200, 201, 202, 203, 204, 205, 206, 207, 208, 211, 212, 213, 215, 216, 217, 218, 219, 220, 221, 222, 223, 227, 228, 229, 230, 231, 232, 233, 234, 235, 236, 237, 238, 239, 241, 242, 243, 245, 246, 250, 251, 252, 253, 257, 258, 259, 262, 267, 270, 271, 272, 273, 274, 275, 276, 284, 285, 286, 287, 288, 290, 295, 296, 298, 299, 300, 301, 302, 303, 304, 305, 306, 307, 308, 309, 311, 312, 313, 314, 316, 317, 318, 319, 320, 321, 322, 323, 324, 325, 326, 329, 330, 331, 332, 333, 334, 335, 336, 337, 339, 340, 341

기업가치 14, 17, 18, 29, 36, 38,

39, 40, 41, 43, 50, 124, 146, 151, 153, 154, 155, 160, 161, 162, 164, 174, 188, 189, 191, 212, 215, 217, 236, 285, 303, 304, 322

기업공개 38, 71, 72, 73, 82, 141, 142, 164, 165, 299, 317

기업의 사회적 책임 15, 17, 18, 21, 96, 110, 149, 155, 199, 201, 211, 214, 222, 227, 228, 234, 241, 242, 245, 251, 252, 257, 287, 288, 295, 308, 311, 339, 340, 341

기업의 자원 123, 134, 137, 139, 201, 203, 211, 213, 216, 218, 329

기업정관 126

기회비용 49, 50, 51, 52

기후변화 233, 239, 246, 247, 248, 249, 251, 264, 280, 305, 307

기후행동 231, 322

ㄴ

나머지 15, 26, 52, 65, 79, 87, 95, 117, 159, 236, 247, 250, 283

낭비 98, 134, 135, 286, 329

냉전 97
네안데르탈인 8, 20
넷제로 뱅킹 얼라이언스 232
넷제로 자산운용사 이니셔티브 231
녹색 에너지 272
농업혁신 59
니콜라이 슈멜레프 97

ㄷ

다니엘 켈리허 105
다보스 15, 119, 120, 260, 270
DICE 모델 249, 250, 255
단기이익 대 장기이익 37
단기주의 149, 152, 168, 172, 179, 184, 315, 318
단기주의 오류 145, 146, 148, 153, 159, 161, 165, 166, 173, 314, 315, 317
대리인 문제 193, 194, 203, 207, 209, 304, 305
대약진 운동 104, 106
덩샤오핑 97, 105
데이비드 도이치 275
독일 97, 107, 119

ㄹ

라이머트 라벤홀트 261

래리 핑크 15, 123, 127, 134, 234, 252, 321
러셀 3000 160
러시아(소련 참조) 97, 205, 307
로 대 웨이드 228
로마클럽 262, 276
로버트 라이시 191
로버트 맥나마라 257, 260
로버트 솔로우 58
로젠 앤드 카츠 152
로즈 프리드먼 117
루이지 징갈레스 242, 324, 339
리처드 브리얼리 145
립톤 152, 153, 182, 183

ㅁ

마르코 루비오 182
마오의 대기근 104
마오쩌둥 103, 259, 299
마이크로소프트 37, 59, 73, 86, 119, 164, 228, 229, 334
마크 로 168, 315
마틴 립톤 152, 182, 200, 201
메소포타미아 8
모닝스타 235
모더나 16, 64, 66, 72, 73, 164
모순된 말 271
무역 10, 11, 105, 106, 290, 291

미국환경보호국 244
미래 27, 35, 36, 37, 38, 39, 40, 43, 46, 48, 52, 55, 77, 82, 90, 146, 150, 151, 154, 160, 161, 162, 163, 164, 165, 166, 172, 173, 192, 214, 255, 266, 273, 276, 285, 286, 298, 302, 317, 320, 326, 327, 336
미래가치 44
민주당 188, 229, 230, 235, 238, 239, 244, 321
민주주의 18, 229, 237, 244, 252, 253, 287, 290, 291, 322, 330, 333
밀턴 프리드먼 13, 117, 155, 295, 325, 340

ㅂ

바이든 232, 239, 244, 255
배당 39, 82, 105, 167, 171, 172, 173, 175, 176, 177, 180, 181, 182, 183, 199, 295, 296, 298, 300, 303, 304, 314, 315, 316, 317, 318, 325
100개의 혁신기업으로 구성된 포트폴리오 78, 79
뱅가드 218, 219, 220, 320
버니 매도프 30

버니 샌더스 187
벤처 캐피털 142
보상 62, 65, 70, 102, 137, 193, 216, 259, 260, 306, 308, 318, 319, 322
보수주의자 228
복리 39, 56, 57
부정적 외부효과 18, 241, 245, 312
부채 36, 270
부채 발행 72
분산투자 73, 74, 76, 78, 79, 84, 299
불임시술 259, 260, 261, 266, 268, 271, 290
불평등론 289
브라이언 모이니한 177
브리티시 페트롤리엄 205
블라디미르 포포프 97
블랙록 15, 119, 123, 124, 218, 219, 220, 234, 235, 252, 320, 321
비상장기업 42, 43, 71, 162, 163, 188, 189, 199, 200, 243
비상장기업의 자기주식 매입 188, 189
비영리단체 18, 63, 64, 118, 214, 218, 286, 289
비요른 롬보그 249

비즈니스 라운드테이블 15, 121, 122, 123, 127, 134
비판 14, 15, 16, 17, 19, 25, 96, 110, 118, 128, 129, 133, 141, 159, 179, 182, 187, 188, 192, 193, 216, 229, 284, 295, 302, 308, 315, 320, 321
빈곤 106, 107, 109, 220, 261, 262, 271
뺑튀기와 먹튀 154, 155
뺑튀기와 먹튀 계획 153

ㅅ

사회 11, 14, 15, 16, 17, 19, 45, 46, 47, 48, 49, 50, 51, 52, 55, 63, 64, 65, 81, 86, 87, 89, 95, 96, 98, 109, 110, 118, 119, 120, 121, 126, 127, 138, 148, 174, 179, 199, 211, 212, 219, 221, 227, 237, 242, 249, 251, 252, 253, 261, 267, 270, 271, 274, 275, 276, 283, 284, 285, 286, 287, 288, 289, 290, 297, 303, 305, 325, 338, 339, 340, 341
사회적 책임 13, 15, 17, 19, 81, 129, 212, 220, 221, 222, 227, 228, 230, 237, 251, 257, 287,

288, 295, 296, 339, 340, 341
사회적 책임 투자 대 사회적 책임 행동주의 220
사회주의 11, 96, 299
산업혁명 91, 120, 150, 289
상장기업 11, 12, 32, 42, 43, 73, 78, 80, 159, 160, 162, 180, 181, 182, 183, 188, 190, 200, 201, 202, 203, 205, 212, 214, 215, 228, 230, 237, 242, 243, 300, 304, 305
상장기업의 소유권과 통제권 201
상장기업의 자기주식 매입 188, 189, 190, 191, 347
상장기업의 주주가치 42
상호이익 10, 12, 26, 30, 89, 101, 118, 121, 123, 124, 134, 135, 148, 154, 203, 284, 329, 330
상호이익이 되는 거래 11, 17, 18, 30, 32, 33, 101, 102, 223, 283, 284, 330
생존 8, 17, 32, 37, 62, 63, 87, 95, 126, 139, 179, 272, 274, 283, 301
생태과학 265
서로 이익이 되는 거래 126
서스테이널리틱스 235, 236
선택 12, 19, 27, 28, 29, 30, 33,
49, 51, 52, 55, 69, 70, 71, 80, 88, 96, 98, 100, 102, 106, 121, 122, 125, 127, 128, 133, 139, 160, 174, 211, 220, 232, 249, 251, 260, 267, 278, 284, 313, 331
선택의 자유 28, 32, 220
선택의 자유와 창조적 파괴 87
성장 10, 16, 22, 35, 37, 43, 55, 56, 57, 58, 60, 69, 81, 82, 83, 85, 86, 87, 88, 89, 90, 91, 92, 95, 103, 106, 121, 127, 141, 146, 150, 153, 154, 156, 159, 160, 162, 163, 165, 166, 167, 177, 181, 182, 183, 192, 193, 194, 205, 212, 237, 247, 248, 250, 251, 258, 259, 260, 262, 263, 264, 265, 266, 268, 271, 272, 273, 274, 277, 283, 285, 286, 288, 289, 290, 292, 298, 302, 311, 316, 317, 318, 329, 333, 334, 336, 337
성장률 55, 56, 57, 58, 106, 166
성장의 한계 260, 262, 263, 264, 265
세계경제포럼 14, 15, 118, 119, 120, 130, 140, 146, 147, 148, 150, 177, 258, 260, 262, 264,

270, 271, 279, 290, 315, 327, 341
세계경제포럼의 이해관계자 자본주의 지표 177
세계은행 254, 258, 260, 261, 268, 269, 270, 271, 279, 290, 327
세금 27, 29, 30, 33, 121, 126, 246, 273, 286, 307
셰브론 218, 219, 220
소련(러시아 참조) 63, 97, 98, 99, 100, 101, 102, 103, 107, 110, 179, 289
소비자 27, 46, 49, 65, 88, 89, 109, 285, 295, 296, 301, 302, 330, 331, 332
소유권 11, 12, 73
소유주 11, 13, 14, 16, 25, 26, 27, 29, 35, 36, 38, 87, 89, 125, 126, 138, 141, 189, 200, 215, 221
손실 32, 33, 36, 47, 48, 52, 70, 72, 74, 81, 126, 139, 142, 155, 164, 230, 242, 285, 286, 323, 324, 329, 332
솔린드라 272
수렵 8
수탁 대리인 202

순현재가치 40, 41, 42, 50, 51, 52, 61, 69, 145, 146, 148, 151, 154, 155, 161, 171, 172, 173, 174, 175, 177, 183, 193, 194, 212, 213, 267, 299, 303, 319, 320, 322
순현재가치 법칙 40, 41, 50, 145
슈밥 118, 119, 120, 121, 140, 146, 147, 148
스테이트 스트리트 218, 219, 220, 320
스톡옵션 193
스티브 워즈니악 142
스티브 잡스 142
스티븐 캐플런 159
시간가격 268
시장가격 97, 109
시진핑 119
신인의무 202

ㅇ

아디 이그네셔스 128
아마존 64, 73, 86, 87, 88, 89, 119, 164, 228, 229, 334
아우렐리오 페체이 262
iShares ESG Aware 220, 225
알렉스 고르스키 131
알렉스 에드먼스 35, 145, 150,

193

애덤 스미스 7, 9, 14, 42, 45, 52, 101, 117, 295, 297

애플 37, 73, 81, 82, 118, 119, 141, 142, 326, 334

앤 에를리히 265

언스트앤영(현재의 EY) 149

S&P 500 78, 79, 80, 84

AQR 캐피털 매니지먼트 152

엑손모빌 123, 205, 273

엑스(과거의 트위터) 199, 200, 201

엘리자베스 워렌 125, 182, 187

역성장 264

연구·개발 39, 40, 41, 70, 160, 161, 163, 164, 168, 172, 175, 176, 179, 316

오류 117, 119, 120, 146, 149, 172, 173, 178, 314, 315, 317, 318

오바마 244, 272

온실가스 231, 233, 246, 247, 306, 307, 311, 319, 320, 321, 322, 323, 324, 325, 326

올라프 숄츠 119

올리버 하트 242, 308, 324, 339

왁텔 152, 182, 183

외부효과 19, 31, 242, 244, 245, 306, 308, 339

용어 11, 13, 18, 29, 85, 86, 90, 105, 129, 134, 151, 211, 257, 270, 340

우루크 8

워렌 버핏 166, 187

위험 41, 44, 49, 50, 51, 61, 62, 65, 66, 70, 71, 72, 73, 74, 75, 76, 77, 78, 79, 80, 81, 82, 84, 107, 126, 127, 142, 151, 202, 221, 231, 235, 257, 280, 311, 314, 339

윌리엄 노드하우스 65, 248

유동성 81, 82, 83, 181

유럽연합 149, 172

유럽연합위원회 149, 172

유용 63, 64, 203, 204, 205, 207, 211, 212, 213, 214, 217, 218, 219, 230, 237, 287, 296, 297, 299, 311, 319, 320, 321

유한책임 11, 13, 43, 126, 127, 131

2020 다보스 선언 120, 151

이념 18, 118, 217, 218, 219, 221, 228, 230, 237, 258, 287, 333, 341

이념적 성향 228

이데올로기 258, 259, 261, 262,

267, 271, 274, 276, 290, 320, 321
이사회 149, 199, 200, 202, 206, 217, 261, 300
이산화탄소 배출 218, 219, 230, 231, 232, 233, 235, 245, 246, 247, 249, 250, 251, 273
ESG 15, 18, 207, 208, 211, 215, 221, 222, 223, 225, 234, 235, 236, 239, 240, 242, 268, 270, 275, 280, 295, 305, 306, 311, 333, 340, 341
ESG 점수 212, 222, 223, 224
ESG 지표 222, 270
EY(이전의 언스트앤영) 149, 150, 157, 172, 177, 184
이익 대 사기 30
이익(이윤) 10, 12, 14, 16, 17, 25, 26, 27, 28, 29, 30, 31, 32, 33, 35, 36, 37, 38, 39, 40, 42, 43, 46, 47, 48, 49, 50, 51, 52, 55, 60, 61, 62, 63, 64, 65, 66, 69, 70, 71, 72, 73, 74, 77, 81, 82, 84, 87, 89, 95, 96, 98, 99, 100, 101, 105, 110, 117, 118, 120, 121, 122, 124, 125, 126, 127, 128, 129, 133, 134, 136, 137, 138, 139, 140, 141, 142, 143,

146, 148, 149, 150, 151, 152, 153, 154, 155, 159, 160, 161, 162, 163, 164, 165, 166, 167, 171, 172, 173, 174, 178, 179, 181, 182, 183, 187, 192, 193, 201, 202, 204, 205, 206, 215, 216, 217, 227, 231, 234, 236, 237, 238, 242, 245, 249, 253, 273, 274, 275, 277, 283, 284, 285, 286, 287, 296, 297, 298, 301, 302, 303, 305, 306, 308, 312, 313, 314, 316, 319, 320, 322, 329, 330, 331, 332, 338, 339, 340
이해관계자 15, 16, 17, 18, 25, 26, 27, 28, 29, 32, 36, 37, 46, 65, 86, 87, 95, 96, 110, 117, 120, 121, 122, 123, 124, 125, 127, 128, 129, 133, 134, 135, 137, 138, 139, 140, 141, 142, 148, 215, 216, 220, 284, 287, 301, 302, 305, 306, 308, 311, 312, 313, 314, 319, 329, 330, 331, 332, 333, 338, 340
이해관계자 오류 117, 118, 119, 120, 122, 125, 128, 146, 148, 312
이해관계자 자본주의 15, 124,

찾아보기 **351**

134, 138, 139, 140, 147, 148, 149, 152, 182, 211, 301, 311, 329, 331, 333, 341
이해관계자 자본주의 지표 177
인구증가 257, 258, 259, 262, 307
인구 폭탄 265
인권캠페인 229, 239
인덱스펀드 80, 206, 320
인도 247, 250, 259, 260
인디라 간디 260
일련의 규칙 13, 200
일론 머스크 162, 200
임금(보상 참조) 39, 42, 88, 89, 121, 125, 136, 137, 140, 143, 179, 216, 259, 290, 295, 296, 301, 319
임원 181, 193, 199, 200, 252
임원보상 204

ㅈ

자금조달 69, 71, 80, 82, 84, 164, 175, 205, 251, 252, 269, 299
자기거래 202, 204, 305
자기주식 167, 171, 175, 176, 189, 190, 192, 193, 194, 304, 316
자기주식 매입 172, 173, 175, 176, 180, 181, 182, 184, 187, 188, 189, 190, 191, 192, 193, 194, 303, 304
자본자산가격결정모형 44
자본주의 11, 17, 19, 26, 28, 30, 47, 85, 86, 90, 91, 95, 96, 97, 98, 99, 101, 102, 105, 107, 110, 117, 118, 125, 129, 134, 135, 139, 140, 147, 220, 269, 272, 274, 275, 276, 283, 289, 290, 333, 334, 337, 338, 339, 340, 341
자원 11, 16, 41, 45, 46, 47, 48, 49, 50, 51, 52, 55, 58, 69, 87, 95, 96, 97, 98, 102, 109, 110, 118, 126, 148, 155, 172, 174, 179, 245, 258, 259, 262, 263, 264, 265, 266, 267, 268, 274, 275, 276, 277, 285, 286, 287, 299, 303, 307, 322, 327, 329, 330, 335, 336, 337
자원배분 111, 308
장 자크 루소 289
재산권 10, 11, 288
재정의 268
재투자 10, 69, 171, 177, 182, 303
전문가 137, 247, 258, 259, 261,

268, 275
전문화 8, 9, 10, 11, 283, 329
전체주의 107, 290
전환점 97, 102, 103
정의 14, 64, 109, 129, 135, 150, 202, 211, 231, 232, 237, 258, 262, 264, 268, 338
정치적 행동주의(행동주의 참조) 123, 227, 228, 232, 234, 236, 237
정파성 237
제로섬 게임 25, 26, 139, 141, 142, 216, 283, 329, 332
조 맨친 239
조셉 슘페터 85, 86, 272, 283, 289
존 마셜 208
존 테스터 239
존 홀드런 265, 267, 268, 276
주가 12, 14, 16, 26, 27, 28, 29, 36, 37, 38, 41, 42, 43, 49, 51, 81, 95, 107, 123, 126, 140, 141, 142, 151, 153, 154, 155, 159, 160, 161, 162, 163, 164, 165, 166, 173, 174, 181, 187, 188, 189, 190, 191, 192, 193, 199, 200, 203, 204, 212, 213, 214, 217, 230, 234, 238, 252, 257, 284, 285, 296, 300, 302, 303, 304, 305, 315, 317, 318, 323, 324, 325, 340
주가 오류 165
주식교환에 따른 합병 180
주식시장 37, 73, 82, 84, 153, 187, 190, 193, 201, 204, 237, 311, 317
주주 11, 12, 13, 14, 15, 16, 17, 25, 26, 27, 32, 36, 37, 39, 41, 49, 50, 51, 52, 61, 69, 70, 71, 72, 80, 81, 82, 86, 88, 89, 95, 96, 117, 118, 120, 121, 122, 123, 124, 125, 126, 127, 128, 133, 134, 135, 136, 137, 138, 139, 140, 141, 142, 145, 146, 148, 149, 151, 154, 155, 159, 160, 161, 162, 163, 164, 165, 166, 171, 172, 173, 174, 175, 176, 177, 179, 180, 181, 182, 183, 187, 188, 191, 193, 199, 200, 201, 203, 204, 205, 206, 207, 211, 212, 213, 214, 216, 217, 218, 219, 222, 229, 230, 233, 234, 237, 238, 242, 252, 253, 283, 284, 285, 286, 287, 295, 296, 297, 298, 300, 301, 302, 303, 304, 305, 307, 308,

311, 312, 313, 314, 315, 316, 317, 318, 319, 320, 321, 322, 323, 324, 325, 329, 330, 331, 332, 333, 338, 339, 340, 341

주주가치 15, 16, 18, 35, 36, 37, 39, 40, 42, 43, 46, 52, 95, 136, 137, 141, 142, 145, 148, 149, 150, 151, 152, 153, 171, 173, 200, 201, 203, 204, 207, 211, 216, 217, 218, 222, 223, 233, 236, 238, 242, 284, 285, 332, 339, 340

주주가치 극대화 13, 16, 21, 36, 41, 52, 146, 149, 173, 222, 284, 308, 330

주주의 부 14, 17, 27, 45, 50, 51, 136, 137, 154, 201, 203, 216, 230

주주 자본주의 대 이해관계자 자본주의 301

주주 자본주의와 이해관계자 자본주의 133, 301, 340

주주 자본주의(이해관계자 자본주의 참조) 11, 12, 13, 14, 15, 16, 17, 21, 25, 31, 32, 42, 45, 46, 50, 51, 52, 60, 69, 95, 110, 117, 118, 124, 128, 129, 133, 134, 135, 137, 140, 141, 145, 146, 147, 148, 152, 153, 154, 155, 171, 173, 174, 179, 181, 182, 193, 200, 203, 215, 216, 220, 222, 223, 233, 236, 238, 250, 283, 284, 285, 286, 295, 296, 297, 299, 301, 302, 304, 305, 308, 311, 312, 313, 314, 319, 329, 330, 332, 333, 338, 339, 340, 341

주주투표 218, 234

주주 행동주의 217, 317, 320

주주 환원(투자는 좋고 주주 환원은 나쁘다는 오류 참조) 171, 172, 174, 177, 180, 182, 304, 314, 317

준수 17, 31, 32, 121, 200, 219, 222, 235, 243, 250

줄리안 사이먼 266, 269, 270

중국 58, 97, 103, 104, 105, 106, 110, 119, 247, 250, 259, 260, 265, 278, 289, 299, 307

중국의 농민 권력 105

지속가능성 15, 90, 92, 149, 211, 215, 257, 258, 259, 261, 262, 267, 268, 270, 271, 272, 273, 274, 275, 276, 290, 295, 298, 302, 316, 332, 333

지식인 계층 19, 289, 290

지역사회 121, 122, 124, 127, 128, 129, 133
직원 12, 13, 14, 15, 16, 17, 18, 25, 28, 29, 33, 37, 39, 42, 46, 48, 86, 87, 88, 89, 96, 118, 120, 121, 122, 123, 124, 125, 126, 127, 128, 129, 133, 134, 135, 136, 137, 138, 139, 140, 141, 148, 176, 180, 183, 200, 204, 214, 215, 216, 222, 228, 284, 295, 325
직원에게 부여하는 스톡옵션 180
진보주의자 18, 19, 228, 230

ㅊ

찰스 슈머 175, 182
창조적 파괴 85, 86, 88, 90, 91, 92, 259, 272, 274, 298, 311
채권자 28, 70, 71, 86, 87, 126, 127, 138, 295, 330
채집 8
책임 있는 자본주의법 125, 127
첸신중 260
초기 인류 7
최고경영자 14, 15, 18, 121, 122, 123, 127, 134, 136, 137, 138, 139, 177, 187, 199, 200, 201, 204, 206, 212, 213, 214, 215,
234, 251, 284, 287, 290, 295, 296, 300, 305, 321, 322, 323
충실의무 202, 305

ㅋ

칼 마르크스 96
캘리포니아 191, 243, 244, 265
코피 아난 270
클라우스 슈밥 14, 118, 134, 138, 146, 262, 271, 315
클리프 애즈니스 152, 221

ㅌ

타트네프트 205
태양력 272
테슬라 38, 62, 73, 162, 163, 164, 166, 167, 302, 334
토마스 소웰 25
토머스 맬서스 263
통제 11, 12, 199, 200, 201, 203, 205, 207, 208, 218, 236, 257, 259, 260, 261, 263, 264, 266, 268, 271, 275, 289, 290, 306, 326
투자 10, 11, 17, 25, 30, 32, 36, 38, 39, 40, 41, 42, 44, 48, 49, 50, 51, 52, 61, 62, 65, 69, 70, 71, 72, 73, 74, 75, 76, 77, 78,

79, 80, 81, 82, 83, 84, 95, 105,
108, 109, 123, 124, 126, 127,
136, 142, 145, 146, 150, 151,
153, 154, 155, 156, 159, 160,
161, 163, 164, 165, 166, 167,
169, 171, 172, 173, 174, 175,
176, 177, 178, 179, 181, 183,
192, 193, 194, 203, 205, 206,
211, 212, 216, 218, 219, 220,
221, 222, 229, 231, 232, 233,
234, 235, 236, 237, 238, 239,
267, 270, 274, 284, 285, 286,
290, 299, 300, 302, 303, 314,
315, 316, 317, 318, 321, 322,
335
투자는 좋고 주주 환원은 나쁘다는 오류(이해관계자 오류 참조) 171, 173, 175, 177, 178, 187, 314
투표 48, 199, 206, 207, 217, 218, 232, 235, 236, 252, 253, 287, 288
트럼프 244
트럼프 행정부의 법인세 감세 143

ㅍ

파리협정 231, 232, 235
파울 에를리히 265, 268, 276
파트너십 11, 13, 43, 119, 182, 188, 237
파트너십에서의 배분 182
페레스트로이카 97
포드 자동차 63, 162
포춘 500대 기업 85, 86, 91
포트폴리오 75, 76, 77, 78, 79, 80, 84, 233, 335
폭정 108, 109
폴 로머 55, 60, 106, 276
푸에르토리코 261
프랭크 디쾨터 104
프레데릭 바스티아 171, 175
프리드리히 엥겔스 96
Principles of corporate finance 157, 184
피터 드러커 135

ㅎ

하버드 로스쿨 152
하버드 비즈니스 리뷰 128, 315
한 자녀 정책 260, 265
함무라비 9
함무라비 법전 9
핵심 아이디어 25
행동주의 217, 218, 219, 220, 315, 316, 317, 318, 320
행동주의 투자자 152, 217, 303
혁신 16, 55, 58, 59, 60, 61, 62,

63, 64, 65, 69, 70, 71, 73, 75, 77, 78, 79, 80, 81, 84, 85, 86, 88, 91, 92, 95, 110, 127, 142, 151, 159, 163, 164, 266, 272, 273, 276, 277, 283, 288, 298, 299, 308, 311, 329, 333, 334, 335, 336, 337, 339, 341

혁신기업으로 구성된 포트폴리오 78, 79, 346

현금흐름 35, 36, 37, 39, 40, 43, 70, 81, 141, 150, 164, 167, 181, 204, 302, 317, 320

현재가치 35, 36, 39, 40, 41, 43, 44, 150, 164, 204, 249, 317, 326, 327

화이자 16, 39, 64, 66, 160, 161, 178, 228

환경, 사회, 및 거버넌스(ESG) 211

환원 171, 172, 173, 175, 176, 177, 181, 303

효율 10, 45, 59, 60, 62, 69, 88, 95, 96, 97, 98, 102, 108, 110, 124, 153, 267, 273, 274, 275, 298, 311, 318, 329, 331, 337

희소성 266, 276

희소자원 45, 51, 52, 126, 311

희소자원의 유익한 사용 46

희소자원의 잘못된 사용 47

어떻게 이익추구가 모두를 이롭게 하는가
주주 자본주의를 위한 변론

발행일	2024년 12월 20일
저자	데이비드 맥클레인
역자	이한상, 조형진, 문해원, 오슬기
펴낸곳	(사)한국회계기준원
주소	서울특별시 중구 세종대로 39 대한상공회의소 빌딩 3층
전화	02-6050-0150
팩스	02-6050-0170
홈페이지	kasb.or.kr
편집·제작	역사공간
ISBN	979-11-86085-52-3(13320)